传承者说

羌族文化传承人口述史

（下册）

《传承者说——羌族文化传承人口述史》编写组 编著

四川大学出版社

目 录

第五章 民间音乐......227

第一节 羌笛演奏及制作技艺......227

王国亨——传承羌笛悠扬声......227

第二节 多声部民歌......243

郎加木——多声部相伴的人生......243

泽旺仁青——羌族多声部的金嗓子（上）......250

格洛扎西——羌族多声部的金嗓子（下）......258

尤生富、郑兴龙——用心歌唱的两位老人......264

何天发——以旅游为契机弘扬传统......276

第三节 羌族仪式歌......285

周德仁——传唱骨子里面的羌歌......285

第四节 花儿纳吉......292

杨水秀——欢乐的婚嫁歌声......292

第五节 口弦（羌族口弦）......295

王泽兰——口弦的慰藉与坚韧的人生......295

第六章 传统美术......301

第一节 羌绣......301

汪国芳——一针一线绣羌情......301

李兴秀——生计，事业，羌绣梦......308

沈艳燕——地震灾难后的传承情结......322

王露琼——巧手传羌绣......329

第二节 四川手工剪纸（平武剪纸）......333

谢成飞——痴迷于剪纸艺术......333

第三节 桃坪羌寨民居建筑......339

王文德——传承羌族民居的一种地方样式......339

第七章　传统游艺、杂技与竞技……347

陈仕琼——传承羌族推杆……347

汪清寿——传承羌族推杆……351

第八章　传统手工技艺……353

第一节　羌族水磨漆艺……353

朱红志——打磨羌族水磨漆艺的光彩……353

第二节　羌族银饰锻制技艺……366

杨维强——用心锻造羌族传统银饰……366

第三节　麻布制作技艺……376

王国彦——传承麻布制作技艺……376

第四节　纺织编织技艺……383

韩木基子——传承羌族传统纺织编织技艺……383

第九章　传统技艺……387

第一节　碉楼营造技艺介绍……387

第二节　碉楼营造技艺传承……392

马位金——用心钻研成匠人……392

王国跃——承袭家传展技艺……398

赵光卫——拜师学艺谋生计……404

第十章　民间信仰……413

王嘉俊——理清白石信仰的源头……413

第十一章　传统医药……419

陈明齐——为人治病不图报酬……419

附录：本书收录的羌族非物质文化遗产名录项目传承人情况……423

第五章 民间音乐

第一节 羌笛演奏及制作技艺

王国亨——传承羌笛悠扬声

名称：羌笛演奏及制作技艺

级别：第一批国家级非物质文化遗产名录项目

类别：民间音乐

简介：羌笛，在羌语中称为“其篥”“士布里”，是一种古老的民间竖吹乐器。

羌笛传承至今已有两千余年历史。东汉马融的《长笛赋》里就曾有“近世双笛从羌起”的记述，唐代亦有“羌笛何须怨杨柳”的名句。由于羌族没有文字，其历史文化除了世代口传心授外，羌笛也成为交流、传承民族文化的一种重要渠道。

羌笛是由两根长15～20厘米，直径约1厘米，筒孔大小一致的竹管或骨管并在一起组成，用丝线缠绕，管头插着竹簧片。管身分为发音簧哨和方筒形管体两部分，开有五个或六个音孔。两管长短、孔距和音高相同。

羌笛制作一般选用杆直、筒圆、节长且头尾粗细较均匀、竹肉厚薄有度、质地坚韧、纤维细密、不易开裂的箭竹，并根据筒管的长短、厚薄及筒管大小测定音准。孔距必须精确相等，否则音准不一。

羌笛常见于独奏。演奏时，双手持笛，将簧哨片含入口内，采用“鼓腮换气法”。羌族人民常用它来抒发喜怒哀乐、悲欢离合之情。其音色明亮，清脆婉转，常给人以虚幻迷离、动人心魄的感觉。

羌笛有十余首古老曲牌，如《折柳词》《思乡曲》《萨朗曲》等。

2006年，经国务院批准，羌笛演奏及制作技艺被列入第一批国家级非物质文化遗产名录。

传承人：王国亨，国家级非物质文化遗产名录项目羌笛演奏及制作技艺国家级代表性传承人

传承谱系：当地民间传统，无明确传承关系，跟着家中长辈学习

小传

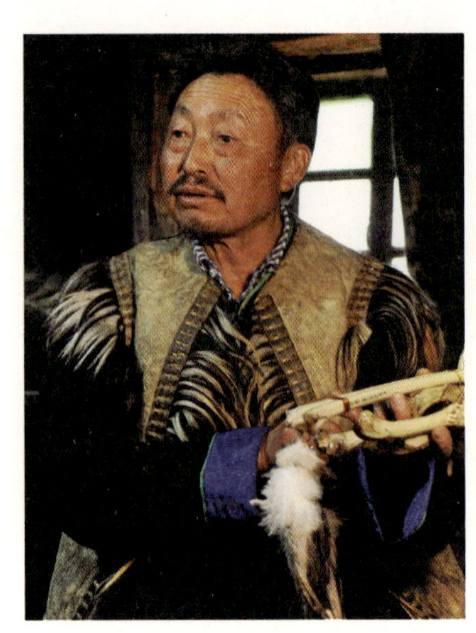

王国亨，1956年出生于茂县三龙乡纳呼村河心坝寨。

7岁上小学，读完二年级，“文化大革命”开始，学校停课。“文化大革命”期间，在农业中学——园艺场学习和劳动。

1975年，在三龙乡乡镇企业工作时开始接待采访人员。

1979年结婚，婚后育有二子二女。

1981年，接待日本的建筑专家，介绍羌族传统建筑，开始对羌族古建筑和碉楼产生兴趣，积极参与羌族传统建筑的保护活动，对保护家乡河心坝村的传统建筑群落贡献巨大。“5·12”汶川地震后，参与国家级文物保护村寨黑虎羌寨的保护工作。

在接待日本建筑专家后，不断接待来乡里参观和了解羌文化的专家、学者、游客。

1985年起，在三龙乡农技站工作。

1988年，三龙乡文化站成立，担任站长，负责管理图书和播放电影，组织乡里的各种文化活动。同时开始制作羌笛，作为旅游产品售卖，也赠送给爱好者。

对于传承传统文化，王国亨说：“我搞了几十年，我们民族的东西我们把它传下去，不能丢，我就坚持到现在，就要走到底。”

2007年，王国亨被命名为羌笛演奏及制作技艺国家级代表性传承人。

口述

第一部分　平凡人生

我是我们家里面的老幺（，出生于茂县三龙乡纳呼村河心坝寨）。我们父亲是清政府后头，清代时候的，刚刚辛亥年（1911年出生）的，所以他留的有长辫子，（后来）“文化大革命”了，要喊剪辫子，我们父亲不准（人）剪，他说啊，我们是清政府手头的人，辫子一直到死都还留到在。（他是）79岁去世的。他去世前，年龄大了，眼睛不行了，（就）不弄（羌笛）了。

（我）7岁开始读书，二年级一完，就“文化大革命”了，那些书一发下来就说是反动的，老师就收（回去）了，这哈就拿毛笔全部画了，（也）全部收回去了。这哈就学唱歌嘛，一混混了几年，我们那儿就整那个农业中学，就先办园艺场，然后我们这些该读中学的，跟以前该读中学的（时候）没有读、（因）“文化大革命”耽搁的一批（人），我们那批（和那些）比我们大五六岁的一起，就在农业中学——园艺场，在那儿就整林业，劳动。开始去（园艺场）的时候，说要上课，这哈子家家

美丽的河心坝羌寨

户户的娃娃弄起去了，有些比我们高一级的，就是“文化大革命”的时候嘛。这哈子农业中学，头天上了一天的课，一家发了本书，我现在都还记得到，发了一个《工业基础知识》，一个《农业基础知识》。这哈老师把我们全部集中了过后，家长送起去后，去了全部集中在那儿，老师就上《工业基础知识》《农业基础知识》（的课），（说）学农业、学工业，好噻。上了一节课，第二天就喊全部去劳动，哦豁，这哈劳动就劳动一年，一年过后就全部解散。

解散过后，第二年就弄到区上，沙坝区中学成立过后，就喊（我们到）那儿去读。那时候（我）家里面恼火，也读不起，就没有去读。没有读过后，就一直等到（19）75年，我们这乡上要找个开拖拉机的，最后就把我推荐去。那个时候公路都还没有通，（我）就参加这个乡镇企业。

（我）在乡镇企业开拖拉机，过后，公路修通了过后，这哈子就陆陆续续有些人到我们这儿采访。采访过后，那个时候在乡坝头吃顿饭，说个要不得的话，你要个二两粮票你才吃得到二两饭。这哈子有些采访来了后，县上的人来了，那个时候来个一个两个人，我们这个企业属于公社的书记管嘛，书记说：“哎，干脆你把他们引到你们屋头去。”（采访的）他要了解个情况，（我们那儿）我们父亲（认识的）那些老年人多，引回来过后呢，弄些面蒸蒸嘛炒起，辣菜弄点嘛。这哈这拨走了那拨，那拨走了这拨，那个时候起也要上班的嘛，一直就养成个习惯（来的人都让我接待）。为啥子我要成立文化站，（因为）最后凡是了解羌文化的，没有人想接待，尽是往我们这儿山里头弄，来了就

王国亨家古老的神龛

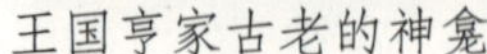

火笼边正在口述的王国亨

往三龙弄，三龙拢了就到山上找我，所以我长期跟那些人接触。

（我成为企业人员是）（19）85年，是农技站，属于乡镇企业，所以我一直到现在，都还在这乡上。相当于当时的八大员[①]。

（19）88年，文教局就下了个文，（文化站）属于文教局管，（说）三龙乡必须要成立一个文化站，就喊我当站长，就这么整起的。意思说来的人太多了。最后政策开放过后，外国人又来若干。来了过后，那个时候县上经济也恼火，全部往乡上走，乡上晓得我在那儿上班，又把我弄起去（接待），就这么整，一直整了几十年。

（文化站的）主要工作，一个是放电影，二一个是文化馆成立后，啥子图书馆啊，我们跟学校挨到在，白天（我就）做点羌笛嘛，晚上（就）放点电影。白天做点羌笛，娃娃看书就可以看。全乡要搞啥子活动了，我就去组织。外面了解羌文化的人来了，全部我接待。

所以有些东西就不好说，那个羌文化我们屋头搞了若干年。那个羌绣是我第一个开始整的，以前县文化馆馆长余光远、王世学（音）副馆长，长期来人就引到我这儿来，最后我们几个就把这个羌绣打造出去，第一个是我搞出来的，（比如）这个云云鞋，腰上的钱袋子。我放电影噻，过后我们乡上的电影875（毫米电影）的垮台（不放）了，土地承包过后，我们企业人员土地又没得，后头成立文化站，我就一直坚持了噻。

我现在退休了，哪个给我工资哦。有些东西就算了、就不说了，我想得开，我只要身体健康、精神愉快就要得了。（现在）我要还放电影，一年最低要把60场（电影）完成。（20）09年，国家给我们发了个数码机[②]，以前我们是16毫米的（放映机）嘛，（设备）不轻，还有发电机，以前农网没有改造，电不得行，还要背发电机，两个人背不起，还要请个人。

我结婚是（19）79年，妻子是本地本队的， 4个孩子，最大的要40岁了，最小的（1985年出生的），都30好几了。两个女子（都）嫁了，有个在成都，有个在茂县。我们没有分家，（但是）他们

① 八大员，源于中国抗日战争时期百团大战期间，原是炊事员、饲养员、警卫员、司号员、公务员、卫生员、理发员、指挥员的统称。农村的八大员是指公社广播员、农机管理员、畜牧管理员、水利管理员、农技推广员、报刊投递员、粮站管理员、天气预报员。

② 数码机，放电影的数码设备。

都没有和我住在一起，妻子在成都带孙孙，我就守这个老家嘛，没得事了我就到成都去，有事我就回来。我平时就一个住在这儿，（娃娃些）他们一般有事了才回来，没得事了我就下去。春节我下去了，在那儿不习惯，待了一段时间就走了。他们就不准（我）走，我说："我回来，屋头事多。"现在娃娃些都在外面，我不靠他们，我要自力更生，能够做点就做点。现在家里面还有地，国家喊种李子，我们就种点李子。今年我跑到九寨沟买了点朱梨，种了几十株朱梨。

整个三龙乡5个村[①]，两千多人，可能80%是羌族。汉族有一部分，解放的时候往这儿跑的多嘛。以前，那些烧大烟的跑进来的多，解放过后，国民党那些就全部改名换姓，潜伏在这儿，住在这（里就）安家了。最后国家有个政策，凡是在茂县（生活了）20年的，就可以改成（羌族），最后全部改了。（改了后）你娃儿高考就有照顾分。（在19）52年，我们这儿就有省立民族小学，（对）教育（很）重视，现在的娃儿些，全部弄到外头去读书。全部老年人弄在县上去，租个房子，娃娃弄到那读书。我们乡上，每年放电影，前年子都还有100多个学生，昨年子放（电影）就只有几十个学生，今年就更少了，这一转[②]娃娃都看不到。家里面年轻人除了（去）外面打工外，有地的就种地，主要就种海椒、白菜、莲花白，还有李子。现在花椒种的人少得很，摘花椒麻烦得很。

第二部分　羌笛人生

一、羌笛伴成长

从小，我们这儿少数民族地区嘛，靠山吃山。我们父亲他以前就 "吊鹿子"[③]，我们这儿喊"吊鹿子"就是做索子嘛。家庭困难了，这哈上山挖点药啊，安个"索子"。（我）有七八岁了，他一个人，我就去和他搭伴，遇见下雨了，就没有办法，在岩窝洞里面蜷到，他又会做（羌笛），就用我们现在这个竹子，山上用弯刀割了，这下把它削了，削个尖尖，面上这层一刮，轻轻一钻，就钻几个眼子，哨片可以弄好多种，弄了过后就在岩窝洞里吹。下雨了，（我们）就在岩窝蜷到，吹了过后就回家。回来过后，我们这儿有个规矩，我们父亲那时候不准（把羌笛）拿到家里面去。

我们喊安索子，统称"做索子"，就相当于安陷阱。我们父亲有一种传统的东西，家庭困难的时候，家庭困难了才能去做，平常家就挖点药。山上去了，有时候就耽误两三天。遇到天气好，等于山上挖药嘛，白天就安点索子，套点野物，然后麝香些拴到了，你可以卖点钱嘛，一家人买点盐巴，就解决这个问题。但是，只要生活过得去，它就有个要求就不能去做，以前不说保护动物嘛但你杀生不能杀多了。生活紧张了，生活困难了，看到买盐巴（的钱）都没得了，那个时候经济来源又不好嘛，火柴才2分钱一盒，1角钱拿不出来，就没得办法的嘛，也借不到钱，就跑到山上，顺便挖点药嘛，看到啥子药就挖啥子药，平常就做点索子，隔七天要去看一次。

---

① 三龙乡，目前辖勒依、黄草坪、纳呼、富布寨、卓吾寨、园艺场6个村委会，有村民3000多人。

② 这一转，方言，这周围的意思。

③ 吊鹿子，一种捕猎方式，与"下套子"相近，依靠在鸟兽出没的山道上铺设绳套机关，捕杀猎物。

后来农业社的时候，等于我们读书过后就“文化大革命”了，学生上课少噻，那时我父亲给集体放羊，上山没事的时候就吹起耍，就这么一个，对羌笛就有这个印象。这哈，我们大哥就会。我们分家得早噻，我们父亲不上山了，我们大哥他娃儿多，他家庭条件恼火，他胆小，（哪怕）白天他一个人（也会）害怕，这哈尽是我跟他搭伴（上山）嘛。那会儿我们还小嘛，他就给我弄羌笛，羌笛不准拿回来嘛，就独的管管弄一个，我们娃娃的时候就喜欢噻。

我要是没得事，我就学到他拿个弯刀去(做羌笛)，所以最传统的做法是用生竹子。“5·12”地震后，（有人来）拍非遗专题的画册，我就给他们展示了一下，那个他们就要湿的，我们就到山上现场现砍竹子，我就现做，只要个弯刀，把竹子削得尖尖的，轻轻一钻就是个眼子。那时候传统的东西没有个尺寸，就按照指法，钻三个眼子，先试一下，又钻三个眼子，就在那儿吹耍。从小我就是这么接触的。

二、羌笛的演奏

羌笛，我们这儿喊 “司呗儿”（羌语音），你必须要把音发好；有些人喊“齐儿”，喊“齐儿”就不对，笛子喊“齐儿”（羌语音）。羌笛，我们这儿的语言，十里不同调，到处都有点不一样，正儿八经我们这儿就喊“司呗儿”。

自古以来，我们羌人出征（的）时候才吹（羌笛），死人以后，我们这儿以前喊“惹格布”，“惹格布”就是“打葬[①]”，汉语就是“打葬”。死人了过后，亲戚那些来了过后，为了寄托亡灵，这哈就要吹羌笛；走路的时候要吹，但是（在）家里面不能吹，只能在山里面吹。

（吹）羌笛没得固定曲调，像我们父亲他们就是传统这么学的，会弹三弦。那个时候我们还没有读书的时候、是娃娃的时候，（家里）有个月琴，有个三弦，他就教我。过后，我们读书才晓得哆啦咪法唆，他们就没得哆啦咪法唆这个概念，他这哈子就给你唱，要弹啥子“工上尺上工尺上工……”[②]他就天天喊你背这个，唱完过后他就用三弦弹，最后只要你弹过以后，不管你啥子歌，会唱就会弹。老年人不会哆啦咪法唆，只要他会唱就会弹。两个管管的，你把声音稍微拉长，听起来很凄凉。

王国亨演奏羌笛

（小的时候老一辈做羌笛的人）少得很，我们开始读书，刚刚才读三年级，就“文化大革命”了，那些传统的东西就一律不准你整，给你限制了。我们那儿有些老年人会（吹），集体劳动时，原来我们这儿有个老汉儿会吹一点，抄地[③]，太阳（底下）坝坝上，累到了过后，一个个睡起，他在那

① 打葬，方言，打丧火的意思。
② “工上尺上工尺上工……”，是传统的“工尺谱”。工尺谱是我国传统记谱法之一。
③ 抄地，方言，犁地、耕地的意思。

吹点儿，那个时候这个还可以。只有这种感受。我们父亲也会（吹），（还）会弹三弦，啥子都有，他就喜欢这个乐器。我晓得的，（我）娃娃时候会（吹）的老的（一辈的人现在）都死了；我们父亲，我们大哥会，我们大哥还会弄单管那种。平常家我们老汉儿（在）屋头就吹单管，单管（只有）一个管，这儿削个口、弄个斜面，这儿弄个软的木塞，塞半边，露个缺，钻几个眼就吹。两根管的羌笛，我们父亲他们的规矩就不准拿到家里面吹。单管笛的管管粗一些，音色粗糙些，它就没得这种（双管）羌笛吹出来的清脆声气了。这个（双管）羌笛吹（出来声音）相当清脆。

在山上吹（羌笛），吹我们的"纳吉纳纳"（羌族山歌）嘛，我们会唱的嘛——"纳吉纳纳哟，哪嘛呦些哟，呦些也么哟，也么撒撒哟……"（现场演唱几句），就吹这种，音调拖起。纳吉纳纳，就是我们这边唱的这个歌，一唱就要唱很多东西，就要叙述出来，内容是自家编（的），就是喊的山歌，内容自己编，你看到个啥子就可以唱啥子（，然后就边吹边唱）。

三、演奏的禁忌

羌笛听起来很凄凉。以前老的说，"司呗儿"就是死人的时候、打仗的时候才能吹，那个吹了听起很凄凉，家里面老人那些，听起他就（会）很悲伤，所以家里面不准吹。所以我们只是会做，吹得响，一般的歌可以吹，"纳吉纳纳"（羌族山歌）这些。最后，政策开放过后，允许羌笛（在）任何场合（都）可以吹。

小的时候，我们这儿没得人吹，我们大哥会嘛，在山上吹了就甩了，不拿回家来。我们父亲他们比较传统，他们说这个家里面不能吹，只能在外面山上吹。有些时候我们拿起回来，就不得行，他就不准。解放以前，我们父亲他们说，演变成跟现在吹萨拉子[①]一个道理。吹萨拉子我们这儿也不准吹。以前老年人说，吹萨拉子是最下贱的，属于下九流，所以我们这儿不准你吹萨拉子。吹萨拉子必须要请专业的（人），死人了、结婚了才吹。死人也要吹羌笛。洞箫也不能吹，他说"背时倒灶吹洞箫"，就不能吹。

单笛吹起，它声音就跟那个笛子一样的，就和现在竖笛一样的。竖笛吹起，就没有羌笛这种很凄凉的声音，我唱"纳吉纳纳"，特别是把那个声音拖起，后头又把那些声音一加，听起就很悲哀。羌笛（的音）有竹子那种清脆，远听，它穿透力相当强——远点听羌笛，（才能）听出那个味道，一下就还原到我们这儿做丧事那种。

四、弘扬羌笛传统

解放以前，像我们父亲他们这些，打了好多次仗，参加红军，（红）28军打芦花[②]也去了，最后又打何本初[③]。战争一打，肚子都装不饱，哪个还有心思（弄这个羌笛）嘛，慢慢地，羌文化的东西就失传了。不说其他，这个建筑，以前全部是跟到我们（这儿的传统羌族建筑）一样的，我搞羌文

① 吹萨拉子，方言，吹萨拉子就是吹唢呐。

② 芦花，黑水县县城芦花镇。

③ 何本初（1900—1956），四川永川人。1928年任四川省蒲江县县长，后历任彭山县、邛崃县、岳池县、仁寿县、夹江县、叙永县县长，1945年任四川省第14区（剑阁）行政督察专员兼少将保安司令，1947年春任四川省第16区（茂县）行政督察专员兼保安司令，1950年3月3日在四川茂县率部起义，旋在赴成都途中叛逃，任川康边区"反共救国军"中将副总指挥，1953年5月被俘，1956年在关押中病逝。

化，我们寨子（传统羌族民居）保留下来，全靠我。

我小的时候，老年人都不会（吹羌笛），只有长期上山的啊、爱好点音乐的那些（会），你不爱好的，哪个没得事给你吹。喜欢这个东西（的），只是少数。黑水[①]有几个老汉儿会（吹），维城、雅都[②]有几个，我们这儿最后慢慢地就失传了。政策开放了，才慢慢把这个羌笛弄起来的。

（19）88年文化站成立后，我（在）搞羌文化，有很多人问会不会羌笛，我说我会，我就开始做。开始做的时候有好些人不理解，我在乡文化站做噻，生意多，一年最少（做）100多支啊。才开始做，能吹响，我就过送，那些小孩愿意吹（的）就送。羌笛送了，那个哨片就恼火，我不可能给你天天做噻。有些娃娃吹吹吹，吹不响了，就逮到一扳，啊，扳坏了。最后，慢慢慢慢政策开放了，旅游的人多了，我就开始卖旅游品，5块10块一支，有些人说没得钱，没钱就算了，给你送一支。就一直做到现在，就做了几十年。

（20）09年，黑虎羌寨（成为）国家级文物保护寨，碉楼弄了后，国家文物局、省文物局、县文物局去弄了以后，必须要保护，把图纸弄下来过后，要找个懂羌文化、懂羌族的建筑、对古建筑了解的，要找个监理，必须要有资质的，最后（县）文体局当时我们王局长把我调到那儿去，我（就在）那儿（待了）两年，（业余时间）就教那些当地的小伙子做羌笛，大家都很满意，每个小伙子凡是他们要的，我（就）给他们送一只。最后，前年子我在（茂县）羌城，我在文化上几十年噻[③]，最后把我调到羌城，又在那儿待了一年，一直在那儿做羌笛，那儿做的人比较多。现在不去（羌城）了，不是年龄（的问题）。你一个月才给1500块钱，又没有房子，吃住、电费、水费、生活（费）一除去，1500块钱能干啥子哦。说三个月满了给你转，（但）拖了一年，一年我生活都保不到，熟人又多，哪个要做啥子，说“我们娃娃做事了，来耍下”，你100块钱拿不出手，你给200块。按照我们茂县的规矩，只要认得到，喊你去了，赶个几场，你这个月的生活都恼火。我还好点，我羌笛做了（卖了）他们公司要得（分成），返回20%。一年过后，我（也）就没做了，我就回来了，在屋头做。在那儿，你每天要准时上班，砍材料（条件）也不得行，那里是企业管理。我在这儿屋头，有火塘，把火烧起，灯开起，太阳照到这儿了，这下我开始钻眼子。问题是这个竹子，它有个问题，你不能用刀钻，你一钻它就破了，用电钻，钻速高了就往旁边跑，低了又钻不过去，不小心又钻穿了。（所以钻眼子）必须要用火烙。

以前在文化站嘛，（文化站）又跟学校挨到在，中午，学生全部把我围到，弄羌笛，材料弄得很脏，还有个是火那些不方便，我每天（在）门外头坝坝上做这个。（文化站的）房子有噻，“5·12”地震后，房子没得了，地震过后，喊拆就拆完了，就逼到只有走这儿（我自己）屋头来了噻。乡政府弄好了后，给我了个办公室，办公室弄羌笛，材料弄了就弄得很脏，所以说那儿不方便，火也不方便。

---

① 黑水，阿坝州辖县。

② 维城、雅都，茂县维城乡、雅都乡。

③ 在文化上几十年噻，意思为做了几十年的文化工作。

五、传承制作技艺

徒弟我带得早了，原来我带了些啊，整了两下，人家不干了。我两个儿子都会，他们两个都会吹，做也会做，但是这个东西养不活人。（这个村六十来户人）没有人肯做了，哪个给你做啊，打个零工，都是150（元钱）一天，哪个做你这个；也没得人肯学吹羌笛。现在我们做那么多，像我们本地方的（人），你喊他吹，他吹一阵，他说你这个麻烦。我带了好多徒弟嘛，刚来的时候，他高兴，做两下，不响，他甩了，说我难得麻烦，他就不干了。

（前几年）我在羌城那儿，有十几个徒弟，他们都愿意学。我在羌城的时候我在那儿住，我说你们愿意学，可以。其他嘛，一支羌笛就260块，专业的吹的就最低300块一支。我现在没得啥子忌头[①]，他们来找到我，我说你要学，你安不安心，安心呢，就在我这儿写个名字。他们名字写了，电话号码写了，我就带了十几个徒弟，我说一家给你们做一支，那个就是专业（用）的啊。专业人吹（的羌笛）和旅游的是两回事。

像我这儿做60多支（羌笛），我想做100支，眼睛不行了，60多支里头选得到四五支专业的。这个一天不得行啊，这个要精神好、天气好就做，精神不好，报废一根、报废两根，（就）没得兴趣了。这个要有耐力，要依到天数（就不好说）。现在，我一年最少（卖）100支以上，我价格卖得便宜。价格的话，专业的，现在县上学生娃娃多得很，他们一只羌笛就要400（元），最低260（元），专业人吹的就要这个价，我呢就只给他们卖100（元）。其他，旅游的订得多呢，我就只收他们60块钱一支。但是，今年子不行了，我眼睛不行了。

羌笛要往下传，现在没得难度了，通过我们宣传，我就做了几十年。我的羌笛，外国的都到我这儿来学，专门跑起来，很感兴趣，要当我的徒弟，国外（的游客）都买了好多走。特别是“5·12”地震以后，全州我们茂县非遗这块儿搞得最好，现在我们（县）非遗传承人有70多个。文化局在办（班），还有传承人每年要带几个徒弟。我带的徒弟里，羌城有个（叫）赵亮（的）会做，吹也随便吹了。（徒弟里）会吹的有十几个哦，这个全靠自己去摸索。

我搞了几十年，我们民族的东西我们把它传下去，不能丢，我就坚持到现在，就要走到底。所以他们好多人说：你这个政策开放，别个整钱，你一天就整这个。但是我想得开，我要求又不高，他们来好多人问我，我说有啥要求你，一天有三顿饭吃，有二两酒喝，我就满足了。

第三部分　羌笛制作

一、选材

我就总结了一套经验，（做羌笛）就用我们这儿的箭竹嘛，就是所谓的熊猫吃的那种箭竹[②]，

① 没得啥子忌头，意思为“没啥好忌讳的”。

② 箭竹，广泛分布于从秦岭南坡的佛坪经四川盆地北界的南秤、平武、北川、宝兴最后到川南的雷波，呈弧形分布于四川盆地西缘山地，海拔2000~2800米处的针叶林缘。

制作羌笛的箭竹竿

那个我们这儿多得很，（在）山上。但是，随时取的要不得，这个竹子必须要农历的九月至十月、刚刚要打霜以前（的竹子才要得），特别是弄这个哨片，这个就必须要岩上头的竹子。为啥子呢？那个是岩上，海拔在2500~2600（米）（甚至）以上的岩上，就是崖上面长得有岩草青冈（树），那种青冈（树）林里头偶尔长得有一株黄竹子，那种竹子皮层就薄，吸收的水分就少，长得慢，这种不晓得长了好多年的竹子。这种竹子再久它都有韧性。一般阴山的竹子要不得，它阴山的竹子当时肯响得很，你一吹，唾液一黏上，一泡胀，它就不行了。这种岩上的竹子就不怕，有唾液在上面，搓两下问题就解决了。这个管子（笛身）就要用皮层厚的（竹子），皮层厚的才刮得出来。

农历的九月至十月、刚刚要打霜以前，那个时候的竹子就要下水了，必须要下水的竹子才行。我每年都要去几天，山上砍了过后拿回来，用铁丝把它扎好，把它一捆一捆地捆起，捆好吊到那儿炕。炕干了，第二年才能做。包括这个哨片，必须要去山上选，在山上你要哪一截（竹子）就用剪子剪哪一根。

这个麻烦得很，要弄响一支，山上那个新鲜竹子可以响，一干就要不得了。我们必须把竹子砍回来过后，要用烟子先熏，我那些全部弄在楼上熏起的，基本上要熏一年，干了过后才能做，它就不得变形，它就随便搁。（要是不炕干，哨片时间放长了，）自然就翘了。

二、制作

（一）哨片

制作哨片第一步：取材

制作哨片第二步：整理、刮削

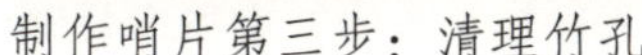
制作哨片第三步：清理竹孔

制作哨片第四步：精细处理

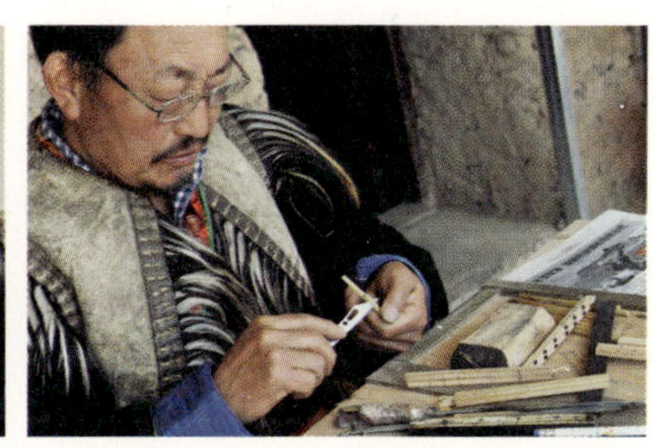
制作哨片第五步：切开竹管，完成哨片制作

我先弄哨片嘛，哨片要用菜油，要用等温、大概六十（摄氏）度左右油温的清油，把它泡起，要用的时候才把它拿出来。清油浸过去了过后，唾液粘到，它浸不进去，以前没有油浸，吹了过后唾液粘到了，它就泡胀了。通过油泡了，簧片的韧性就好了。

簧片的开口有讲究，刀必须钢火要好，钢火不好的一哈就缺口了，最关键做这个哨片最麻烦，全靠眼力跟刮这点厚薄，调音就这点最关键。就靠这个哨片发音，（你要）随时观察厚薄，几十只里面才选得到一对，最麻烦的就这个。我带了好多徒弟，弄这个，整两个，整不响，他就没得兴趣了。

没有专门找人去学习做羌笛（的），手艺是手上弄出来的，还有你的经验。像我们弄哨片、调音这些（的）全部要弄出来了，才自家来试，哪种音搁哪里，搁好了过后，高音先来装，不对了又要调，这个相当复杂，现在没有人肯弄。

（二）笛身制作

（笛身加工，用刀把竹管削成方形，）然后用刀子刮，必须拿这个（把笛身）刮到透明，四方透明。为什么要那么透明呢？（透明了）吹起才有那种共鸣声，才有羌笛最清脆的声音，所以你刮的时候必须要掌握好。刮好过后，两个眼子（必须）一样，你需要过挑，大小一样了过后，想着两个眼子基本上一样，比好过后，就给它刷点胶，粘到一起过后，就拿线这么捆，这么捆好。现在就用白乳胶（把两个笛身粘到一起），以前就用羊绳条子（，当地一种灌木）皮，把羊绳条子的皮取下一圈，

锯笛身

用刨子将竹管刨成方形

用白乳胶将两根笛身粘到一起，用绳子固定

把两个管子固定，现在用胶粘。它是双管的孔孔，你压的时候必须要保持平衡。做好几十根，甩到那儿；（等）干了，这哈（拿出来）开始细刮；刮好了，全部弄好了，这下才锯这个尾巴；尾巴锯好了，这下才开始画墨线打眼子；眼子打好了，才开始砂。

（三）钻孔

这（个）弄好了，（在笛身上画好笛孔的位置）就要用火烙眼子，（烙眼子前）要先把笛身里面的（竹屑）清理出来。然后，用火（烧红的铁签钻子）烙眼子，火要烧大烧红，拿这个（烧红的铁签钻子）轻轻去钻，全部烙好。拿块钻过来烙，这个钻始终放这里，烫手（得很）。你每个眼烙好，就要拿这个轻轻去旋，要旋一遍。

（羌笛）最早发明的时候是3孔，后（来又）发明了5孔，（更多的）就没得了。最后我们这儿地方慢慢才研究成功6孔，小的时候吹的就是6孔。现在（的）省非遗研究院，他们昨年子就弄了8孔、10孔，都弄出来了，所以我昨年弄了10支，拿去给了他们（非遗研究院）噻。6孔那个时候（钻孔）就按指法，意思是第一个孔孔钻了，钻好了过后，把这个指拇儿压到。钻第二（个）孔，指拇儿这么比到（量距离），比到过后这哈这儿钻一个孔孔。第三个（孔孔），这儿（指拇儿）又比到，这儿的距离就要远点了，这哈子就比到指拇儿（的位置）来（钻）。现在啊，现在陈海元和何王全①他们专门搞声乐的噻，（经）他们不断的研究过后，把音准、距离全部通过调试，基本上有（了）个标准尺寸。

确定音孔位置

钻孔（凿音孔）

烙眼子

清理笛身里的碎屑

（打孔很重要，孔的位置）差异大了，音色就不准，孔的位置、远近、距离，一块稍微没有弄好，音准就不好。关键是这个哨片，哨片就相当于调音台一样的，调音台、簧片全靠你的眼睛跟到手，你如果多刮一点，就报废，你要弄很多哨片，才成功得到一对，两个音色要达到一致，有些时候几十只里面（才有一对），全靠经验，（靠）眼睛和手。簧片调音，刮一下，嘴巴要试一下，像我接到弄一段时间，（嘴皮）这些（地方）都要割烂完。竹子它有个毛病，你当时刮得很干净，刀子一刮，你一

① 陈海元原名柯洛娃，茂县羌族歌舞团团长，何王全是他的搭档。

吹它就伤到嘴皮。

原始的做法就（用）山上新鲜的竹子，（要）大点的、粑的[1]，没得那么硬，比个眼子，用弯刀轻轻那么一旋、这么一旋，它就是圆的了。哨片就用山上这个竹子，用弯刀给它划个口口，给它一搓，就响了。

全部弄好了，这下就开始刷漆。弄下来，（共）有二十几道工序，将近三十道工序。

三、工具

（我做羌笛的工具）全部是自己做的，北京有个教授，来我这订了一套。（工具有）传统木匠用的制规尺，专门刮缝隙的刀，打眼子的，挖哨片的，刮哨片的刀子等。

制作羌笛的工具

制作羌笛的工作台

四、鹰笛传奇

我是搞羌文化的人，就去翻阅文献资料。文献资料翻到后，（上面讲的）羌笛最早是用鹰骨做的，我很（受）感动。羌笛是怎么发明的呢？通过文献资料了解，我们羌人在西北大漠牧羊的时候，老鹰来捉羊羔，牧羊人很生气，（想的）哪天把你弄到再说。老鹰在天上飞，他弄不到嘛。传说，后来这个老鹰老死了，牧羊人逮到了，把羽毛拔了，无意中用刀子把羽毛割了，就吹响了。吹响过后，就把鹰骨，（按文献）记载是腿骨，把腿骨割了以后，插在里面，吹了以后响声就不对，就钻个眼，钻个眼吹下、按下，后面慢慢发展到三孔。最后才用这个箭竹（做），有的喊油竹子，我们这儿喊黄竹。

王国亨演奏鹰骨羌笛

最后我就想，文献资料里面有，但是没有哪个见过鹰骨羌笛。最后我就放电影嘛，那边高山区放电影，有几个娃娃，他们那里有个老鹰，老鹰在水塘里逮鱼，落水就飞不起来，几个娃娃把老鹰打死，放在家里面。这都是20多年前了，最后我把

① 粑的，方言，软的。

主人家找到后，我说他们那个娃娃整了个老鹰哇，最后他们把皮子和骨架晾在高头在。那时候经济有点恼火，我说那个骨头给我，他们说你拿去就行了，都是亲戚（嘛），我说我把鹰骨拿回来，试做一下羌笛。结果我拿回来一做就成功了，第一支鹰骨羌笛就是我做出来的。这个笛子还在嘛，（**拿出家里的鹰骨羌笛**）这个就是第一支，一只老鹰翅骨可以做两支羌笛，（笛上）有6个孔，（是用）老鹰的翅膀粗的那一对（骨）做的，这支第一支做出来，我就收藏到在，你看，从审美角度看，像不像美女？第二支，中央民族大学博物馆（的人）来了以后，鼓捣要买，想买这支，我没有卖，最后他们鼓捣要买就把第二支卖给他们了，那支就收藏在中央民族大学博物馆。（10年以前）省非遗办来了，要想买（这支），我没有材料，这支我肯定要收藏，那个时候放羊的整到一个老鹰，他们把骨头给我后，（我给四川省非遗办做了一支，收藏在）非遗博物馆。（后来）茂县博物馆喊我无论如何弄一支，最后茂县博物馆收藏得有一支。

第四部分　尽力保护家乡羌族古建筑村落

我开始搞羌文化后，特别是外国人来得多，为什么我保护这个房子，保护这个村子，它都是有个经过的。政策开放后，那时候我在企业上，（19）81年，来了个日本人，他是搞建筑的，他的中文好像不通，（但是）他会写中文繁体字。县政府他们晓得（他）搞啥子的，（就把他）弄到乡上，又把我找到起。

他主要来研究我们这（儿的）古建筑。日本那边长期大地震，他走到我们这儿感觉很奇怪，（19）33年地震他都晓得，这些房子为啥子没有垮，他就专门来了解情况。来了过后，我就把他引起，他有时候说些话，我们又听不懂，他用繁体字写，我又有好多繁体字认不到，一般的认得到一些。我们有个老表，他就读过古书，我就把他喊起，他就当翻译，那个日本人有些说不来，他就用繁体字写，写了过后，有些字认不到，就过比[①]。最后他来了后，我就一层一层（讲解），这个房子怎么修的，我们用这个黄泥（做），以前修房子有马，头天（黄泥）发好后，用马去里头踩；没得马就用牛去踩，赶到里面，踩踩踩，变成烧瓦桶那种泥巴。那种形式（完）了过后，一块石头，就一坨泥巴，石头必须要穿插，要有过江石，要有角子。最后他把情况了解过后，（知道了）在我们羌族历史里，这些碉楼有记载都2000多年了，羌语的房子喊“吉各鲁”，碉楼就喊“鲁”，就喊碉，羌语就喊“鲁”，最后汉语就弄成“穹窿”。这些，他就了解得很。

最后，（日本人）走的时候，他就把我（的手）逮到，说：“你把这个要保护好，你们羌族这个东西太伟大了，不能拆。”

我们父亲从他小的时候就从来没有弄过房子。以前我们爷爷手头，就烧大烟；我们祖祖手头，这些房子就没有动过。所以年代我们就无法考证。所以（19）33年大地震的时候，我们父亲就在摆噻，摇过去，这个连到往那边扯，那边裂开了，摇转来就往这边扯，我们这（个）房子就只垮了点顶

① 就过比，是就用手势比划示意。

雪山森林映衬下的河心坝羌寨

顶。所以，这次“5·12”地震，汶川离我们这儿直线才好远点，这个山翻过去就是汶川，那天摇是摇得凶得很，人都站不稳，（但）就是房顶那些塔子甩了点，墙角子甩了点，当时（还是裂了）这么宽的缝缝，不是吹哦，看到都吓人，最后余震摇啊摇，它（竟然）全部合拢完了，就这么怪。

所以这个日本人走的时候，把我逮到，他说：“你一定要把你们这个保护到。”他说哪里的古堡，（都）不如你们羌族的古建筑。他说：“你们这里头啥子东西都没得，尽是石头和泥巴，可以耐这么高的地震，管这么几千年，我们日本地震凶得很。”最后，我还是有点感受，外国人都晓得古建筑是那么重要，我们在这儿，为什么不保护呢？所以我就一直保护我们这个河心坝（村）。

最后“5·12”地震后，我马上打了个报告给县政府，我说我们这儿古建筑必须要保护，最后政府就出台了个明白卡，就是必须拆，不拆国家的补贴你就拿不到。我们这个村子呢，就我一家不准拆，要保护。最后这些话说过了，书记、乡长的全部来，上来喊老王必须喊他们拆。县长来了过后，我把报告打过去，要把我们这个列成村落保护。这个肯定要保护，但是乡上说，你不拆就不给钱。最后我就把书记、乡长堵到，我说你们哪个敢拆，只要你敢拆，我们两个你要试不试！我是贫下中农，我是无产阶级，我啥子都不怕。但是你们这个破坏古建筑，这个古建筑这个民族的东西是世界的，你们为啥子要拆。现在你给10万块钱，修不起一个碉楼。但是现在那些碉楼，都是跟到我们这（个）比，现在都修不起，全部是水泥弄了过后，（外面）贴些石板（修的）。你正儿八经的碉楼，你去修嘛。所以，这个碉楼，他要拆，我们两个协商，他要修房子，我那公路边有坨自留地，我们两个写个

（了）协议，写个协议过后，我这个地量了有好多，我们两个对换。你说卖了，你这个碉楼要好多钱，我肯定买不起，但是你一拆了，你就是破坏我们的古建筑。最后他房子拆了，我拍了好多照片，最后我自家又请人，那时候请人，一个人20块钱一天，请拖拉机拉石子，对门子山上石头拉了过后，人请起背，背了过后，我把碉楼底子全部水泥一层、石头一层、水泥一层（来加固），最后我把碉楼底层加固。我在想一个道理，那个瓶子样，就像这个瓶子，这是我们碉楼，底下你重量给它加够，上面框框是好的，你就随便摇，只要底子不翻，它就不得倒。所以我就采取这种办法，就把它加固好了。你们一哈儿可以跟我上去看，我把它加固后，“5·12”地震一块石头都没有甩脱，所以黑虎羌寨那个国家级文物，“5·12”地震后，把我调到那儿当监理，全部依照我的那种方法（来保护）。

以前我们这儿几十个碉楼，最后修房子，就拆，我们喊保留，别人那个垮了，你没得办法；那边一个碉楼，人家要拆，我们跟他协商，用我们的自留地跟他换（才保留下来）。

第二节　多声部民歌

郎加木——多声部相伴的人生

名录：羌族多声部民歌

级别：第一批国家级非物质文化遗产扩展项目名录项目　第一批四川省非物质文化遗产项目名录项目

类别：传统音乐

简介：羌族多声部民歌，是指主要流传于阿坝州松潘县、茂县等羌族北部方言区的羌族民歌，它以二声部民歌为盛，三声部、四声部民歌次之，是羌族最原始、古老、无乐器伴奏的演唱表演形式。

只有语言而无文字的羌族，“以歌代文”，用歌声来记载历史、传播文化、教育后代，并且在辛勤的劳动中，歌唱大自然，歌唱生活，憧憬未来。

羌族多声部民歌题材广泛、格式多样，时而长短相依，时而工整对仗，词句精美，意蕴悠长。羌族多声部民歌依唱词内容大致可分为喜庆歌和悲歌两类。喜庆歌类有：反映敬神、祭祀、庆贺的祝颂歌，反映春耕秋收、除草打粮的四季歌；反映出门、上山、归家的山行歌，反映开坛、请神、劝宾的酒歌等。悲歌类有：反映丧葬哀叹的哀歌，反映出远门、打冤家的送别歌等。

羌族多声部民歌大多有着固定的或非固定的组合形态，其组合类型和特点以同音色(男声或女声)的合唱或重唱为主，也有男、女群体的合唱式对唱，较少采用混声的组合形式。

非定型性是羌族多声部民歌的最主要特点之一，其主要表现为：非定型音乐形态，以高声部和低声部默契结合演唱而成非定性型音乐形态；非定型节奏形式，节奏上无规则的强弱交替进行，演唱者根据相互对应的歌词与旋律进行即兴变化。

以非定型乐曲形式、节奏、节拍为重要特征的羌族多声部民歌，为演唱者提供了即兴发挥的空间，其旋律和歌词有着丰富的形式，即演唱者能依据场所、各自技能以及观众的气氛随而唱长随而唱短，不受演唱时间的限制，极具艺术性和感染力。

2007年，经四川省人民政府批准，羌族多声部民歌被列入第一批四川省非物质文化遗产名录；2008年，经国务院批准，羌族多声部民歌被列入第一批国家级非物质文化遗产扩展项目名录。

传承人：郎加木，国家级非物质文化遗产扩展项目名录项目羌族多声部民歌国家级代表性传承人

传承谱系：当地民间传统，无明确传承关系，跟着寨子中长辈学习。可以追溯的有——

雷磋→郎加木→泽旺仁青、甲尕亚、龙珠妹、甲妹她

小传

郎加木，1946年出生于四川省松潘县小姓乡埃溪村。

5岁时母亲去世，此后在藏区靠帮人放牧为生，11岁回到家乡，16岁入学读了一年书，后因“大跃进运动”回乡参加工作，先后做过公社记分员、出纳、生产队队长，后因“文化大革命”被撤销职务，平反以后当选为村长，1998年卸任。

因为自幼生活艰辛，郎加木只能在逢年过节有传统活动的时候跟着老一辈的歌者学些技艺。14岁时接触到多声部，并对这种歌唱形式产生了浓厚的兴趣，通过自己的钻研和摸索，17岁时便能掌握这一民族唱法。

1985年，借着国家调查民族文化的机会，郎加木结识了四川省民委的汪金泉（音同）老师，并将羌族多声部这一民间艺术形式介绍给了汪老师。此后参与到更多的文化艺术活动中去，并培养出许多多声部民乐的人才。

2016年，担任当地羌族多声部协会会长。

2009 年，郎加木被命名为羌族多声部民歌国家级代表性传承人。

口述

第一部分　曲折人生

一、流浪儿童

我是1946年10月10号出生[①]（的）。我5岁时妈死了，只有我一个独儿子，妈死了爸爸没管我。6岁（时），我爸爸就说（不能）供我自己的生活，（我）就到处流浪，（在）藏族地区帮人家放羊放牛这么长大的。

我做了五年的长工，在热务沟[②]里一个藏乡，帮人放羊放牛维持自己的生活。1956年，搞这个民改[③]，我就回来了，就一直在家乡。我回来的时候已经11岁了，什么也做不了，年龄又小，没得个家，（在）这家歇一晚上，那家歇一晚上，白天管它肚子吃得饱也好，饿也好，跟到人家混时间、去耍[④]。

① 口述者身份证登记是1945年10月10日。
② 热务沟，地名，位于四川省阿坝藏族羌族自治州松潘县。
③ 民改，民主改革。
④ 耍，方言，意为“玩”。

二、留心学习

到了14岁过后，寨子上什么时候五月初五啊、五月十五啊、六月十五啊，过春节这些，（我就）能够参加这些，但是我又不会唱，不过我心里很有兴趣搞这个。我14岁人家在上八位[①]唱，我在下八位门缝缝里偷听，老人们上面在唱，这下子我就听听听，听会了一部分。17岁的时候，我可以跟老年人一起唱，就这么唱出来，但是羌族有些语言、词语（太丰富了），我一个羌族（人），我都还有些弄不懂。当然，上一代的老人也只能说是唱，也没有解释这个过程，词语的意思也没给我讲。后来我到了17岁过后，以后就自己脑袋里有些印象，再加上活动的场合比较多一点了，收成也比较高了，就慢慢自己学会了，也可以唱也可以讲解，是这么产生的。因为我老师也没得（钱），过去请个老师跟现在还是有点相同，要给人家一点包袱（报酬），或者是酒啊肉啊，我（那时）连家都没得，连父母都没得，拿什么给人家，只能说是偷听，就那么学的。

17岁之后就会唱，等于是自己村里面，帮人啊那些，晚上咂那个酒嘛，那个时候，大家喝个二麻二麻的，大家就唱一哈，其他啥子大的活动没得，只是我们村寨子里咂个酒唱一下。这哈子，六月十五啊，五月十五啊，全寨子弄起坐在场坝，喝得二麻二麻，大家就起兴了，就是老汉儿些站起来了，老婆婆些站起来了，就唱多声部、尼沙，那个时候就有个机会。其他没得啥子。关在那个山里头，出去外头是不得行的，没得人包装你，咋个出去哇。

三、成年以后

在那个时候的生活就是，比如说是我今天晚上在这家子歇了，那么他们就给我（备）一顿饭，这哈子白天跟娃娃一起耍的时候呢，人家心好一点的，就让他的娃娃喊我到他们那儿去吃饭，就这么产生的。一直到17岁啊16岁村上喊我去读书，读个啥子学校，读个半农半读那么一个，在那儿去读了一年，意思就是现在的预备班一样的，就那么读了一年。第二年，17岁了，中央的一个指示，那个时候是“大跃进”，15岁以上的学生就动员回家劳动，那阵（子）我就回去了。在家里面，村上就给我安排了个记分员（的工作）。那个时候社员就是做一天（就）评分（的），我就去当记分员。当了一年记分员就喊我当出纳，（当了）6年的出纳，以后我都已经二十八九（岁）了。出纳就是管现金、管粮食，是公社的出纳。

6年以后就开始了“文化大革命”，那个时候搞派系，就混乱了10年，这10年，我们羌族多声部就失去了10年。虽然公社化以后还是可以唱，“文化大革命”时候也没有禁止，村上一直在唱这个，但羌族多声部失去了10年，所有老汉儿老婆婆就死了，羌族多声部好多宝贵的文化就失去了。

造反派就想掌这些权，一天（到晚）斗过去斗过来，我就怄[②]了，我就把现金、（存款）折子、钥匙啊全部扔甩在办公室，我说我不干了。造反派今天是这个政策，明天是这个政策，（就）整你，（所以）我就没有干了。然后就是（19）73年，过去我有职，后头搞“文化大革命”，说我是“当权

① 上八位，方言，意为上座。一般指对着大门的一方，即主宾、老者或尊者的位置为“上八位”。

② 怄，方言，生气的意思。

派”，一天斗过去斗过来，说我贪污了这了那了。3年以后，1973年了，政府派了工作队调查这些，后来没调查（出）个名堂，审清（我）是冤枉的，（19）73年就又给我选成村长，大队的村长，村长搞了25年。那（时候）就已经包干到户了，后头家里人员扯不过[①]，我要搞公事，又要搞自己家（事），确实来不过，我自己已经四十几了，村长（的职务）我就退了。退了过后，我就在山上自己养了一些牦牛。

我是19岁就结婚了，最大的小孩，大女子嘛就是（19）64年已经出生了，那个时候困难哦。本身我这个家庭我这个人是个独儿子，没得个家，后来我成熟一点点，慢慢成立一个家，所以家里是比较穷的。（19）88年，我的家庭才转变了一点，那以前我是最穷的，我到处去开荒，（19）88年那个时候集体没用的土地我全部去开荒去种，慢慢慢慢从生活上转变了一点点。

四、为多声部扬名

放牛呢，县上有一个活动，第一次有个活动就是搞这个川主寺这个红军长征纪念碑[②]纪念，就那一次就把我请到了，我们到县上去演出。仁青跟格洛还在读书，仁青一个，寨子上一个小伙子是我请起去的，还有一个我的伴儿，我们四个人（与村里其他三人）是第一次（去）县上唱歌，（19）87年还是（19）88年啊。

以前，羌族多声部有那么一个名称，他也不晓得是哪个地方。后来我们在川主寺唱过一次，那个时候不说其他地方，连这些本县的、松潘县的都说这个是啥子东西，都还弄不清楚。在川主寺唱的那一天，那些人都说“啊是鬼在叫唤”，成了那么一个状态。

后来就是1985年，县上不管你是文体局也好，文化馆也好，下来调查这些，一直就在大尔边，埃溪[③]没有来过。后头就是省民委汪老师，汪金泉（音）[④]，那个时候他在省民委搞音乐，他是北京音乐大学毕业出来的，他就跑到小姓沟[⑤]转转，他也没找到个啥子下落，后来他走到埃溪把我找到了，那是（19）85年。那时埃溪的比较会唱的人现在已经死了，（但）名声还在，一个老婆婆呐措她在，还有几个老汉儿，我就把他们请起来，屋头生活啥子全是我包干。人家汪老师是单位上的人管他了。反正吃农村饭，没得办法。那个时候我们这儿生活还比较紧张，（还）整整搞了一个星期。

第二部分　传承传习

一、演出经历

（1988年）后我们就出去，第一次在县上（川主寺红军长征纪念碑那里演出），后来在阿坝州州庆40周年，过后县文体局把我们弄到广西去演出。广西去演出是2000年，就是全国56个民族的艺术节

---

① 扯不过，方言，人手不够的意思。

② 红军长征纪念碑，松潘县川主寺红军长征纪念碑奠基于1988年6月12日，1990年8月落成。

③ 大尔边，埃溪，地名，位于四川省阿坝藏族羌族自治州松潘县小姓乡大尔边村、埃溪村。

④ 汪金泉以其专业素养，从1985在松潘小姓乡调查民间音乐，发现羌族多声部后，持续不断地关注和研究羌族多声部，并与郎加木结下了深厚的友谊。

⑤ 小姓沟，是岷江上游的一条支流。这里的意思是指小姓沟流域。

这么个活动。那个时候温家宝没有当总理，他是全国搞文化的，他来了，那个时候我就接触过。（那个时候）容中尔甲（也）在那儿，他就把我们看上弄到九寨沟演出去了。我们在九寨沟做了15年，2002年4月份去的，今年[①]1月我回来的，之前一直就在九寨沟。

二、培养传人

自己（为）本县确实没贡献什么，一直名声挂在那儿；今年2月6号回来的那天，乡党委政府喊我下去一下，就是他们这儿成立一个羌族多声部的协会，喊我去管理这个协会，是会长。我还是说了，这是应该的，但是我年龄大了，可能这个（身体）不太好，还有这么多年轻人，就让年轻人去弄。现在我不是吹壳子[②]，现在我还站起的，在我的一生里面，有些送给你们，你们去传下一代。（这）本身是我们羌族的任务，一代一代地传。

小姓乡文化大院

文化大院也是非物质文化传承展示中心和多声部活动基地

现在好多人学倒是想学，（这个多声部）复杂得很，好多人都想跟到我学，（我也）教一下，（但）那个不管怎么说心里（要）有那个爱好才得行啊。跟到我学的，比较出名的就是他们两个[③]，

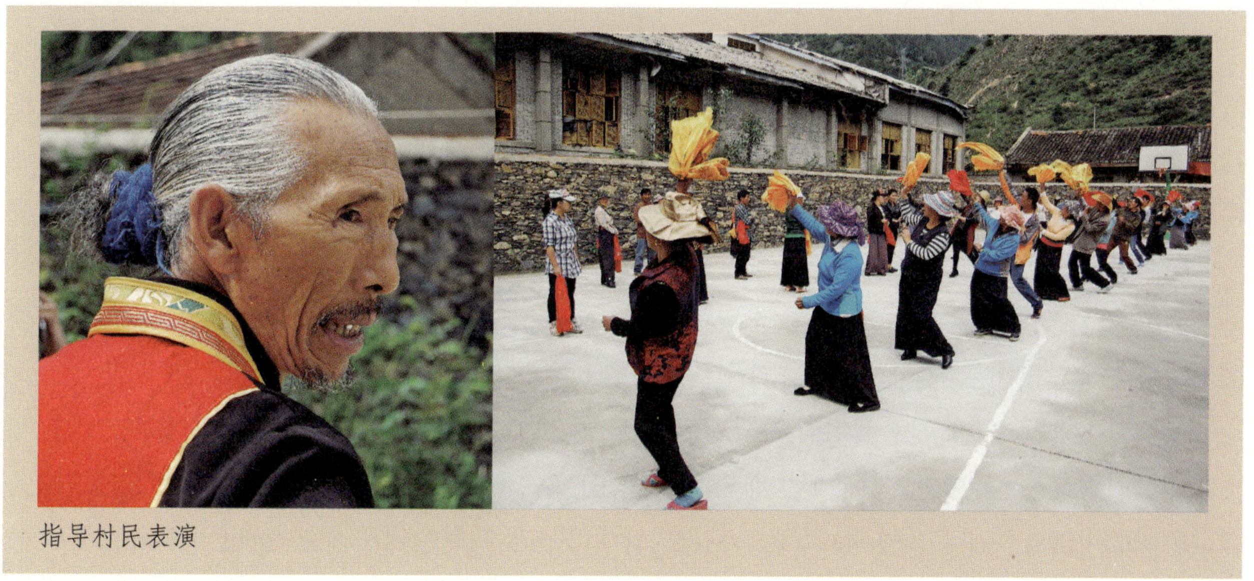
指导村民表演

① 今年，2016年。
② 吹壳子，方言，吹牛皮。
③ 他们两个，指多声部代表性传承人泽旺仁青与格洛扎西。

全国出名了的，我的学生。那下面有比较好的有那么一批，各个地方，北京、深圳那些地方去演出过，（学得）一般（的）那些那就多了。我的大女子、大儿子，我的儿媳妇，都唱得不错。

三、学习要点

小的时候还是跟现在一样的，会（唱）的人就会了，不会的人还是不会。那个时候会（唱）的一个寨子只有那么两三个人，其他的都是跟到他们混的。自己有那个兴趣就学得快，没得那个兴趣图闹热的话就学不好。有些（人）会唱但是嗓子没得，我们羌族这个唱什么都要嗓子，没得嗓子唱不出来。这个多声部必须要唱出来，它没得音乐，全部是唱出来才有音，你不唱出来这个（就）不像样。

第三部分　项目情况

一、渊源

多声部（的产生）是清朝之前，两千多年的事情了。羌族本身不是这个地方的，羌族是现在国家青海、新疆、内蒙古、甘肃的武都过来的，羌族这个人好战，这么打仗就这么打过来，所以他从青海、内蒙古、甘肃打过来一直打到成都，打仗的时候就产生了多声部。它里面包含了一些好多人的情绪，是这么一种，所以现在说羌族这个多声部是在战争中、劳动中慢慢产生的。（历史上）我们这些羌族（打）去成都了，（结果）又给你打上来，这下羌族就失败了，就在松潘沟沟里，黑水沟沟里，理县那些沟沟里，就在山上去就回不去（老家）了，没办法了就（在当地）安了家。这就是两千多年的历史了。现在我们都说我是羌族原生态的传承人，也是羌族多声部的传承人，说七说八的。我以前那些说不远，因为老一代人没解释过这些，这些东西不能乱说，有些地方我就不能解释。

二、形式

羌族多声部不是一首歌的名称，它那个多声部是总共一个羌歌里总的一个多声部，多声部里面还有内涵，有这样的歌有那样的歌几十种，全部加起来有两百多首。羌族多声部有酒歌，有尼沙，还有山歌，还有情歌，再加上家里丧事念的，给前一辈人念的，各个方面加起来有两百多种。两百多种名称就是一个多声部。它这个尼沙跟电影里面刘三姐是一样的，它是一问一答，那种就是我们的尼沙。现在好多人说，羌族就没得这个山歌，（其实）羌族照样有山歌。我们没有露面之前，全国没得啥子多声部，现在我们羌族出来了，这下才发现羌族有个多声部。嗨，这几年我们出去演出，我们羌族（的多声部）出来后，到处都是多声部（冒出来了）。

这两百多首歌，歌词是各种各样的，酒歌有酒歌的歌词，歌词是固定的。尼沙一首，音乐有好长，那么词语就有（好多），其他那些都是根据我们现实的（编歌词）。好多问题我在想，过去脑壳有点聪明的可能有些加了一些词，有这种情况。比如现在他们那些唱法，有些酒席上我注意到我在听，根据酒席的情况他在唱；酒席上有啥子东西，有啥子酒，有啥子饮食啊，跟到饮食在唱，这个说明根据酒席的情况有点变化。正宗一点的呢，等于是尼沙。尼沙里面讲的就是三个朝代的三个皇帝，还有就是从天说到地，可能是古代的一些羌语。

那个酒歌，女的不能唱，只能男的在唱。尼沙就是男女都可以唱，这个是男女对唱的，跟《刘三姐》那个电影一样的，一答一问。那么就说我是男的，你是女的，你比较会，我也会，你以下是你的徒弟，我以下是我的徒弟，就唱唱唱。里面有词语噻，你唱了，把我的答复不了的话你就输了。这儿唱一下，那儿唱一下。特别是我们过春节的时候，村与村之间的联欢，在那个时候又唱，那么你那个村和我这个村联欢唱，如果你那个村唱不赢我的话，那我就成了羌族歌王了，就这么产生的。

羌族的山歌、尼沙，男女都可以唱；念经啊、送葬啊，男女都可以唱，这是我们这儿的习惯，但是我们羌族还有几个地方，有些地方女人在唱酒歌，我们这儿（就）没有这个规矩。

不管唱什么，最低都要两个人，其他那些的话，（比如）尼沙，上百千的人都行。唱这个山歌啊、酒歌啊，就是两个人。

现在唱的变化大啊。过去羌语的说法和现在（的相比）变化大得很，口音上有变化了，语言变化了。现在的羌族与小的时候听到的有点不一样了。比如现在我们山上去逮牦牛，用羌语说是“可歇子可”，现在就是“歇子可”，减了一个字。但多声部的表演方式没得变化。

三、服饰

我这身衣服现在就没得了，这就是过去几千年以前羌族的男服装就是这么，裤子是这么，那个裤子以前就只有那么短，我就弄长一点，现在我穿这个好多人都说我在耍二杆子[①]，我这个不是耍二杆子，我这个是留恋给你们，我穿一下你们看一下，（看）以后能不能这样子改变。现在我们这儿改变不了的一个事情就是鞋子改变不了。我们小时候穿杨柳皮打的草鞋嘛，后来搞了社会了就是胶鞋嘛。以前衣服还是棉布嘛，麻布是长衣服嘛，短的是棉布，我们这儿松潘县的羌族还不能穿麻布，穿麻布是黑水（县），我们都是羊毛做的羊毛衫。因为我们羌族是三种，一个西羌，一个部落羌，一个牦牛羌。现在西羌这一部分在理县、汶川都很少了，（还有）茂县这些；黑水就是部落羌，过去我们喊部落子；我们松潘这一带就是牦牛羌，所以衣服用的材料也不一样。

现在这个就是走了个形式，那个以前我们这儿好多人出去打工或者是演出有些在走形式，那个一定要搞羌族历史的不能变，那个味道都变了怎么行，你走形式那就不得行。

① 二杆子，混混的意思。

泽旺仁青——羌族多声部的金嗓子（上）

名录：羌族多声部民歌

级别：第一批国家级非物质文化遗产扩展项目名录项目　第一批四川省非物质文化遗产项目名录项目

类别：传统音乐

简介：见郎加木部分介绍。

传承人：泽旺仁青，国家级非物质文化遗产扩展项目名录项目羌族多声部民歌州级代表性传承人

传承谱系：当地民间传统，无明确传承关系，跟着寨子中长辈和父亲郎加木学习

小传

泽旺仁青，1971年生于四川省松潘县小姓乡埃溪村。

1976年，搬迁到松潘县大尔边村，次年入学，读完小学后考上松潘县热务沟重点民族中学热务中学，后因家庭条件等原因于1984年辍学在家务农。

1991年进入军营，在兰州当武警，3年后退役回到家乡，在事业单位、国营企业从事过多种工作。

2005年，结识了父亲的朋友——四川省民委的汪金泉（音同）老师。次年，和另一位多声部代表性传承人格洛扎西组成搭档，在汪老师的建议之下参加中央电视台青年歌手电视大奖赛的选拔活动。

2006年，参加中央电视台青年歌手电视大奖赛首次推出的原生态唱法比赛，与格洛扎西搭档组成的“毕曼组合”，获原生态唱法铜奖。之后，走上职业化的歌唱道路，在全国各地的艺术剧团参加演出，并登上欧美多国舞台。

2013年，泽旺仁青被命名为羌族多声部民歌州级代表性传承人。

口述

第一部分　不安分的人

一、寄人篱下

我是1971年5月25号出生的，我出生在小姓乡埃溪村，小时候没跟父亲他们在一起，老汉儿[①]这个国家级传承人郎加木呢他另外还有一个家庭，所以我妈妈这边没有办法，又给我找了一个继父，继父去年已经去世了。我现在这边家里是四姊妹，我是老大，还有两个妹妹一个兄弟，我的搭档就是继父这边我小妹妹的（丈夫，我的）妹夫[②]。因为家庭的问题，1976年就搬到现在的大尔边[③]，我是在1977年开始读的书，那个时候上的是现在说是幼儿园，那个时候好像叫预备班。一、二、三、四、五年级，但是没得六年级，直接上初中。小学是在我们乡村（读的），一到三年级我是在大尔边三组，三组本身的地方名字是猪尔边，我们就在猪尔边的村小读书嘛。从四年级我就在小姓乡中心校，当时是一九八几年，我考上了热务沟[④]一个重点民族中学热务中学，那里的一个寄宿制中学，它教学质量比较好。

八几年我就辍学回家。当时，生活条件比较差嘛，在屋头还将就吃得饱，一到学校，当时我们吃长饭，家庭生活困难，就觉得出去了过后，学校这个伙食比较好，所以吃得，我们当时一天是一斤饭票，7天是7斤饭票；然后我们自己从家里面拿150斤大豆，到粮站去兑换成米面转到学校，学校要我们自己拿钱，两角钱1斤饭票拿这么去买，当时我们屋头家庭条件就是，我小的时候没有跟到父亲在一起，我外公很聪明，晓得我长大了在那个家庭会跟继父搞不好，就把我带回了（外公自己的）家里头，所以他们（外公外婆）当时很宠我，在自己鞋子都穿不起的时候，（还）想办法每星期给我准备二块五的生活费。然后当时是星期一至星期六（上课），当时是（星期六）还要上半天。当时我们走路，交通（工具）也没得，要走20公里的样子，我们那个组上只有我一个人在这个中学读书，进沟就我一个人，每天晚上黑漆漆的。当时从龙头寺[⑤]到猪尔边是将近七公里，连上山，全部是密密麻麻的森林，只有一条小小的路，当时很害怕。我是那样的日子过过来的。

当时，这二块五的生活费是咋个给的呢？学校去买这个饭票，两角钱1斤饭票，买7斤就是一块四，一块一我买成菜票，零用钱根本就没得[⑥]。当时很吃得[⑦]，我是星期三就把7斤饭票吃光了的，其他3天我是将就混到，这儿混一顿，那儿混一顿，所以书也读不进去。后来给老师扯了个谎，我说家里面我们祖祖[⑧]死了，我就不想读了，就这样子辍学回家。辍学是1984年，辍学回家过后，其他事情

① 老汉儿，方言，意为“父亲”。泽旺仁青的父亲是郎加木。
② 仁青的妹夫叫格洛扎西。
③ 大尔边，当地村名。
④ 热务沟，当地乡名。
⑤ 龙头寺，当地地名。
⑥ 没得，方言，没有。
⑦ 吃得，方言，很能吃。
⑧ 祖祖，方言，曾祖父。

没得干的，就上山劳动嘛，一直劳动。

二、军旅生涯

我喜欢当兵，从1986年我就开始考兵，那个时候我才15岁。1986年，考兵叫我们乡政府压到，1987年又考，1988年又考，一级一级给我压。一直到1991年，20岁了我才当到兵的，所以我这个婚姻也就耽搁了，我是我们这个家庭最迟一个结婚的。我第一年到部队上新兵连过年的时候我们大妹妹嫁出去，我不在，本身我是大舅舅必须要去，送亲队伍里我是最大的，我都没赶上。第二年部队上过年，兄弟结婚。第三年部队上过年，最小的妹妹结婚。他们都已经结婚了，我老大还在外面飘。然后回来，1996年下半年，我26岁才结的婚。我现在两个娃娃，老大才18岁，我最小这个妹妹的儿子都20岁了，我这个哥哥的老大才18岁，我大妹妹都有孙孙了我还没得孙孙。

三、辗转谋生

我在兰州当了3年的武警，这下回来以后基本上我就没有种什么庄稼，庄稼基本上都是妈妈他们在种，我在外面打工啊这些。在松潘林业局，以公安科的名义在草地上有个125检查站也待过，当时我记得是1995年的时候，我的工资还可以，将就养活一家人。到1998年检查站拆了以后，调到松潘漳腊森林经营所，那片林子全部都是我在承包，每天在巡逻，每天一趟必须去，一个月我就要跑30趟，但是我的工资只有150（元）。1998年只有那么一点点钱，我要养活老婆养活大女儿，150块钱根本就够不下来，生活根本过不下来，有时候土豆、面粉都是从屋头拿起去的。最后我就辞职不干了。

我跑到松潘，在松潘租了一个房子，身上只有20块钱了，我就给我老婆说，赌一把，看这个生活能不能给我改变一下，如果我今天去找这个工作找不到的话，我们两个就把房子退了，回家。20块钱拿车费回小姓（乡），那个时候是5块钱一张车票。那个时候就是2000年了，身上只有20块钱了，真的是20块钱，存折这些根本就没得。第二天我跑到松潘北门上一个太阳河大酒店，找了老总，我也认不到那个老总，要进这个太阳河的人都是要有关系（的），其实我一点关系都没得，一杆烟都没发，一进去我们两个随便摆①了下，（他）看到我当兵出来，说话那些比较直，跟他说得拢，他（就）说明天（来）上班。（我）当时高兴得（很）。第二天，我去太阳河当保安，第一个月工资我就拿了1700（元），比松潘有些单位工资还高，它是个宾馆，是松潘最好的招待所，是松潘县委政府的招待所，所以后面生活上慢慢自己调整。我在太阳河做了4年，一直待到太阳河倒闭。

2005年，这哈我就把妹夫找到了，一人买了个摩托车收虫草。那个时候有点钱了，就收虫草，租了个房子，婆娘就摆点水果摊摊，大女子在松潘开始读书，然后我就没得工作了噻。人家收虫草是赚钱，我们每天是贴本，不会做生意，没有做得成。（后来）我就搬下来了，搬到松林局那儿，借了个房子，三（个）格格，库房也在里头，一家三口睡的也在最里头。现在还看得到，就在河那边（乡政府附近），最外面是厨房，中间是个客厅样子，就弄了个甘肃面块店，那个时候吃的人多，开了一年。

---

① 摆，方言，意为“聊天”。

第二部分　学习与传承

一、耳濡目染

我们小的时候，根本就没有现在这个概念，这个是民族的一种文化，（那个时候）想也想不到，只是想着是一种无聊的唱法。

我是从八九岁就开始接触这个多声部，因为我们老汉儿那些，虽然我们没有在一起嘛，（但）经常我们两个村之间还是在来往，而且我当时还不晓得他是我的老汉儿。我到大尔边，大尔边是我们的村，我住的那个三组叫猪尔边，当时我5岁的时候，是我们外婆，她带我翻山，走了大半天。5岁一个娃娃，要翻几匹山，我还很记得牵了个猪儿子到那个地方去。去了（外婆家）后，有个七八岁，我就听到，特别是我们当时交通不便，（说）电电没得，晚上就是一个松光木，就是那种木头，片了过后，里头那个芯芯点起，就像那个灯，就那种生活状态，就那么子过生活。我看到他们大人白天干活，我刚过去，1976年时候还是合作社，（19）82年还是（19）83年才开始包产到户，（19）84年开始包干到户，然后才是自己种的东西往自己家里弄。

我是从八九岁就开始接触这个多声部，老人们回来三五个坐到一起，屋头最好的东西就是一坛咂酒放在那儿，就那样子（喝酒的时候），老人们就开始唱多声部，一般都是两个男的唱酒歌，而且尼沙也是在酒歌的形式上产生的，它是群体性的一种，酒歌是两个人（唱）。所以我们当时小的时候，根本就没得啥子师傅，而且我们老汉儿那个年代和我们那个年代又不一样。虽然年代不一样，（但）唱法都是一样的，当时唱的人很多，每个人都会唱，只是完完整整（的）唱不下来。

二、一举成名

2005年的10月16号，我记得很清楚，就是发现我们这个成都的汪老师①，他就跟我们老汉儿以前是朋友，他给我们老汉儿打了个电话，说让你的儿子在这儿等到我们，我们来松潘了，是这么说的。当时我不晓得他是做什么来的，我只晓得他是我们老汉儿的朋友，肯定是来这儿耍②。我很小的时候，对他有一点印象，1984年这个汪老师就来过，就住在我们老汉儿屋头③，白天下地干活，晚上回来打上两斤白干，喝一点就唱。汪老师基本上就是（在）我们老汉儿那儿收集这些东西④，就成朋友了。

2005年的冬天，我老汉儿就给我说，汪老师要来，你在那儿等到。我就在面块店那儿等到，下午他们就来了，当天就往山上走。走到埃溪村，就是我老汉儿大儿子甲嘎亚屋里头，在那儿山上坐到，来了些四川省音乐啥子（某单位），记不到了，来了以后就给我们拍摄了两天。然后，汪老师他们就走了，他说的是过一段时间请你们到成都去耍，就把我们带出去了。就是2006年3月15号那天，喊我

① 汪金泉汪老师的介绍见郎加木的口述内容。

② 耍，方言，意为“玩”。

③ 屋头，方言，意为“家里”。

④ 收集这些东西，意指收集多声部音乐资料。

找个伙计出来，我（就）把他[①]带上出去了。有一天汪老师把我们带去天府广场、人民公园、动物园耍了一天，下午他回来以后就很高兴，他说你们有个机会了，中央电视台全国青年歌手大奖赛，它有个原生态唱法，而且这个也是第一届搞这个，你们愿不愿意去参加一下。我们（就）说试一下。当时原生态是什么我们都搞不懂，他说原生态说的就是你们这种唱法，原汁原味不加任何东西，无伴奏的这种唱法叫原生态。当时我们很紧张，一直在山上对到牛羊唱歌的人，一下（子）到这么多人面前，我们肯定唱不出来，心里很紧张。

然后是3月的十几号，记不清楚了，在四川电视台去海选，里面不让人进去，只有评委们，一排排评委在那儿。我们就从门缝缝和玻璃缝缝看到人家唱，很多都是四川省音协的老师些，川音的学生、老师都在那儿唱，我们哪里唱得过他们呢，心里面压力更大了噻。我们两个就商量怎么办呢，心跳得不行，嘴巴都是木的，想办法，我们就是喝酒。当时有一个古蔺酒，一人买了一瓶，喝。平时喝点酒一下就醉了，当天怎么都喝不醉。当时我的号很好记，2222号，喊2222号进来的时候，自己的号还记不到。进去了，两个人就在那儿唱，管他的哦，唱唱唱。其他人唱一会儿，老师就按铃给他说两句话就走了，我们两个唱一直不按铃，又有点不好意思。最后，那些评委们全部起来了，我们说完了完了，人家唱老师们坐到在听，我们一唱咋个全部站起来了呢。结果四川的李伯清也在上面，他把大拇指竖起来，他说这个唱绝了，从来没听到过你们两个这种声音，这才是正儿八经的原生态唱法。结果全场评委起来以后，直接晋级。第一天四川海选是五种唱法，通俗、美声、民族、组合、原生态这五种唱法，我们是以第二名的成绩（晋级的），而且当天有6500个人参加。一下子我们两个就进入100强，就一直100强、50强、30强、20强、10强。四川的前10强就到北京去比赛，那年我们是7月2号到北京去的，到中央电视台去比赛了将近一个多月，最后我们两个拿了原生态唱法的铜奖。后面那天晚上得了铜奖以后，有人给我们签合约歌手啊，就这样子我们生活（水平）各个方面也就提起来一点。我们（在）那儿一直比赛的过程也就是这么个（样子）。

三、积极演出

现在我们两个以唱歌为生，也不是很固定的，经历了很多艺术团。刚开始在成都的省民族歌舞团；（后来）就是火车北站那个地方，有一个职工俱乐部，改成天地吉祥剧场，在那儿（做）特邀嘉宾驻唱了一年，2007年在那儿。2008年（汶川）地震我们就回来了。2009年，又通过汪老师和省歌舞剧院院长叫周建军（的），还有一个搞影视的老总，他在河南的渑池县有个仰韶酒厂，他们3个人联合打造了一台羌风（戏），又成立剧组，在里面我们两个是一号人物。这个剧目在全国巡回（演出）了几个月，（无论）走到哪里，把我们的羌红挂满整个剧场，就像羌寨一样，观众一看，都流了眼泪的，特别是我们那个剧幕一打开，过去羌族打仗的啊、地震的啊元素都加在里面，全部是原生态的，很感人，我们自己都感动。那台剧目，整了一年就没有整了。

2009年，我们又在山西卫视，文化部和山西省文化厅联合举办了“唱支山歌给党听”民歌展演，我们两个就拿了金奖，同年到香港（地区）、台湾（地区）去把我们的羌族多声部拿去演出，跟到杨

① 他，此处指搭档格洛扎西。

丽萍、李宇春，还有张惠妹这些同台演出。

2010年，我们两个回到这个地方，又到九寨沟“高原红”（演出团）待了一段时间。当时松潘那个“夜游松州”项目把我们列入进去以后又在松潘自己的家乡搞，那个又开了一年，（然后）又没开了。

2011年，我们两个又在昌都市一个藏羌会艺术团，又去给我们请去（当）一号人物这种，在那儿去给旅游的人唱。第二年，我们就没去了。

然后，2012年我们参加国家的东方艺术团，到德国的汉堡去搞了几天演出，又从德国汉堡坐大巴车到丹麦的边界上一个教堂，他们那儿剧场很少，基本上是在教堂里面搞演出。2014年，国家文化部对外的文化传播公司，通过他们的邀请，（我们）又到美国华盛顿去待了15天，到那儿去展演我们中国非物质文化一些东西；7月1号那天我们还在美国华盛顿，7月4号是美国的国庆日；8月几号，我们又坐大巴到加拿大待了15天，搞演出。

2013年，我们就在松潘的松州剧场，在这儿已经待了3年了，一直到现在。

四、用心传承

反正我们这个羌族多声部说不行呢（又）还是可以，走出家门，走出国门一直在传承，还是陆陆续续在搞，一段漫长的（路）还是在走，连续往下走。

现在不一样的多嘛，现在接触的外界的一些音乐太多了，现在电话、通讯、交通、电的使用全部方便了过后，很多年轻人（到）外面去打工，接触的东西不一样，回来感觉这些东西一放，摇起还舒服。我们以前，包括现在我们根本没用这些东西，我们民族的东西，你把这些加一些元素进去的话，变味了，不叫我们民族的东西了，那就全部可以算是流行的音乐了，那还叫啥子传承呢，就没得必要传承了。

现在你看这些地方，就[①]我们两个过年回来，把老汉儿喊下来，我们几家子现在每年都是，从腊月二十几我们就开始团年，团年以后就是几个人今天晚上在我们家里，我的家里有歌声唱，其他家里唱不到了听不到了；第二天晚上在我们妹夫家里，歌声又在这个屋头；然后在我们妈妈屋头，其他屋头都听不到了。因为现在很多人，特别是我们这一代，也可以说他们不喜欢本民族的文化，但是我们选择了这个，必须走下去，必须要去传承这个东西。

第三部分　理解与把握

按：多声部歌曲主要有锅庄、酒歌、尼沙、丧事歌、农事歌、山歌六个系列，泽旺仁青重点介绍了酒歌和尼沙。

我现在算下来，我将就能掌握的（羌族多声部民歌）有80多首，有锅庄系列的，酒歌有，尼沙有，丧事的有，还有农耕的也有，山歌的也有，就掌握了这些东西。

---

① 将就，方言，这里是刚刚好、差不多的意思。

一、酒歌、尼沙

唱的内容（是）一样的，它（是）有固定性的。我们这个羌族多声部这个酒歌是固定性的词在里面，它是讲述历史，是过去的一些东西，用羌语唱出来的，不能用汉语去表达出来这些东西。

老人们回来三五个坐到一起，屋头最好的东西就是一坛咂酒放在那儿，一个长者，像我们老汉儿假如是他最大的话，先把竹子竿竿，咂酒的竿竿交给他，他要敬土地菩萨这些各个方面，五谷丰登什么词都有，说完敬酒仪式，然后他把这个插了。我们（喝）这个咂酒还是有规定的，红白喜事是分开的，不能乱插。现在有些娃娃乱插，把酒竿竿横起放在那儿，不能那么放；咂酒坛子放在那儿，咂酒竿竿要放在长者手里，不能放在那上面，放在上面是敬鬼的仪式；喜事的话就要插三根，哪怕是一根筷子代替都必须要插三根，假如有个咂酒竿竿烂了只有一根的话，其他插两根筷子都可以代替；插两根是给家里死了的人插两根；一根是喝剩到了，今天晚上咂了一坛黄酒，三个竿竿插起咂了一坛，早上抽两根出来，就咂一根喝剩到了的。

（喝酒的时候）就那样子，老人们就开始唱多声部，一般都是两个男的唱酒歌，而且尼沙也是在酒歌的形式上产生的。它是群体性的一种，酒歌是两个人（唱）。

然后这个尼沙呢，是对唱，以前这个寨子和这个寨子对唱。主要唱啥子内容呢，穿戴啊家里的摆设啊，天上飞的地上走的，他啥子都在加。如果你输了的话就要罚一坛酒，给这个寨子要给一坛酒；如果两个寨子一旦搞不拢的话，也用这个歌声去比赛，答不出来你就输了，精神上也要输，以前就是这种。

二、忌讳和要点

（唱这些）有（忌讳），藏族可以把自己的六字箴言在歌声中加进去。但是羌族这个，只有松潘才有，“嘛吱嘛耶”（羌语）羌族的一个八字经，平时饭吃饱了，“嘛吱咪散嘞嗬哎”（羌语）嘴里可以这么念，但是唱出来这种念法只有在丧事当中才用，传下来这个是佛教里面的，平时随随便便不准念，它还是有讲究的。

唱的这方面就没得（讲究）了，上山有上山的歌，下山有下山的歌，这些是固定的。假如今天有几个人帮到我劳动，在家里坐到，我不可能唱山歌，就要唱酒歌；如果我上山去放牧，我就不可能唱酒歌，我就要唱牧歌，就有这些规定。

我们这个（多声部）中音、低音、高音的都没得，基本上都是以高音为准，两个人声部要交替，而且相互之间配合要比较默契，必须要唱好，不像其他（民族的多声部）。我们国家多声部有很多，唱高的一直是高，低的一直是低，是这样子的。但是我们羌族多声部是一低一高，我高你低，而且是我们两个如果配合得好的话，你随便起个音上去的话，我一下就知道跟你去绕这种。音都是一样的，是固定性的，但是唱的人可以自己去发挥，怎么样把这首歌唱好。所以以前，我们刚接触的时候唱的人很多，完完整整唱的人也没得几个。现在还是一样的，唱得好（的）也没得几个人，你说他不会唱吧，唱个一两首他还是能唱出来。

三、培养传承人

后来慢慢慢慢我们这些人就觉得我们这个羌族多声部还是可以，兴趣就有了。现在有（跟到我们学的）。

我们那年地震以后（到）松潘去唱这个感恩歌，所以我们这位老师刚才问我学生有好多，我说我的学生说不清楚，太多了。外头成都的人也有，我教的；有的单位上教一两首歌的，也有；包括我们全村男男女女，那年子搞这个，“5·12”松潘去唱感恩歌，我还是教了两首歌，这些也算是学生。这个感恩歌我们小姓乡大尔边得了第一名。

后来又在我们县上唱红歌，他们说必须唱一首红军的歌，我就把《红军不怕远征难》当中加了我们这个本民族特色的尼沙进去，我们也得了第一名。后来又把红歌拿到阿坝州汶川去（比赛），拿了全州第一。

（因为多声部的推广，传统服装也受到欢迎。）我们以前这种服装，埃溪和大尔边总共有没得十套哦，现在是每家有几个男的就有几套这个衣服。（人们）自己开始置（办了），包括穿戴的都是自己本民族的。等几天七月十号，我们这儿五十个人全部穿的就是这种服装，节日盛装就穿出来了。现在平时穿就是汉族的衣服也有，藏族的衣服也有。你们今天那儿去看，接触的就有藏族的感觉。等几天你看，节日盛装一穿，一系列全部都是（羌族的）。小时候，我们父亲他们就穿这样子的衣服（，羊毛织的厚厚的外套），因为这个上山便于防寒，又可以当铺盖，如果下雨还淋不透，一般的小雨根本就淋不透，一飘就飘下去了。

第四部分　生活环境及有关情况

小姓基本上是农业村，也可以算是半农半牧的，有些放牧的家里养了些牲畜的也有，主要养的牲口是马、牛、羊嘛。（这里）主要种土豆、菜籽、小麦、大豆，主要的农耕就是这些。现在年轻人基本上出去打工，庄稼种得不是很多了，现在有一部分搞退耕还林这些了，退耕还草也有，有些是荒地了。老百姓还是有个算法，你辛辛苦苦在家待一年种一年的地，外面打工几个月就挣出来了，所以现在很多老的在家里管点庄稼；年轻人上山看下牛啊羊啊这些，（放）羊都是（近的）老人可以去看，远很了牛啊这些就是年轻人去（看）一下。四、五、六月份找虫草，虫草、羊肚菌一（找）完就去县上打一点工，一年挣个万把块钱是很轻松的。其他的就是搞杂工嘛，如果是女的（在）茶馆里倒茶的（活）有，（还可以）在宾馆里搞服务员，景区里打扫卫生。

像我们这种唱羌族多声部的，一过年就开始，各个艺术团去找事做，或者烤羊棚，这面是旅游沿线嘛，上去唱。你其他不要说，我们两个是在中央电视台出来的，在这个地方还是个小小的明星，我们的工资现在才拿得到三四千块钱，人家其他有些地方（比如）九寨沟、烤羊棚那些（人）比我们工资还高得多。

格洛扎西——羌族多声部的金嗓子（下）

名录：羌族多声部民歌

级别：第一批国家级非物质文化遗产扩展项目名录项目　第一批四川省非物质文化遗产项目名录项目

类别：传统音乐

简介：见郎加木部分介绍。

传承人：格洛扎西，国家级非物质文化遗产扩展项目名录项目羌族多声部民歌州级代表性传承人

传承谱系：当地民间传统，无明确传承关系，跟着父亲和寨子中长辈学习

小传

格洛扎西，1976年生于四川省松潘县小姓乡大尔边村。

5岁入学，读完小学后初中因病辍学，后在家务农。因为自幼受到父亲的熏陶，从小就接触到了羌族多声部，在寨里老一辈人的影响之下，耳濡目染学会了羌族这一传统的歌唱方式。

2001年，在父亲的带动下，积极参加寨子上的“咯达”，组织传统民俗活动。

2006年，与泽旺仁青组成的“毕曼组合”，在参加中央电视台青年歌手电视大奖赛首次推出的原生态唱法比赛中，获原生态唱法铜奖。之后，格洛扎西与泽旺仁青搭档在各地的艺术剧团进行演出。

口述

第一部分　农家子弟

一、农家子弟

我是1976年4月5号出生的。原来本身是5个兄弟姐妹，然后大哥去世，现在只有4个，一个哥哥两个姐姐，我是最小的一个。

我晓得我小的时候，基本已经包干（包产到户）了嘛，包干了过后，得行呢我就割点猪草，比如说放学了过后。5岁的时候，（我）就念书了噻。念书也不是很正常那种念法，只是妈妈用红布给

我缝个小书包，拿个本子拿个铅笔，没得[①]事就到学校里去。那个时候农忙恼火[②]，（父母）看个娃娃不容易，就给我送到学校，一边讲究学哈文化，老师代管。进学校后，桌椅板凳也没得，就拿个木头锯成这么长，上面放板子，板子上面就乱画，老师也不是很用心地教，反正自己自由，就相当于学前班这种，也不（需要）学啥子知识。学校就在我们那个寨子上，就在我们村上三组，地名叫猪尔边。那个时候（通常）一个村一个学校。我们那个村子上就有两个学校，因为我们那个寨子离一、二组寨子太远了，十多公里那种，我们小，没法走那么远，我们寨子上就整了个学校，然后一、二组又是一个学校（小学）。读了两年的学前班，一到四年级就在猪尔边那个地方，五、六年级是在小姓乡中心校。因为那个时候老师不是正式的那种，是代课的，一到四年级他教得下来，五、六年级就有点恼火，（所以）五、六年级就必须到中心校去读。中心校去读了两年，初中又是在热务沟。从小姓乡到热务沟又是十七八公里（路），那个时候车子不方便。猪尔边到小姓乡还是十多公里，这就比上面近得多。那个时候还是有车了，但是只是那种木头车，那个时候伐木噻，车厢都没得，钢架车那种，它就专门拉木头的，上木头方便，（但人坐）那上面又危险，人家驾驶员肯定不肯搭，我们就强行搭车，又是年轻人，十多岁的时候有点扯[③]噻，驾驶员不肯就强行搭车。

初中我只读了初一，初一下学期我病了，就没念书了，一直就生病。我就没读初二了，（在）屋头又待了三四年。那个时候，不像现在随便怎么（都可以）打个工（挣钱），那个时候没得。那个时候，家里头有几头牛，就放下牛，农忙的时候给妈老汉儿帮个忙啊，特别是割粮食、下种，农民最忙的就是两个时候，就下种、然后就是收割庄稼的时候，那个时候就忙，平时没得事就放牛。

做了三四年，妈老汉儿这些老了噻，屋头有两弟兄，说分家。我20岁就结的婚，成家了就分家，跟哥哥嫂嫂（分家），他住他的家，我住我的家。然后又是刚学校出来，经验也没得，只是自己看到人家怎么做我们就怎么做，那个时候年轻也不大懂事，就这么就成家了。所以现在我娃儿大的原因就是我结婚结得早。你看我的大舅子比我大好多岁，他的娃儿还没得我的娃儿大。

分家以后，就一直（在）家里干活嘛，庄稼也多，一个人不得行嘛，比如我们儿子娃娃[④]些收割（粮食），割粮食必须儿子娃娃（干），耕地儿子娃娃，没得不得行。那个时候，我们土地也多，再加上又远，全靠过背，一个人就不得行。（我们）两口子就干活，（一直）干到2006年。

二、耳濡目染

我们那个时候是在本寨子上唱（多声部），本寨子上很少唱，只是平时过年过节这些（时候唱）。比如今天我请人干活，晚上就集中在一起，大不了煮个面汤嘛，不像现在炒好多个菜。（当时）白酒那些也没得噻，就搁个黄酒，也就是咂酒嘛，就边咂酒边唱。我们就跟到老人学噻，那个时候老人们几乎都会唱，但是我们老汉儿可以说是我们寨子上最会唱的一个。我成熟了，十一二岁那个时候我就喜欢这种，想学这种。我们老汉儿就爱好这个，就跟到我们老汉儿去学，他是专门一句一句

① 没得，方言，意为“没有”。
② 恼火，方言，此处指事情多，忙不过来。
③ 扯，此处指不知天高地厚。
④ 儿子娃娃，方言，指男孩子。

教的没得[①]，比如说跟到哪个老年人唱呢，我就跟到他去哼。那个时候，老人没有唱的话，年轻人也不敢唱，因为那个时候尊重人，尊重老的。我们这个唱法，唱“毕曼”，吟“毕曼”，这个老人没唱的话其他年轻人不能唱。“毕曼”有三首，其中随便你唱哪一首都可以。

我们老汉儿啥子都会，敬酒啊、唱啊，各方面啊。我们老汉儿在的时候，我们那个寨子上不管这类哪一方面，都是他在组织。比如我们寨子上敬山，本身以前敬山那些，整是在整嘛，但是（人都）拖拖拉拉的，想去就去不想去就不去那种，然后我们老汉儿就说这种子[②]不对。然后我们老汉儿就弄“咯达”那种，我们村子上，必须每家每户都要参加，我们那儿兴五月十五、六月十五啊这些，就上山、敬山，山顶上有菩萨那种，细杆杆那种、堆起那种，那个时候那些全部倒的倒了，朽的朽了，没得了。我们老汉儿就说这种要不得，必须成立“咯达”，“咯达”的话，那个寨子上必须（有）两个带头的。第一年成立的时候，好像是2001，2002年那个时候，我跟到[③]我们另外一个侄儿子，我们是“咯达”头头，我们两个来组织，（安排好）今天做什么明天做什么。这都是好久以前的（事）了，那个时候我们两个都还没出去。（后来）就慢慢慢慢，今年是我们两个，明年是他们两个，那个是挨家挨户转轮子，每年两个（人），像要个龙啊，有个人结婚啊这些事，成立这个以后就好组织嘛，这下就专门有两个人安排。比如说今天我们这里做个酒席，这两个头头一说就他们去组织。现在是一样的，就一直这么坚持下来。

第二部分　多声部改变生活

一、机会来了

2005年成都来了个老师，汪老师[④]，就跑到埃溪[⑤]去了，那个老师以前就跟到郎加木[⑥]，跟到他两个熟悉以后，就找他到埃溪去。当时我们在屋头，正当忙的时候，打粮食。打粮食那个时候，我就没有去成。我们舅子（泽旺仁青）喊我去看下他。

以前来（汪老师来采访郎加木的时候）的时候，我们还小，认不到；以前来的时候，（汪老师）大尔边还是来过，大尔边会唱的（人）都跟他接触过，但是过了十多年，他又到这儿小姓来，他始终是，这个汪老师对我们这个多声部嘛，他真是太重视太重视了，中国这么大个国家，这种唱法的纯粹是没得，他就喜欢这种，就找到这儿来。

然后那次（到）埃溪去，我就没有去成，我们舅子去了噻。他在那儿待了一两天，这个老师就回去了。他回来就给我摆[⑦]，我们两个说不定有机会到成都去一下，就不晓得是好久[⑧]。当时（听到

① 他是专门一句一句教的没得，口述人对汉语不熟，意为“他不是专门一句一句教的”。
② 这种子，这样子的意思
③ 跟到，方言，意为“和”。
④ 汪老师汪金泉的介绍参见郎加木、泽旺仁青的口述内容。
⑤ 埃溪，当地地名。
⑥ 郎加木，扎西的岳父，参见郎加木口述。
⑦ 摆，方言，意为“讲”。
⑧ 好久，方言，意为“什么时候”。

这个话）肯定高兴，那个时候不说是成都了，松潘去一趟都很不容易，条件差，家里的事情也多。农民就是这样（事）做完了，那样（事）又来了，就要计划到做那件事情，就是冬天那几个月稍微有点松，（其实）冬天还是一样的，砍柴火了、背柴火了，过年又要下种了挖粪了背粪了，农民事情就（是）多，那个时候出去的机会就没得，就一直待到沟沟里头。那个时候（是）正当年轻的时候学口才的时候，没有出去，一直住在家里，基本上说的是自己的羌语，出去跟汉族（人）才说汉话，你不可能说羌语。所以（我）现在文化也没得，书也读得少，跟到哪个沟通一下，聊个天（都）确实有一点点复杂。这下在外面待了几年，比以前稍微好一点点，不管汉语啊各方面都还可以。

2006年，那个时候正当忙的时候，正当下种的季节，这哈他（我舅子）就喊我，说汪老师打电话来了喊我们两个出来，那个时候电话没得，我们那个时候电是通了，我们离变压器太远了，电灯都不亮，挂在上头，电灯只有红丝丝那么一个，那个时候电灯底下还要照煤油灯。（20）06年，汪老师没有进（山）来，外头打电话找乡上，找熟人就带口信那种，那个时候我们两个又正当忙的时候，下种的时候，这哈我就咋个办呢，（但是）机会难得，怎么都要去一下，就托我们哥哥嘛，抄地那些就喊他嘛，我们哥哥就答应了嘛，答应了我们两个就出去（了）。出去我们两个都没得电话，汪老师就说你们就拿个道具，啥子道具，就以前我们那个土枪，但是明地拿去我们还是不敢，我们俩就拿布来包起，安排在成都茶店子接的那个人，就用那个道具的记号这么认识，这么接起走。这种还是恼火，现在就啥子都方便，你再远一个电话就解决了。那个时候，乡上有电话嘛，沟沟里还是必须有个人来喊，来通知才沟通得到。

三、参加比赛

2006年3月份，就参加了那个青歌赛[①]。前头不知道是比赛嘛，恐怕是汪老师带出去（到哪里）就哪里表演一下那种。虽然是那种，但是没出过门，（在）很多人面前也没唱过。

参加过比赛以后，我的生活就基本上改变了，比以前农村那些就改变得多（了），每年出去不管哪个艺术团，我们两个（组合）是固定在一起一直到现在。今年在这个地方，明年在那个地方，这下就各个地方去转，我觉得有个固定的（地方）这种稍微好点，但是我们没有个固定，这还是个很麻烦的事情。

（农活现在）做是做，就是少了，有些活路，我们有空的话自己去做一下，但是婆娘[②]这些就恼火，恼火（嘛）现在就没种那么多土地了。以前她一个人就做不下去，就要两个人种或者有些土地不种，采取这种办法。我们两个这种，放弃（唱歌）也可惜了，很不容易，已经走到这一步了，我们两个（如果）放弃就是自己没把自己民族的文化当成个文化。管他的啊，挣得到钱也好，挣不到钱也好，继续走下去，（我们的）想法是这种。

① 参赛情况，参见泽旺仁青口述。
② 婆娘，方言，意为“妻子”。

第三部分　理解和传承

一、唱法

以前不像现在这种，啥子民族的音乐都听得到。以前我们根本就听不到，只是沟沟里头我们这些老人唱一下这种。那个时候老人只唱我们自己这种（歌），但是那些老人些通宵通宵地在唱，像我们老汉儿他们。

那个时候，不是炉子这种，三脚那种（火笼），火烧起，我们早上起来他们头上都是一层火灰，就那种通宵通宵地唱，通宵通宵地就喝那个咂酒。平时他们耍的时候就是（唱）酒歌嘛、尼沙嘛这一类的，但是酒歌当中有几十首，尼沙当中有几十首，第一首唱了第二首，你唱一首我唱一首，看哪个会唱的多。而且它里头词也是，他想对歌，词里头（就）有对歌的这种。比如说你今天做什么，我就说个这种，等会儿你唱的时候，你就给我答出来这种，你今天是砍柴吗，或者（要到）哪里去干什么活吗，有这种对答的。但是不对答的话，比如我就不跟你问了，我就直接唱起走了，我今天去做什么了、去做这件事，直接可以安进去。所以他可以通宵通宵地唱，有时候你问一下我、我问一下你，那你就必须答出来，就是这种子。

二、技巧

（唱这个）有（技巧），比如说刚起音的时候，或者比如说我先唱你后来接上的时候（要在）哪里接进来，这种技巧还是有的哦。如果我在高音地方，有些不会的人就跟到我来的嘛，我是高音，他也跟到高音就来了。（事实上）应该说我高音你就低音，你低音我就高音这种，必须声部要分开，但是你不会的话就跟到前面那个在走嘛，这就是他（不会的人）的弱点。

技巧方面，比如说我要唱几段的话，你刚开始起高很了就唱不下去了。我们这儿也有这种现象，一开口一下就高八度这种，你唱个两段就唱不下去了，这种多得很。

三、坚持传承

但是唱法这些我们这些人还是少了，对于我们自己民族（文化）这种（寨子里）抓的人很少。现在，唱的人少了，再加上老人去世后，像我们这一批唱的人也没有几个了。（我与泽旺仁青）我们两个碰到了呢，就慢慢慢慢就琢磨，像我俩在松潘，我们两个就琢磨这些，一首一首地唱，究竟唱得到好多，我们两个试了一下，还是唱得到将近百十首。但是（与）以前的老人们（比）肯定（比）不了嘛，好多东西我们都不会，这些他们也没教过，我们哪想到现在民族文化很受重视，做梦也没想到过。现在这个政府对这些民族文化很重视，但是唱这个就恼火，没得好多（传下来），有是有，以前有几个老的还是凶[①]，不管男女，现在有70多岁的80岁的（老人）啊，唱的还是比较多。

我们娃娃小的那个还爱好，大的那个（就）不肯（唱了）。就以前那种好多人都是，懒得去唱，听也听不懂，现在娃娃这种也多嘛。但是我那个小的确实肯钻，我就给他教个一两遍，他还将

① 凶，方言，形容厉害，水平高。

就哼得出来，他还是会唱几首。小的那个14岁，就在松潘中学，放假那些（时候）就跟到我一起，没得事睡到床上就教个一首，有些简单的东西他还是学过几遍就将就可以哼一下了。但是有些还是复杂，一两遍还是不得行，学好多天他反正有点左[①]得很，唱出来就不像我们平时说话吐字这种，就不得行。

① 左，意为走调，音不准。

尤生富、郑兴龙——用心歌唱的两位老人

名录：羌族多声部民歌

级别：第一批国家级非物质文化遗产扩展项目名录项目　第一批四川省非物质文化遗产项目名录项目

类别：传统音乐

简介：见郎加木介绍部分。

传承人：尤生富、郑兴龙，国家级非物质文化遗产扩展项目名录项目羌族多声部民歌省级代表性传承人

传承谱系：当地民间传统，无明确传承关系，跟着家中、村中长辈学习

按：茂县太平乡牛尾村牛尾寨是羌族多声部的主要传承区域，这个寨子以前基本上人人会唱。作为传承羌族多声部的核心区域，尤生富、郑兴龙两位老人是其中比较突出的，2008年分别被命名为省级传承人。由于两人长期搭档演唱，我们把采访也安排在一起，并将两位传承人的口述资料进行合并编写。

小传

●尤生富，生于1945年。茂县太平乡牛尾村人。

11岁入学，读了两年半书。没满14岁就辍学回家，开始参加农业劳动，之后一直务农。

1966年结婚，妻子是本村人，也会唱多声部。

有5个孩子，3个儿子，两个女儿。两个女儿在羌城[①]唱多声部。

●郑兴龙，1950年出生。茂县太平乡牛尾村人。

11岁入学，刚读了两册书，学校就关闭了，就辍学了。

15岁以后参加农业劳动。之后一直务农。

有一个女儿传承了多声部的演唱。

① 羌城，茂县的一个羌文化旅游点，在茂县县城凤仪镇。2008年地震后修建，是展示羌文化的重要平台。

口述

第一部分　朴实的人生

尤生富：（我）姓尤，我叫尤生富，71（岁）。生活嘛，改革开放以后就好了。

小的时候咋个说呢，五七八年（1957、1958年）的时候，刚刚“大跃进”那个时候，等于因为国家很穷。那个时候，（据说）毛主席跟到斯大林好得很嘛，他就支援我们中国建设社会主义，无偿地给我们，但是在（19）58年的时候，为啥子会生活紧张，那个时候斯大林一死，这下子赫鲁晓夫一上台，就逼债，意思就是弯酸[①]我们中国人：鸡蛋用铁箍箍箍，大的不要小的也不要；我们最好的布匹弄过去，他说这个验不上，不好，我们中国人民有志气，验不上，他们不要我们就当着他们的面一笼火烧了；还有那些猪肉罐头，那个最好的罐头，那个时候五七八年生活紧张嘛，猪肉罐头弄过去，他们用显微镜来看，有点眉毛丝丝一样的、有那么一点毛，（说）这个有毒吃不得，你利便[②]弯酸我们嘛，意思是你们吃不得嘛，我们当着他们的面倒在海里头……所以说那个时候生活紧张，那个时候我们才13岁，13岁5册书都没有读完，读了两年半（书），3年都没得，没满14岁就被迫搞生产，生产“大跃进”，早上要搞早战，晚上要搞夜战，那个时候科学也不发达，（我们这儿）本来是农区嘛，种青稞、小麦、玉麦、胡豆[③]、豌豆、荞子，样样都种，等于是产量不高嘛。（那时也）有放羊的，少，完全用羊来养活人，这个不得行，主要是农业生产。做农活的时候就要唱，一天到晚都在唱。

我是（19）66年结的婚，生在（19）45年嘛，（19）66年就是我刚刚21岁了；（爱人）还是本村的，也会（唱）。我一哈[④]有5个娃娃，3个儿子，两个女儿。（我子女）会唱，两个女儿在羌城唱多声部；儿子会唱，大儿子出去了过后，现在还不想去上班；老二在寨子上搞农活，放牦牛；老幺[⑤]就是在广州当律师。

牛尾寨神树林，龙生富、郑兴龙即兴演唱

郑兴龙：我65（岁），（我有）一个女儿。我的女儿会唱，女婿也会唱。

① 弯酸，方言，有跟别人过不去挖苦之意的意思。
② 利便，方言，故意的意思。
③ 胡豆，蚕豆。
④ 一哈，方言，这里是总共的意思。
⑤ 老幺，方言，最小的。

俯瞰牛尾寨

我在11岁才入了学校，刚刚读了两册书，小学两册，发了3册就是老师“犯法”了，那个时候反“右”派嘛，那就是我们这个老寨子这个学校就倒闭了，就请不到老师来，（然后）就没学了。后来年龄大点了，我们这就是15岁以后，就喊（我们去）劳动，不能读书了。

（我）主要就是干活嘛，就下种嘛，春天就是下种嘛；夏天六七月间就是收割嘛，挣工分嘛。初次做活路[①]的时候挣两分半，大人嘛就是10分为全劳动标准嘛，有挣6分的，有（挣）8分的。我们初次劳动的时候就背把子[②]嘛，背那个青稞、小麦，割了就是背把子嘛，背两双、三双就是那个样子背嘛。那个时候莫得[③]马，就人背。我们割粮食的时候，害怕那个镰刀要割手，就不会割，只有是背。挣10分的时候是19岁，（之前）6分也挣了，8分也挣了，过后才是慢慢慢慢一步一步爬上去。还要看你的劳动表现哦，比如说这个种苞谷，那就是挖窝子的时候，看你挖得好不好，还有一个跟到全劳动一起做，那就要拼嘞，一天到黑要是你做到了，就可以挣10分。（然后年底根据工分）分粮食，还要分钱嘛。那个时候一个劳动日3角多，3角7分，3角5分。

（我们这个村子旅游）原来县上旅游文化局还是抓了一些，下面的亭子啥子都是政府扶持修的。来的都是散客，散客来得多，主要桥这个条件有点差，道路还是不那么方便。

---

① 做活路，做工作。
② 把子，收割了的庄稼，扎成一捆一捆的。
③ 莫得，方言，没有的意思。

（这下面是到松潘的）九环线嘛，河那边嘛，桥那边就是九环线，（通）九寨沟啊，松潘啊。（这个旅游线路还是比较顺，可以发展旅游。）

牛尾村有560多（人），户数就是114户人，全部是羌族。现在这些年嫁到这（儿的妇女）藏族的多，汉族的少，那些（人）都会说羌语，羌话说得来。

第二部分　歌唱的人生

按：牛尾寨具有浓厚的多声部传承传统，日常劳作、节日庆典、婚丧嫁娶，寨子里的人都会唱多声部。多声部成为牛尾寨日常生活不可或缺的部分。

一、在歌声中成长

尤生富：本身我就是爱好这一套啊，从小就跟着大人一起，爱唱爱跳，他们咋个唱我就（咋个跟到唱），过后不懂的地方就大人去教（我）。（关键是）自己从内心爱不爱好这一行，有些不爱好（的人），再教都不想学，有些爱好了这样子自己就钻了。因为我们这个羌族只有语言没有文字，口口相传，就这么传下去的。（小的时候）每个人（都）会唱，但是他的声音有好有撇[1]，有些（音调）有点左嘛，就不好意思唱出来了。

郑兴龙：小时侯还是跟到老人学的嘛，我还是爱好。这哈就是，那些老人家有七十多岁这一类的，他们那个时候在集体经常到处在抄地啊，或者是在割粮食啊，稍微清闲一点就在唱，唱的时候我们就跟到他们嘛还是学到唱嘛，就这么就记到了。这个不爱好呢这个就是，再哪个唱就还是学不会，教不会；还一个声气，这个声音，主要是声音，那个声音好的，还有这个不大左的，唱得准的，才得行。声气好的，他有些还是飘的，他会唱，实际他不敢唱。

尤生富歌唱

那个时候，年轻嘛就是有几个人嘛，就像我们两个一样的，有个声音好嘞、有两个会唱的就唱两首，就是有人他就是要吼，有些会唱的他们要比过来，就是这样，心里面有点高兴，就开始唱。一直都在唱，我基本上还是唱的时间多嘛。

① 撇，方言，与“好”相对，意思是差。

牛尾寨多声部民歌对唱（图片由杨成聪提供）

二、无时无刻不歌唱

尤生富：唱歌，比如说生产啊，快乐啊，结婚啊，婚丧嫁聚啊，都要唱。他们有个口头话不是说——我们羌族人一走路就会跳舞，会说话就会唱歌，那么一个顺口溜嘛？

我们是从小到现在都在唱，现在除了在本村唱以外，有大型活动的时候也要（请我们去）唱。

郑兴龙：这个调子这个唱法，我们随便唱哪样都会。（总体的调子）多哦，有些时候记不清楚，我们没有文字，没有个数字记，等于到我这个时候，要唱哪些那就自己想出来，这个时候该唱这个，那个时候该唱那个，想出来就唱，样样我们两个都会唱。

我基本上都（一直）在唱的时间多。前两年，我们这儿没有开发的时候，搭唱就我们两个嘛，经常就我们两个。（牛尾寨基本就我和尤生富牵头，）还有些年轻娃娃，还有些老的那一批嘞，会唱的。人老了，声音就不行了，就像人上了年纪就不想唱了，就那么一个。

三、展示多声部魅力

尤生富：（20）07年，我们两个就在成都唐古拉风[①]就唱过表演过。（20）09年我们就在“羌魂”[②]（剧组），就是那个洗面桥横街，（我们待在）圣地阳光宾馆就半年多，白天嘛就在西南民（族学）院那个坝子跳舞唱歌。（去那唱）算是可以，受欢迎嘛，过后整个阿坝州的当领导的就在九

① “唐古拉风”羌魂，一台大型演艺节目。

② “羌魂”，一台大型演艺节目。

寨沟那儿开会，提出来“羌魂”算是还可以。后来就没得啥子大型的（表演）了嘛，（我们是）有时候接到通知就去。

我等于是（20）11年在白石羌寨那个山寨王后头，当[①]了一年释比，喊开坛。工资也低嘛，那一年过后我就不干了。就开坛开咂酒，这哈尽是年轻娃娃些，没得伴，那一次过后就五月端阳那天，我们两个（与郑兴龙）去甘清村白石羌寨，在坪头（寨）去表演过。（在）坪头表演了多声部过后，阿坝州电视台、省电视台都（播）放了。（20）12年，就甘清那个坪子，邀请了外面的老板，姓周，他就包了坪头和甘清，两个村一哈包了后，那就干了4年。（20）12年（20）13年（20）14年就，甘清垮台了后，（20）15年就在羌城，今年子也是在羌城。（他们给的报酬）不算高，那个就是混一下时间，一个月我满算了一天50元，吃一顿中午饭就是10元，一天就60块的意思。早上7点50在那儿上班，晚上就是轮流（上）的，今天你5点下班，明天你又是6点下班，那是轮流的，要轮流下班。

郑兴龙歌唱

郑兴龙：刚才尤大爷说了，（20）07年我们两个就在成都唐古拉风；我在“羌魂”（剧组）只有十多天，十多天过后考核了，我就没有站了[②]。“羌魂”（剧组）是政府办的哦。（20）08年我就被北川（有关部门）请过去，地震过后，感恩嘛，在那儿站[③]了接近5个月，我是地震过后才去的。我记得是七月十几号才去的，可能是4个月零十多天，10月国庆节过了就放假了，就到北川县的各个村、乡镇到处都去演出。完了之后，那一年“5·12”过去就4个多月。（我到）韩国去了一趟演出，回来就放假了。回来后哪里都没有去，我们两个就在白石羌寨（待了）3年嘛4年啊，他们旅游倒闭了，没办了就没去了。现在我就在家里面，在家里面呢有啥子活动呢，就是村上安排就参加嘛，基本上是起带头作用嘛。

（我们是20）09年（评上省级代表性传承人，起到了保护作用），基本上就是和尤大爷跳甲（铠甲舞），哪一次搞活动都是我们在唱。今年子都已经参加三次了，前头云朵[④]到这儿来，中央电视台的来羌城，搞活动，男的女的一哈有20多个人，那一天我们还是参加了（的）。

四、认真培养传承人

尤生富：（寨子上唱歌的）一般是我们（两个传承人）教的，（茂县）文体局还给我们规定了时间，写了合同，每一年要教两个徒弟，（现在带出来的徒弟）可能有十几个了，都会唱，（都唱

① 当，扮演。
② 我就没有站了，意思是我就没有在那里干了。
③ 站，方言，待的意思。
④ 云朵，一位羌族女歌手的名字。

得）可以。

郑兴龙：（多声部除了我们牛尾村）其他村子（的人）以前会唱，70多岁这个范围内那些在唱，过后其他那些失传了，没得人唱了，说话说这个我们的羌语，（有时）羌话带汉语要带一半，那句话就说得清楚，（现在）一般都说汉话了。

徒弟带了有八九个了，都在出门（打工），你看有些在开车，有些打工出去就是很远很远去，很多时候都来不到。我教的（徒弟）有些倒是有点钻研（精神），有些还是不咋（爱）钻研，（就像）他们说的醋酸了（有人）吃不酸那个味道。有些教不会（的）呢还是教不会，没法。唱得好的还是小的这一批，我们教的徒弟就是。我们那个女子（女儿）会唱，这个多声部我们那个女婿，我们两个唱"呃啦"，我们的羌名就是"呃啦"，汉名就是多声部，这个主要是高音，要唱高音的。我们这个女子得行，（但）比起我们还是差点。（女儿女婿）两个都会唱，女婿会唱，还是我教的嘛，徒弟嘛。女子去过北川表演，宜宾、重庆（也）请过去唱过，还是唱（得）多。

第三部分　多声部的情况

按：由于多声部的歌唱已经成为两位大爷生活的一部分，可以说无时无刻、不论场合，他们都要用歌声表达自己的感情，这里对一些主要的歌唱场合进行介绍。

一、基本介绍

（一）农事

尤生富：（做农活的时候也要唱，样样都唱。）原先，特别是大集体，一劳动开过后，早上一天唱到黑。收割的时候，你不唱的话功效[1]就提不高嘛，这下子唱开过后，他（劳动的人）的功效就提得高了。抄地，比如我们是两个人一驾牛，一个人在牵（牛），一个人在抄（地），本来我们那些地的坎子比较高，你在唱的时候，前头那个牵牛的那个就看牛的前脚，抄地那个就看牛的后脚，基本上要唱四声，四列完了后，就可以休息了（就是各种劳动都要唱歌）。

你听一哈我们抄地这一首，抄地这一首一哈是四列的就是四声（现场用羌语演唱，时长约10秒），等于我唱一首后，前头那个要唱一首。比如说我们两个唱嘛，我唱了，他就换嘛，就这么轮到唱了。我就开始（尤生富与郑兴龙现场用羌语演唱，一人一句，唱约35秒），这就是头一列，头一声。第二列就是（尤生富与郑兴龙现场用羌语演唱，一人一句，唱约1分50秒），就是第二列。第三列就是……歌词就没得，这个就等于歌词了，羌族人才听得懂，汉族人听不懂，有些挨到这儿附近的街上的汉族还是学到我们这么（样）在唱。

他的意思就，哎，口口相传意思就说不出来，第一列是咋个唱的，第二列咋个唱的，我们抄地的时候就是这么学会的，那么第三列，还有第四列，它的每一列的唱法都不一样。（郑兴龙插话：牛，在教它的时候，它听得懂人话，唱的时候它也是要注意到那个边边上，害怕从坎子上落下去，唱

① 功效，劳动效率。

的时候它注意到那个路线，相当于给牛有个提示作用，小的时候大人都是这样做的。）

它（多声部）种类很多，比如说刚才我都说了，这个割粮食有割粮食的歌，抄地嘛这个光是男的啊，女的不唱，割粮食就女的都唱，一家唱一首一家唱一首。这下砍柴背柴又是一个背柴的歌……

一对老搭档在神树林即兴演唱

郑兴龙：收割的时候，割小麦、青稞、胡豆的时候，我们唱的呢，那个（意思）就是不能磨洋工，不唱的有些就是效果不行，起不到效。（后来）这个下到户过后，一家一户呢唱的时间少了，地里面只有一两个人两三个人在做活路，这个人越多唱起越有兴趣，唱得好就好听，人少了（就没有兴趣了）。这个还是地地道道的，人越多越好，但是后头唱的就像带词的听不到，他们就不会换，那个年轻娃娃些，就不会换。

（二）节庆

尤生富：这个春节正月要唱，六月十五①要唱。六月十五嘛，敬山会，现在改为转山会。下来另外就没得啥子大型的活动。主要是这两个日子要唱。

1. 春节

尤生富：哎，正月间正月初七我们跳甲②的时候，正月初七人过年，跳甲（的）意思就（是）出征，出征的意思。以前我们羌族嘛只有语言没有文字嘛，不是这在3000多年以前，他们听说从青海、甘肃一带迁徙过来的，我们羌族的祖先炎帝嘛，都是口口相传那么说的，本来没得文字，我都听到老师些在那么教嘛，那么说的。大型的（演唱），这个春节正月要唱；哪家有结婚的，结婚的唱法又不一样，唱酒歌啊，互相祝贺，唱法多得很。

（正月初七）一般在这个神树林里唱。全村的都在这儿唱，全村的女的迎接，拿酒迎接男的，男的上寨子（的人）就在上寨子集合，下寨子（的人）就在下寨子集合。两边一起走拢过后，在桥头脑壳上那个碉碉跟前、他们房子边上，两拨人这下就混合到（一起），下面（下寨子）的人走一个，上面（上寨子）的人走一个，两个（寨子的人）交叉起走。走到这儿（神树林），还要去下面宽的地方跳舞；一般都（是早上）9点过10点钟（开始，要搞）两三个小时，一直在这儿唱、在这儿跳。

春节初七，唱的内容多得很，意思就是一年365天，一个月有30天，正月的头上，腊月的尾上。

① 六月十五，指农历六月十五，下同。

② 跳甲，跳羌族的铠甲舞的简称。

词很多，都是羌语，我们翻不过，意思晓得，用汉语翻不过来。（内容主要唱的是）历史，还有就是唱吉祥。（春节在神树林唱，尤生富现场单独用羌语演唱，时长约30秒；）二一个唱法（唱约5秒），我唱一段，他唱一段，意思就是前面的唱一段；（尤生富现场单独用羌语演唱，时长约25秒）这是一个唱法。（刚才唱的）大概的意思就是今天是人过年，人节，大家跳起来，哦，唱起来跳起来，就是吉祥如意的意思。它的意思就是祖传下来，以前我们从甘肃、陕西那边迁起过来的，边走边打过来，意思就是出征的意思，出征开始打仗走了的意思。它的唱法多（尤生富现场单独用羌语演唱，时长约20秒），这个就是我唱一段他唱一段，我唱一段他唱一段，唱的也是历史，这哈就正儿八经地要安词语[①]了（尤生富现场单独用羌语演唱，时长约8秒），我唱一句，他又唱一句，等于说两班人马，前头那一班在唱，后头那班再唱（尤生富现场单独用羌语演唱，时长约17秒），意思是今天是啥子日子，他说了今天是好日子，好日子我们咋个办，好日子就跳起来，这才是安词语，前面那个就没得词语。这个就是现走现跳，这个词语长得很啊。（歌词不是现编的）是历史祖传下来的，固定了的。

郑兴龙：那个尤大爷说了，这个跳甲的时候哦，依年龄走，领头人前头走，依年龄，年龄大的就前面一批一批地那么排起走，有次序的。这个“哟米”是最前头，这前头就是“哟米”，所以我们这是“哟米节”，“哟米”就是跳甲嘛。跳甲最前面起头的时候就是（尤生富与郑兴龙现场一起用羌语演唱，时长约15秒），（同时）这个刀子拿在手上，翻过去翻过来，一升一起，唱到那个部位就要翻过去，那个部位就要翻过来，刀子要这么拿上来。

这前头是“哟米”，过后就是“阿拉上噢”，这个就是现走现唱，正儿八经跳的时候，这就是起步唱那几句嘛（尤生富与郑兴龙现场一起用羌语演唱，时长约8秒），这个后头就加词了，这个就有词了，我们一般还是说不圆范[②]了，汉话有点翻不过去，像我们以前汉话都听不懂的人，现在还说得来一些了。

（神树林）这个是传统、历史，3000多年的历史。以前这个来历就是，等于说以前这些老树子倒一棵，这个我们在老寨子的时候比如哪一家子要买，庙子上要上10斤香；或者有一家子老人老（去世）了，以前我们在火坟上烧嘛，要柴要柴火，哪家子要买，那就要在庙子上上香，就是10斤，就可以买了，就背到火坟上，烧人嘛。随随便便，哪个我想要，你就拿起走，他想要就拿起走，那不得行，这个都是定了制度的。哪一家劈[③]一根丫丫就要罚酒，（神树林的树子）不准砍。家家户户还是有柴山分下来的，这个（神树林）等于说是集体的，（解放前也是寨子公共的，）就是在（19）57（年）、（19）58年集体伙食的时候。过后我们田坝头有几家喂猪养猪，就用柴火煮猪草啊，他们就砍得多，所以这些都是过后才把它保护了的。那边里头全部砍光，现在可能护了20多年了，基本上一直长得大。

---

① 安词语，加歌词的意思。

② 说不圆范，指用汉语解释不清楚。

③ 劈，方言，掰断的意思。

2. 转山会

尤生富：（转山会）早上，山比较高噻，去那边最高的山上，海拔有3000多米，接近4000米。吃了早饭，爬不动嘛就先走嘛，爬得动嘛就后头来嘛，那个就不一定。（要在山上差不多待整一天，），中午饭就在上面吃嘛，早饭自己家里面吃了过后，这哈一上去，（转山会的时候主要唱的是祭祀歌，有点念经的意思）就是“咯喏”嘛（现场演唱约30秒），这个村子上又有“嘛兹”，又有“嘛乃”，我们两个就是“嘛乃”．“嘛乃”就这么转，“嘛兹”就这么转（示范动作），转经（郑兴龙插话：跟到神碉前面转圈圈，围到转，边转边唱），（刚才唱的）这个是念经的话，意思就是“嘛呢叭咩吽”，是念经的意思。（转山会主要是祈福）敬碉碉，敬山王菩萨，主要是敬山王菩萨。一年四季（期望）这个庄稼要（有收）成，要这个风调雨顺。它的口音多种多样，这是一个口音，还有一个口音（尤生富、郑兴龙现场一起用羌语演唱，时长约30秒），这个又是一个音，都是敬佛的。还有一个音就是（尤生富、郑兴龙现场一起用羌语演唱，时长约30秒），这个音的高矮有些不同（，相当于转山会有很多种多声部歌曲）。

把神敬完了，哦刚才我们这个（碉碉）转完了，刚才我们这个转（碉碉）归一了，那就坐到。然后一个家门的人围一圈，这哈子就是自己拿的弯弯馍馍，腊肉啊香肠啊猪肚子啊酒啊，中间就铺一块毯子嘛，一哈甩进去，专门挑两个小伙子，这种刀子取出来过后就切肉，然后分馍馍，就喝那个转转酒，酒喝完了，这哈就准备下来了。

下来的时候，在（山）梁子上要唱，（边走边唱，）这一对，那一对的。下来唱的又不同，高兴了，喝点酒了，吃点中午饭，又天晴，又没有下雨，那就唱起下来。下来的时候唱的是（尤生富、郑兴龙现场一起用羌语演唱，时长约45秒），意思就是高兴了，要回家了，这儿神敬了，一家子，一寨子平平安安，安安全全的意思，就高兴了嘛，现走现唱。这个就可以人越多越好，（这首是）合唱的。（山）梁子上、山梁子下来，那边就是松潘县管了，那边有几个寨子，他们都听得到，好像我们今天在转山哦下来了，他们都晓得，意思就是叫给他们听嘛，我们转山回来了，意思就是这么高兴。

转山会，一般上去过后就敬塔子、敬菩萨的意思嘛，意思就是念经这方面，敬山王敬菩萨的意思。只要走得的、能去的都可以去，那个山高啊，4000米海拔。这哈子那家子结婚了，结婚了过后还没有生小孩，吃中午饭的时候，把那个月亮馍馍头头劈[①]一点儿下来，交给他，意思就是让他生个儿子。你是哪个家门，你生了头一个是儿子，二一个就不行了。头一个是儿子，那么就给他砌一个碉碉，砌个碉碉过后，亲戚些找个石头，拿一瓶酒，拿一饼火炮，砌一个碉碉过来。老二、老三那些都没得了，只有头一个儿子要专门这样弄，还要唱歌。

3. 牛王会、羌历年

尤生富：羌历年，以前来说就是我们这儿过羌年，十一月初一就是羌历年，十月初一是牛王会。在羌历年的时候，我们小的时候牛王会就是进庙子那天，敬牛王菩萨，（在）庙子上。山上老庙子后头，有牛王菩萨，有马王菩萨，哦，要专门敬。全村（的人）都要去敬，有许愿的，有些许愿

① 劈，掰下的意思。

牛尾寨村是羌族多声部之乡

的，要杀鸡啊，杀羊啊。（之前）有些放羊的、放牛的有点不顺的，许了愿（来年顺利）过后那天就要还愿，或者啥个鸡啊，杀个羊啊，（这个时候）不唱，只有敬菩萨要唱。

（以前十一月初一过羌历年）我们小的时候都不兴啥子唱不唱歌，那个时候一家一户山上把万年青劈了，插在大门上两边，窗台子上插起，意思就是对联的意思。这下子用灰面在屋头铺板上画些树子啊鸡啊羊啊，画些这些就算为吉祥嘛，这下就包些羊角角包子，羊干丝丝、肉，还要搁点糌粑，包成羊角馍馍，等于菜包子一样的。

（三）婚丧

1. 婚嫁

尤生富：这下，哪家要结婚的，结婚的唱法又不一样了，它是一个唱酒歌，意思是哎两家凑歌，那家嘛那家嘛，他们又凑歌这家子嘛，一边凑歌一边凑歌，它的唱法多得很。

郑兴龙：结婚主要是正席、正宴就是两天，两顿，吃两顿饭，其他帮忙的人起码6天。他们自己喜欢唱啥子，反正就是吉祥的，都要唱吉祥的嘛，喜欢唱啥子就唱啥子。唱汉族的歌嘛，有些会羌族的歌，就唱这些嘛。

酒桌子上就唱酒歌，坐到就两个人，还是两个人唱。（酒歌内容）就是对主人家，他们这家子的喜事办得好，这个餐席办得好，唱的人就是尊敬他嘛。羌语的词还是多，这个唱法还是各种（各样的），多，随便几句（*尤生富与郑兴龙现场一起用羌语演唱，唱约1分40秒*），这个就是酒歌，（意思是）今天是个啥子日子，今天是个吉祥的日子，结婚这家子要看日子嘛，要看吉祥的日子嘛，这个日子好，我们土话就说的今天日子好，好在办喜事，为啥子要办喜事呢？夫妇这家结婚，这个喜事都喜欢了吗，看个吉祥的日子办喜事，这家子喜事办得隆重办得好，“席餐”就是办得好，这个意思。我们这儿唱两句呢就是起个音，真正要唱了，要唱十几首，声气遭不住，坐着唱声气更遭不住，我们那儿就是唱高音了嘛，这两个我们都是低音，小声；那唱高音就是唱不了好久，那个词就唱不完，词多得很，桌子上看到菜也可以唱，看到主人家这个人还是有这个词，这个都各种各样不同。内容是没得固定的，看到情况现编词，调子是固定的，音高不同。

2. 丧事

郑兴龙：丧事的唱法是另外一种，那个我们就一般录音啊，我们（自己就）都不得来了，寨子上的老年人有些时候放的碟子了。有些不懂放了碟子，人家喜事上万一放了，人家要骂，这个等于是不吉利。（丧事）老人去世了，要搁（停丧）三四天，每一晚守的人要唱一会儿，埋的那天就是全寨子两拨人唱嘛，还是对到唱，前头唱一首，后头跟着唱一首。

（正月初七的歌词，转山会的歌词比较固定）平时就是根据各种场景现编词，喜庆的调子和悲伤的调子不一样，丧事的调子更不一样。

何天发——以旅游为契机弘扬传统

名录：羌族多声部民歌

级别：第一批国家级非物质文化遗产扩展项目名录项目　第一批四川省非物质文化遗产项目名录项目

类别：传统音乐

简介：见郎加木部分介绍。

传承人：何天发，国家级非物质文化遗产扩展项目名录项目羌族多声部民歌省级代表性传承人

传承谱系：当地民间传统，无明确传承关系，跟着寨子中长辈学习

小传

何天发，1950年生于四川省阿坝州茂县松坪沟乡岩窝村。

幼年家境贫寒，父母早亡，11岁半就辍学务农。

后进入生产队工作，因为聪明能干，很快就当上积极分子，21岁左右当上大队副队长。

24岁，被调到乡社里，专门负责管理乡镇企业。在此期间，对羌族文化产生浓厚兴趣，一直致力于传承与推广本民族的历史文化。

为不让羌文化失传，保护住原生态的羌文化，与堂弟何国友于2002年开始恢复羌族传统服饰。2006年，成立了茂县松坪乡羌族原生态保护协会，不遗余力地保护羌族的原生态节日习俗和民族服饰等。

在家庭中，也极力倡导说羌语、穿羌服、保持羌族生活习惯，遵从羌族节日习俗。

2008年，何天发被命名为多声部省级代表性传承人。

口述

第一部分 传奇经历

一、幼年失怙

我（是）1950年出生的。祖祖辈辈都是这儿的人。

我（小时候就）我们家里面还是很困难，我们这个房子后头[①]啊，我老汉儿我都认不到[②]。（大概）在1951（年）、1952年的时候，我们老汉儿（就）害病死了。我们两弟兄，六弟兄（里面有）四弟兄死了，我们现在只有一个大的哥哥在，我就是老幺。我妈妈还是高龄、高寿，是（在）2003年91岁时死的。她这个人还是很爱唱啊、跳啊，很关注（羌族传统）那些。

（我小的时候就）放羊放牛嘛、挖药嘛。九岁读的书，就在松坪沟底下林场那儿有个小学读的书。刚去读书，那个老师讲的，我听不到[③]，听不到就拽瞌睡[④]。老师有个竹竿儿，我们（那时候）没得桌子噻，一个板子在两个木墩墩高上钉起（当书桌），那个老师（就拿竹竿）在板子上啪啪啪打一哈，（我）就醒了；醒了（就）听一哈，老师又在说，（我）又听不到，又拽瞌睡，老师又拿竹竿儿在额头上掇一哈。哎呀，恼火得很，听不到没办法。最后老师（看我们听不懂），就在黑板上画个鹅、鸡、马，马我们就喊吁（音），后来汉话慢慢就学会了。（那个时候）好落后嘛！我们根本听不懂汉话，说得来汉话的（人）少得很。

岩窝寨中

读了两年多不到三年的样子，就回来了，11岁半就回来了，（我在学校）基本没学到啥子。后头我就搞点企业嘛，我就自己自学点啊，自己慢慢钻研了点（知识和文化）。

二、积极工作

1966年，“文化大革命”开始了噻，那时候经常去外地开哈会啊、学习哈，走一哈，慢慢儿慢慢儿推上当积极分子了。21岁左右就到大队上当副大队长，24岁就到大寨去参观去了。那儿回来后就把我调去，弄到乡上，喊我去管乡镇企业。后头慢慢搞点企业，自己学，最后就开发搞旅游。

---

① 房子后头，方言，意指家里。后头，里面的意思。
② 认不到，方言，“不知道”的意思。
③ 听不到，听不懂的意思。
④ 拽瞌睡，方言，“打瞌睡”的意思。

身着盛装的何天发（资料图片）

（我）一直比较重视这方面，（1990年代）我在底下墨石寨那个地方搞旅游，那个时候，像我们这个寨子（传统）保留得比较好，就推这个转山会，最后跑上来把这个转山会，越推越大。以前墨石那个烂地方①，我把它挖出来一锄锄把它弄好，弄巴适②了。有点好的时候，政府要收回，我也没得办法。政府收回去，把我撵了，我没办法，赔了我几个钱嘛，那个时候我也晓得资源是国家的。那个时候，我一直在推广我们这个转山会，（墨石那边没有搞了，回到岩窝寨）过后我就一直在抓（转山会）这个事情。

（后来）我到成都（的时候），（人就是）黑漆嘛哒③（的），成都人一看你皮肤这么黑（问起），我说阿坝州的，他说不像哦、高高大大的，我说我哪里不像？皮肤黑嘛，少数民族就那个滋味儿。他一下就看出来了，民族这个形象长在那儿在，一眼就看出来了。

第二部分　尽力传承

按：何天发因自小深受羌族文化熏陶，投入旅游开发，后通过旅游认识到羌族传统文化的意义，开始尽力传承民族文化。2006年，与堂弟何国友共同发起成立了茂县松坪乡羌族原生态保护协会，四处争取会员，大力保护羌族的原生态节日习俗和民族服饰等。

一、记忆中的传统

（一）节庆活动

（我们羌族一年到头有很多节日，比如说）我们这个四月十二要敬桥、敬地脉龙神。每（个）家族都有一个神树林嘛，通白神树林跟敬山神不一样：他敬那个山神（的）转山会，就可以（用）酒肉啥子都可以，敬神树林还不能拿酒啊肉啊，只能说插点旗旗烧点香啊通白一哈。（敬）那个桥呢，两边弄起红线绷起，（通白）娃娃不要落水啊，上山（的人）不能滚到水头啊，五色线啥都有。

端午节，就是以前一早爬起来到那个草里头去洗澡，一早（就）去打露水，山上去采草嘛，草越多越好，一背一背地采回来，回来大家一弄，门上拼嘛，（看）哪个今天品种采得多。那天百草都是药得嘛。我拿一样东西（草）你拿一样，少的就喊你喝酒，少一样（草），（就）该喝好多酒，娱乐一样的嘛。那种草呢，最后家里面砍成节节子，晒干过后收拾一点。还有一种就是煮起熬起水，

① 烂地方，方言，指穷乡僻壤、土地贫瘠。
② 巴适，方言，舒服、好。
③ 黑漆嘛哒，方言，形容人的皮肤很黑。

家里面就洗，洗一哈（身子就可以）不生疮啊。另外搁点子，以后那些娃儿大人些病了啊，有啥子问题就抓一点儿熬了用来洗，还得行。

咂酒开坛（资料图片）

（端午节）过了就是转山会了。转山会历史比较长久，有好长我们说不清楚。"文化大革命"的时候，全寨子大家悄悄集体买包香啊，那个时候酒过配（酒是配额制），过春节才（配给）一二两，那个时候悄悄地（去）供销社开个后门，打过一两斤酒嘛，去两个代表就上（山）去把山神敬了，通白一哈。后头慢慢儿慢慢儿政策开放一点了，就每家去一个代表还是去敬一哈，再后就全寨子动员。我们这个还是没断过。

喝咂酒

转山会过后又是中秋节，跟汉族八月十五中秋节差不多。中秋过了就是春节了，春节，请客啊那些闹热噻。春节就祭家神，背后这个神啊其他的神啊就通白一哈，山上就不去了。山上那个神（是我们这里人认为）最高威望的天神，只有转山会这天必须要去。你想啥子说啥子，有啥子求他，大家心头想（的）必须灵，大家有这个愿望，（天神就）要给你实现。

（二）婚嫁活动

以前的婚礼是很隆重的，我还在说，好久哪个结婚，我们按照传统婚礼搞一下，趁着我们这批还得行。（传统婚俗有）很多程序：我们要去接客，（接）回来要背（新娘），要咋个弄哈，沿路烧火，（就是）男方这边火给他烧起，路上竹竿要摆起，（因为）以前没得火炮，很少噻，出不起钱，（就）弄起竹竿砍起压起，底下干柴高头一层打起沟沟，火一点燃就响的嘛。送亲那边打火（一般）打不熄，等他打了，跑了一下，火又燃起来了，这边（站在边上的人）就（喊）："羞羞羞啊，羞人巴沙[①]的啊，打不熄啊！"（送亲的）只能在那边打，不能到这边来打，只能从你上来的方向打火（把火打灭），跑过来这边打那你就违反了，那就不得行。要把火打熄了，女的（新娘）才从那儿过得到。过来了才背到男方家里。过程很长，一哈说不完。

我们想那个年轻人的婚礼给他恢复一哈子，现在的年轻人稍微有点意愿的我们还有点兴趣；现

① 羞人巴沙，方言，让人觉得羞得很。

在的年轻人说你们老了你们那个啥子啊，味道都没得，那我们（对）这些就没得好大个兴趣。但是，我跟我兄弟说，我们还是信念这个[①]，还是晓得毕竟我们这个民族再落后、再没得文字，（但是）有这么个语言，还是同样地生存。我开始在学校读书的时候，汉话都说不来。

我的隔壁，（我们）都是祖祖辈辈这儿的人。到外头到处走一哈看一哈，总觉得我们这个民族慢慢儿就要退化了、要失传了。（比如）我们羌族（原来）的取名方法跟现在不一样，以前我们（小孩子生下来），老年人就（给他）取名字了，啥子尼姆他咯、子母他咯、足米他咯、那木嘘咯，这种名字就太多了。现在这个啥子许啊、啥子何啊、啥子王啊，可能是后头才改过来的，（就是）有点汉化了，以前本族的名字就不取了，这种（特点）就很突出。我们自己就不晓得给我们取的名字（是）啥子意思，至今都懂不得这个意思，所以民族文化看到看到就失传了。（我就觉得）有这个责任，把这个文化抓住；我们晓得的，给年轻人，（趁）我们这代（人）还在，把这个文化再传一哈。

二、承担起的责任

（一）组织转山会

（多声部、转山会这些传统文化）我就是跟到长辈学的嘛，自己爱好这个嘛，不懂的问长辈一哈嘛，学一点嘛，自己再偷学一点嘛，看到老年人咋个在敬啊，旁边去偷学嘛。在文化方面我还是很爱好，七几年八几年那个时候，我就对这个文化（产生了兴趣）。省上那些文化馆的、州上的来了还是基本上找我，那时候八几年，（他们就在）房子里面打起地铺。最后，县文化馆看我在文化方面又做了些事情，就给我报到省上，报了个多声部传承人，最后2007年吧，那个省级传承人批下来了。我在搞转山会，最后县上说你占了一项就不能占二项，我说对嘛，主要是大家有个爱好，大家把它搞起来。

但（转山会）还是有些退化，（现在的）年轻人不像我们那个年代的人，他对这方面有些不太（感兴趣），有些我们来宣传他还爱好点，有些你怎么说他怎么做，他总觉得（你说的）看也看不到听也听不到。我说没得天没得地，没得神，我们从哪里来？天不下雨简直没得庄稼，没得地不肯出庄稼。妈就是地，老汉儿就是天，没得妈老汉儿你从哪里来？我们这个羌族还是一个历史比较长久的民族，本地还是有一些文化人，晓得转山会，一直比较重视这个方面。最后这几年我们把这个协会成立了过后，把这些慢慢儿规范了一哈，原来不懂的到处咨询一下问一哈。我们晓得的，给年轻人，（趁）我们这代（人）还在，把这个文化再传一哈晓得一哈。

（二）恢复传统服饰

（2002年，开始恢复羌族传统麻布衣服和草鞋的制作。）我们（现在）这个（民族）服装正儿八经自己织的，自己种的麻。这个（传统服装现在都）没有人穿了，都在改现代的。我家里面我妈妈织的，我把它拿出来，喊几个人，我说把我们的民族服装把它恢复了。（还有）我们以前穿的鞋子，（都是）在山上采的牛筋草自己打的，我还打得来，（不过）几天就穿烂了。（以前）上山挖药，把草鞋脱了，草鞋搁在背篼上，打起光脚板去挖药，要回来了才把草鞋穿起。这些日子我都过了的。

---

① 信念这个，有这个信念的意思。

（三）成立保护协会

（2006年）我（们）这个协会原来刚刚成立才十几个人，现在有100多人，增加得越来越多了。年龄最早还是有六十几七十几（岁）的，小的有二十二三四岁嘛。年轻人现在参加的有嘛，参加协会的还是（很）多。我们一年才收30块钱会费，一百多个人收个3000多块钱，到了年底还要给他会个餐，大家开个总结会，就这样子。平时我们要搞点活动，上面（就）给（拨）点钱。我们办公室到处要点水泥，弄那个地板，跳点锅庄。自己拿钱凑钱都要修，不修没得办法了，管它了，我们几个下决心嘛。

（四）发展旅游传承传统

我在企业上啊、搞旅游啊，交往的人多点嘛，还是想找点这个地方的人，把本地方的文化再传承哈，尽点自己的责任。管他的，上面领导还晓得，做些事情，总要给后代留点东西嘛。（这个就）一方面是传承，一方面也是一种经济开发（嘛）。我们这个地方也没得啥子景点，有这么个文化，还是要争取各方面的支持，文化上把旅游开发出来，接待哈客啊。晚上我们多声部唱一哈，跳一哈锅庄，还有咂酒，羊子烤起。昨天，我们协会几个副会长喊一堆（人）开了一天会，我把有些事情说一哈，大家要把这个事情做一哈，这个旅游咋个开发，（搞些）小品这些。我还是很买了些道具，我们那个印版，自己羌族以前那个印版失传了，现在还在恢复这个。这个经版没有文字，刻的是月亮、太阳，还有十二属相，还有天地、山神、神坛。每个人都有属相，许愿啊，比如你属牛的那上面有，今年子许愿明年这那上面有嘛。（我们）想恢复这个，很花了些心血。

原来我还打算搞个旅游，因为我想都有了文化资源，有些植被（自然资源），通过这个（做）一个推广，把乡村旅游弄好点，规范一哈。去年子我写了啥子报告啊，政府各个部门我都交了，人家看到还是重视，把这个路修过去了，说是拨（款）三百多万（元），（把）高头（转山会聚会的地方）电、水（设施）啥子弄好，把这个露营基地弄好，啥子规划图都弄出来。我们这个位置上，这么一个塌塌，不是以文化把乡村旅游带起来，（那）这个地方经济从哪里来？山上牲畜（吃）草（的）山枯竭了，牛越来越少了，咋个办嘛，对不对。现在还算是开了头了，对得起前辈了，多的都不说了。

我这个家庭还是传得比较好的，我的儿子、孙娃子（就都一起行动起来）。我的孙子有些在读大学的，基本上说得来羌话。家里面现在基本上全部说羌语，开玩笑、摆龙门阵[1]、吵架，各个方面都说羌语，不说汉话一样把日子过起走了。

第三部分　独具特色的多声部

一、主要特点

多声部，我们羌族这个，它这个唱法多得很，这个音很不好掌握，一般人唱不来。（它）起音

① 摆龙门阵，方言，聊天的意思。

是一个人，后头有一个人要接，（再）后头至少两个人，一个人不唱多声部，多的时候（有）四五个、五六个；一起坐到唱的也有七八个的，（就）两边坐起，你们这边唱一半那边唱一哈，闹热嘛。这个音都很高，高到起不上去他就停了；二一个（人）接上去，看到这个人唱不上去不得行了，下一个人就又给他唱上去了，最后两个人一起又扫尾，多声部就是这样的。有些上山打猎唱的，做活路有的嘛唱（的），高兴要唱（的），愁的要唱（的），恋爱的也要唱（的），婚丧嫁娶也有（唱的），各是各的，都不一样。

二、音调调式

（这个多声部）音调是固定的，唱法多得很，调子多，（但是）口头词语要编。这个调子都不一样（的），以前咋个有这么些歌，我们都很多分析不到这个事情。（比如）像很多歌都有“日嘛尼古”（音）这几个字，它这个你不晓得是啥子意思，我们搞不清楚。我们分析呢，“日嘛尼古”这个（意思可能是）“会到（一起），大家高兴，唱”。

一个调子表现的是一种内容，比如说丧葬的歌的调子只能唱丧葬，比如说欢乐的调子就现编歌词用这个调子来唱。有些像是做活路的，有些在地边边（干活）差不多累了，男的女的就跑到地边边去唱。结婚的时候唱的调子又不一样了，各个场合唱法、歌（词）不一样，不同的调子、不同的音，词都不一样。比如唱酒歌就要编，这个来个客啊，我要咋个跟你敬酒啊，你要咋个喝啊，现场（就）要编了。有些谈恋爱啊、啥子对歌啊，（就）汉族喊的唱山歌嘛，歌词临时编（的嘛），男方咋个唱，女方要回，女方咋个（唱），男方（也）要回，唱法、音是一样的，（就）调子多（嘛）。唱这个歌他还是要现编些词噻，唱什么内容那就看你是啥子场合。你要吸引哪个你就唱什么，怎么吸引就看你的口才了，你让她听得入耳，她就慢慢访，今天哪个唱的哎？慢慢儿问了，哪天两个约好，慢慢儿约好就会个面嘛，看这个样子两个看说得拢不，说得拢就慢慢（发展），说不拢就算了。我们那

围着咂酒坛唱起多声部

个时候，十几岁就订婚，路上碰到都不敢见面，他看到来了就钻到林林头去，假装解手等他走过，我再往这边走，羞得很，哪像现在的年轻人。我们以前真的很有点（传统）。

有些歌有固定的格式，有些歌编不过去的也有。固定的一些歌怪了，只有把那个音拖上去，但是词加不过去，怪得很。我们这个文化你不晓得，这儿上海的咯、一哈山东的咯、一哈浙江的咯、一哈南京的咯，县文化馆带起来过后，很唱了一些，录了很多些资料，他们想配音，有些十年八年到现在啥都没得回音。最后他们问了一个文化馆说的，（说是）音乐配不过去。

三、唱法种类及演唱场合

其实多声部在羌族（的日常生活）里扮演了一个很重要的角色，比如结婚的时候、春节的时候，唱的最多，相当于一种娱乐形式之一。还有个山上劳动或是地边上还是要唱，有些上山打猎啊、做活路啊回来路上还是要唱。这边开始唱那边开始（唱），有好几种吼法①，如果唱法不对，那就要打捶闹嘴②了；有些（说）恋爱的啊就喊得优雅点，其实是吸引女的或者女的吸引男的啊，就吼嘛，吼都有几种方法的。

多声部演唱的时机，多得很，一个是唱法多，一个是多声部（在）啥子场合都可以唱。但忧事上头就不能唱这些，忧事唱这些人家不安逸嚜。丧事有两个调子；念经有十来个（调子），送的（时候）和回来（时）就唱，以前过烧③，烧了回来就要唱，很有点讲究。丧葬的唱词基本上（是）固定的，音是那样起的，词语都没得啥子变。（它）还有个诵经，念经我们喊的“嘛咀嘛尼”。（经的内容）死人，给他诵经嘛，内容我就懂不起了，说不清楚这种事情了，就是传下来我们会唱会念，意思就懂不到了，大概（可能是说）：对了，劳问你们了，我们死了人，你们今（天）给我们唱了这么多，感谢你们咯。就是这个样子的。念经是亲戚来嘛，一个寨子的人来了，这边唱一哈，那边唱一下，一般都是唱一百首为一圈，要唱七圈，就唱七百（首）就够了，（就是）一首要唱一百次，死人念经。念经内容是不一样（的），有十几种经，家里面（条件）好的多给钱就可以念十来种，一般前后念八种就收口；八首都不一样嘛，每一种念一百遍，要唱几个小时；八首（中）就（有）六首是“嘛咀”，（还有两首是“玛尼”，）玛尼就像西藏那种转玛尼，他们全部是往左边转的，我们这个羌族是往右边转，我们到庙子上、山上、神坛上，还是要念经，还是要转嚜。

四、伴奏乐器

（唱的时候）有些没得乐器，有些（比如说）我们过年呢要小品嘛，要小品的时候，我们就（有）专门（的）锣锣鼓鼓类响器嘛，只有这么一些，还有口弦嘛，羌笛嘛。（羌笛、口弦）这些我都做得来。

五、传唱区域

这个是从小到大一代代传下来的，都晓得这么个事情，都这么吼嚜。一般唱这首歌是最多的，

---

① 吼法，方言，“吼”是指“唱”，“吼法”指的就是“唱法”。

② 打捶闹嘴，方言，打架吵架。

③ 以前过烧，意指以前这里人死了后实行火葬。

边喝边唱

声调很高，牛尾巴那边、太平那边，他们那个嗓子比我们嗓子好，这个音（唱得）高得很，我升不上去。我们以前这个老年人，就说这个多声部是专门从这条沟传出去的，传出去就到太平（乡）那边，再到小姓沟，小姓沟包括现在七八十岁的老汉儿，你都可以问，打听，他们都承认以前多声部是从我们这儿传出去的。他们唱多声部，这首有一点点，那首有一点点，每首插过去插过来，我们听得懂噻。我们这儿唱这个多声部，就一首一首干干净净分开来的，每首的音都不一样。我们这儿翻过去（是）松潘县的小姓乡，他们那儿的老年人，我们一起唱嘛，他们那个阿坝州羌学会副会长，我是茂县羌学会副会长，去年子我们去汶川开那个会，我们把这个事再对过一哈。

前年子我在屋头（和）我们娃儿团年那天晚上，我们老婆子一块，他们有几个，我们四个人。我们两个男的唱，你们两个女的唱，我们两个男的唱的本地方的歌你们两个不准唱，你们两个唱的我们不唱，对比哪个唱得多。（光）我们（就）唱了四十几首。（后来）双方就唱了好多（歌），就（有）那么多歌，各是各的唱法，不一样。

第三节　羌族仪式歌

周德仁——传唱骨子里面的羌歌

名称：羌族仪式歌

级别：第一批阿坝州州级非物质文化遗产名录项目

类别：民间音乐

简介：仪式歌又称仪礼歌，是伴随民间祈年庆节、贺喜禳灾、祭祖吊丧等仪式，以及日常迎亲送友等习俗活动而吟诵演唱的。在羌族村寨，人们举行仪式的时候往往需要唱诵仪式歌，如过羌年、建造房屋、婚丧嫁娶、祈神求雨、驱邪解煞等场合，都有专门的仪式歌。

在羌族地区，仪式歌主要有：祈求神灵降福的《神灵》《敬山神歌》，表达出嫁时复杂情感的《劝嫁歌》《送嫁歌》《哭嫁歌》等，喝酒时唱的《开坛歌》《敬酒歌》，以及专门的《葬歌》《丧歌》等。

2006年，经阿坝州人民政府批准，羌族仪式歌已被列入第一批阿坝州州级非物质文化遗产名录。

传承人：周德仁，阿坝州州级非物质文化遗产名录项目羌族仪式歌县级代表性传承人

传承谱系：当地民间演唱歌曲，无明确传承关系

小传

周德仁，1926年出生在理县桃坪，桃坪乡桃坪村人。

1933年，松潘大地震家里房子被震塌以后，因为家庭经济困难，没有上学。

1938年，12岁就跟着老人一起去大山里挖虫草。

1942年，16岁就开始到都江堰背茶包子谋生。

新中国成立后，到民教班读夜校。黑水平叛时，跟着部队走，抬担架运送伤病员。

1955年，土地改革，下半年参加工作，先后参与建立了3家供销社。后一直在供销社工作，1981年退休。

生活经历丰富，能够演唱各类羌族歌曲。因为十分热爱羌语、羌歌，总是想着传播羌语、羌歌。

口述

第一部分　历经时代变迁

一、艰难谋生

（我）1926年（出生）。小的时候，（以我的）家庭来说呢，是这样的。

1933年大地震，我们（家）的房子垮了。7岁那一年房子垮了，就去别人家租房子来住。1935年，就红军来了，我就是9岁了。

1938年了，我12岁那年，就跟着老人一起去大山挖虫草。那些老的就带我，我12岁眼睛倒好，挖虫草呢不是重活路，光是一个钩钩锄，只要眼睛好，体力不要，就（满）大山挖虫草。

16岁，就（到）都江堰背茶包子，那个茶包子72斤老秤，这就是过了。那时候国民党在管嘛，去堵卡子，隆溪、小金，又打仗，跟到当地的队长啊那些，带队的给你发个枪。还有一直呢务农。

那个时候家庭条件的话，就是房子震垮了，生活就不咋够了，到处借钱、挣钱，背背子啊，就这样来过生活了。

7岁那年，房子垮了，就没有读过书。现在我字呢基本上（能认）了，都是解放了过后民教班读夜校。解放第二天，我们属于威州区①，解放的时候我23岁了，懂事了，而且学到点文化了，那儿就是代表。那个时候抬担架啊，黑水②叛乱啊，跟到部队走，抬担架抬伤病员嘛。黑水叛乱呢，黑水那次是一个战役，那次是中央派起飞机来。那时候（我）还没工作。

二、人生转折

1955年，就土地改革了，民改③。我们是1955年上半年土地改革，下半年是米亚罗④（民改），我就是那年下半年参加工作。

参加工作，开始是区上，区上才搞一个多月，就建立了供销合作社、信用合作社、农业生产合作社，把我调到供销合作社去了，在供销合作社一直干了二三十年，1981年就退休了。

供销社的工作，（主要是）收购农副产品、中药材，啥子都是供销社收购，还有（些）采购就要（去）汶川、理县这两个地方，有些牛羊肉这些就去阿坝这些采购。（我）收购搞过，采购搞过，门市搞过。那时候，这儿桃坪⑤供销社是借的民房，最后，民房要用了，公社那边那个现在是法院、派出所，那个当时就是供销社，我手头建立的。因为这边没得房子，我才跑到理县供销社，我们两个（与另一位同事）才（把）那边的供销社建立（起来）的。这下子是又通化⑥老街供销社，老街供销社是原来地主的房子被没收了（改建的），那个（时候）是全区的供销社。然后又搬到营房这边公路

---

① 威州区，汶川威州区。
② 黑水，黑水县。
③ 民改，民主改革。
④ 米亚罗，理县地名。
⑤ 桃坪，理县桃坪乡。
⑥ 通化，理县通化乡。

上，又去修，这个就两块了。又是木卡[1]，木卡原来该薛城乡[2]管，最后划给通化这个区了，那儿原来是老寨子，对门子木卡寨，最后寨子上搞了一两年，（然后）又不方便了，（接着）才是（在）豆瓣儿河坝修的。供销社在我手里修了三个，就这样的。

我工作搞了收购、采购、修建，反正就做生意。

我结婚，是刚刚18岁那年，反正是解放前（1944年左右），老婆原来是孤儿，是桃坪的，到处帮人，最后就小（的时候）接过来，我才10岁，她14岁就到我的家里来了。这哈子，她22岁（时），我18岁（，我们）就结婚了。（那个时候）我们家就比较可以了，生活也够吃了，动物、家具、牲畜都有了，就这样子的。解放了就更加好了，我的家庭的出处就这样子的。

三、安享晚年

（就）现在的社会来说呢，以前都没得这样子好，特别是（改革）开放以后，（以前）公粮、皇上的大粮是年年都要交的，好多朝代都是，（现在）公粮都不交，还倒给你一点，你还有啥子理由说人家啊。有些不晓得的人，没有经过（以前艰苦日子）的人，嗨，还不满，少数哈，还不对。所以这个人啊，人心不足是蛇吞象啊，天心不足就喝太阳。人心不足，有一千想一万，有一万想一亿。我们稍微带点岁数（的）在想这些，以前没有吃的，集体食堂，我哪时候才吃饱一顿，这是第一个，二一个哪天才吃一顿。（当然）这以后慢慢慢慢好转了。现在，（年轻人）这样不想吃那样不想吃，特别是娃儿嘛，娃儿不晓得嘛，我就给他们说，你们没有经历过，我说我们是（吃）啥子都好吃。

第二部分　一肚皮的歌声

热爱唱歌的周德仁

按：羌族人十分热爱唱歌，劳动要唱歌，婚丧嫁聚要唱歌，节日庆典要唱歌，可以说，歌声伴随着羌族人的一生。在这样的氛围中，不需要学，只要喜欢，都会唱。周德仁主要介绍了几种歌曲，并演唱了具有代表性的歌曲。

（羌族的歌，）有年轻人的歌；天干了，有求雨歌；结婚了，有结婚的歌；挖药有挖药的歌——看是哪一块（，就选哪种歌）。年轻人的羌歌，有爱情羌歌。跳锅庄都要唱，边

① 木卡，理县通化乡木卡寨。

② 薛城乡，现在是理县薛城镇。

跳边唱。跳锅庄，有喜事的锅庄，喜事嘛做酒嘛那些嘛；忧事，死人的锅庄，那些唱法和跳法都不一样。是这个样子的。（比如大节气，还有求神那些都有歌，）有些不一样的，一年二十四节，以前的羌族每一节都有歌曲。还有背背子、割草、割麦子这些都有歌曲，但是语词不一样。（小时候）那个反正做活路嘛，今天你给我来薅草哈，或者来点玉麦，今天我来砍柴啊，就大家一起嘛，就三个成群、五个打锣的这样子来就唱歌。一个人也可以唱，大家组织一起也可以唱，那个随便你，（反正）一个人没得事我这么唱也可以。

（我印象中）看起七杂八货[①]，看你对得起，七杂八货的歌，啥子凑起，硬是（有）好几十（首）哦。不管你忧事的歌，（我）也是随便（唱）。喜事的歌，求雨的歌嘛只有一两段，还有爱情的歌，一般的歌，哎呀这些都有嘛。还有赶骡子的歌，吆骡帮呢，吆骡子，我们驮足[②]呢，过山铃子[③]一响了，背背子的（人）你就要让开了，路又窄，茶包子这些要把你铲下去。我16岁背茶包子，嗬，那个过山铃子一响了，自己要先躲开，不是（的话）要把你甩下去。那些歌啊他们一唱了（就相当于交通信号了），那时候公路没得，羊肠小道，汽车更不说咯。就这么一些。

一、求雨歌

比如今年子天干旱灾，天干了就要去求雨，有求雨歌。

（求雨歌唱的内容）现在的意思就是震动空气的话，原来是没有科学（解释）的，去求雨。羌族求雨歌是这样唱的（**现场用羌语唱歌，时长约38秒**），这样子唱的。就上梁子，意思嘛（就是）这个没法了，天干了，只有去震动空气，这个就是求雨歌。歌词的意思就是：大家组织起来，几弟兄来，名字“喔叽赤”（**羌语**），几弟兄组织起，就“阿汝巴”（**羌语**）山梁子上就去了，坪坪上去跳、去舞，就这样子去求雨，意思嘛（就是）震动空气的话，求雨没得到雨了就要朝海。我们有个海子，我们的海子是在龙池，龙溪沟过去的，那个海子原来是在我们曾头[④]那沟头，那里人烟没得嘛肯定是，就慢慢挪到那边山溪寨过来，最后它走到龙走的那个地方的话岩都要避开，照到那个找过去，把龙找到了。那个是“白利雪”（**羌语**），那个就属于我们曾头（沟）的龙，曾头的海子。那儿去了，你去了那个海子清亮的，动都不动，最后，香、蜡，我们这边的还要拿一桶桶水，自己家的水拿一桶桶，往海子里面一倒；这哈子要拿一只鸡公，把鸡公往海上一甩，头一下，那个鸡公一甩，扑几下就要过来，二一下一甩也要过来，三一下一甩，自然就没得了。你真正得到雨那次噻，那高头（是）八仙岩，高头是岩嘛，那个龙池应是一个比较好的一个地点。这哈子人些锣鼓、响器（一起整），鼓鼓一敲，一吼，啊高头就雾起来了，结果呢人家那边还没下雨，这儿寨子上就下雨了，这个就很灵，这个就是求雨。先是求雨没求到，就去朝海。我们是朝，要去朝拜，要去请它，尊重它。佳山（村）[⑤]

① 七杂八货，杂七杂八的意思。

② 驮足，背夫的意思。

③ 过山铃子，骡子脖子上戴的铃铛，在狭窄的山路上，骡子的铃声一响，对面的人就要靠边让路，以免因为道路狭窄、林木茂盛，看不见对面来人而出现冲撞的危险。

④ 曾头，理县桃坪乡曾头沟。

⑤ 佳山村，理县桃坪乡佳山村。

是打海[1]，佳山是要去打，他们在雪隆包，拿白鸡、白狗去打海；他们是干海子，我们硬是有个湖。（他们求雨是打海，这边是朝海）哦，我唱的那段歌，是海子还没去，求雨，最后朝海了，大多数百分之八十都要得雨。朝海还是要唱这些嘛，回来的时候也要唱，这个就是唱求雨的歌。求雨、朝海都要这样子。朝海我们还要有旗子，有12杆旗，龙凤旗、清道旗那些拿起，那么远都要硬去求，只有这么才能过得起生活——没法，（那时候）科学又不发达。

二、挖药歌

（求雨歌之外还有）挖药的山歌。是这样唱的（**现场演唱**）——

新打锄头哎溜溜哎尖哟
小伙哎要进哟贝母的山
今年贝母哎生得好哟
回回碰到哟双灯笼呀

这是汉语，（**同样内容，然后用羌语现场唱一遍**）这是羌语。那个“双灯笼”是很难碰得到的，尽是一片叶，夹叶子，灯笼花，遇到了双灯笼，意思是今年很好，运气很好。唱的这样子。

三、薅草歌

（还有）薅草的歌。薅草的歌就是——

太阳不晒雨不淋
除非你生在啊哟呢哟呢街上的人呀
喔铧铧地

这个就是薅草，（生在）田坝头，太阳不晒雨不淋，除非（是）生在街上（的）人嘛，这个就是意思嘛，薅草的歌。歌曲多得很，看你哪一方面。

四、年轻人唱的歌

青年人唱歌，就是这样的嘛，青年人唱的歌，它是不珍惜时间，有这一块（**唱歌**）——

喂儿上了一十三了喂，
好比太阳才啊出啦来哟，咿呀喂
咿呀喂，好哎比太阳才出来喔
上书容易是背啊书难哟，咿呀喂

它这个是（说）13岁开始读书，读书容易背书难，这就是汉语的意思，我用汉语说嘛（**唱歌**）——

喂儿上了二十啦三呀喂
上山砍柴连哎根啦翻啊，咿呀喂
咿呀喂，上山砍柴连根翻哟
我两担拿来是一哟担啦挑咯，咿呀喂

① 打海，是指把祭品往干涸的海里面扔。

说到兴奋处，周德仁即兴放歌

两担拿来一样挑，山上砍柴（的人）年轻嘛，连根一起翻哦，两担子一起，一担就挑了，他就那么得行（唱歌）——

喂儿上了三十啦三呀喂

人人说是云南好啊，咿呀喂

咿呀喂，咦人都说云南好哟

我走在啊云南啊是想四啦川啊，咿呀喂

年轻那个时候，人人都说云南好，结果云南拢了还是（觉得）四川好。这些都是汉语的那些。这些（歌词）是原来就有，原来的比较老的有晓得的唱的，我们就记一些。没有哪个师傅来教的啊，歌曲也好，锅庄也好，没得哪个来（教），大家一起坐到了，唱歌，你会唱，唱了我又学到了，就这么来的。这个就是（唱歌）——

喂儿上了一百来呀喂

山中难选是千年树啊，咿呀喂

咿呀喂，山中难选千年树哟

世上难逢是百岁人啊，咿呀喂

“山中难选千年树，世上难逢百岁人。”这个是汉语（我用汉语唱的），（这些歌是）我们羌语唱下来的，这些就是互相之间说的。

第三部分　对传承的忧虑

按：在歌唱氛围中出生、成长、生活了近一个世纪，如今年届九旬的周德仁认为，羌歌原本没有学习、传承这回事，这本身就是生活的一部分，但是在社会环境大变迁的当下，传承却成了问题。

过节有过节的歌嘛。（过节唱的内容）不一样。一年二十四节，以前的羌族每一节都有歌曲，但是现在好多都背不齐了，羌语都要没得了，羌语都要中断了，说不起了。羌语的数学从一、二、三、四、五、六、七、八、九、十，羌语有自己的说法，这个就羌语翻汉语。羌语的数学硬是铁板算，硬是岩死[①]的，点都没得走展的，百、十、千、万、亿，羌语数得起走，汉语又翻得过来。汉语就一、二、三、四、五、六、七、八、九、十，羌语是哎勾、咪勾、其勾、几勾、哇勾、主勾、行勾、才勾、唯勾、哈勾（羌语音），这个就是基础，随便啥子都离不了这个，不管再高的数学家这个都是基础，不管百十千万亿都是这儿发展起来的。

我们这儿桃坪，那年选了我跟周志先（音），他都没在了，我们在桃坪大礼堂（搞羌语培训），理县的四大班子都来祝贺，（强调）羌语必须还是要说，以后有旅游的，有开发区，人家问你们羌语你们都不懂，那个你（还）是啥子羌族呢？本来应该继续，最后才教五个月嘛，有些（年轻人）就是算了算了，这个没得个学头意思，不习惯了，反倒老年人天天都要来，他晓得难得他还懂得一点羌语。年轻（人）就是要找钱，没有对羌语、羌族服装、羌歌这些都（重视）……要失传了。现在的年轻人，一块都不得行了，不懂了，语词，比如家具的东西，羌语说不来了，所以失传了。

现在没有啥子（人学羌语和羌文化）了，年轻人摆的条[②]都不一样了。我们摆条，老点的这些日子咋个过的，现在咋个好的，摆这些，现在青年人有些听都不听的嘛，不对路了，不得行。现在，这些歌青年人不爱唱了嘛。

（一肚皮的歌）就失传了。羌族原来是最早的羌族，但是羌族的地带尽是半山一带的，半山一带可以刀耕火种，种下去能收，可以有水，有河坝，那时候你没有点本钱，你咋个开田。还有战争，羌族原来是好战，打来打去就羌族现在到处都有，有些就是随到你（战争地）那个族了，就历史久了，就失传了，没得了。现在，茂县基本全县是羌族，还有他们的羌语，茂县全县都可以（说）。汶川只有两个区，（其他）都没的。克枯、威州，就这么两个。理县，蒲溪（村）现在可以，蒲溪的羌语、服装、羌话都还保持到在。我们桃坪没得了，就要失传了。桃坪你看佳山、东山、西山、山岔、曾头[③]，岁数比较老的没得了，有些在，平时也没有咋说（羌语），不懂了，所以就不行了。

① 岩死，方言，固定的意思。
② 摆条、摆的条，方言，聊天、聊天的内容。
③ 佳山、东山、西山、山岔、曾头，理县桃坪乡的村子。

第四节　花儿纳吉

杨水秀——欢乐的婚嫁歌声

名称：花儿纳吉

级别：第一批阿坝州州级非物质文化遗产名录项目

类别：民间音乐

简介："花儿纳吉" 作为羌族乡土民歌，主要分布于岷江上游羌族南部方言区，具有独特的地域性特征。

"花儿纳吉"作为羌族乡土民歌的一种传统的表现形式和表现手法，传承了羌族原生民歌轮番唱的演唱方法、助兴词与衬词的用法等音乐形式，以及羌语歌词内容较少使用虚构的质朴性。"花儿纳吉"，通常演唱于婚礼、迎客与款待客人以及男女谈情说爱等不同的场景里，反映羌族人民丰富多样的民俗文化。

"花儿纳吉"作为一种乡土民间歌谣，是了解羌民族文化的"活态文本"。

2006年，经阿坝州人民政府批准，花儿纳吉被列入第一批阿坝州州级非物质文化遗产名录。

传承人：杨水秀，阿坝州州级非物质文化遗产名录项目花儿纳吉县级代表性传承人

传承谱系：当地民间演唱歌曲，无明确传承关系

小传

杨水秀，1943年出生，理县通化乡西山村人。

6岁时，父亲去世，仅读过小学一年级，一生劳作。

口述

按：由于口述者年龄比较大，记忆不够准确，汉语表达不太流畅，口述内容也比较简略，因而对项目的描述不是很全面。

第一部分 个人经历

（我今年）73（岁）。小的时候，困难嘛，我们家里五六姊妹[1]。我们家老汉儿去世得早，我那会儿还小，才6岁。

（小时候书）读是读了的，可是条件不好，读了一年级嘛好多哦，忘了，我记性不好。读得迟嘛，7岁嘛8岁哦。（没读书后）就在家里做家务事嘛，打猪草做茶饭，带娃娃[2]这些嘛。

长大了，做田坝活路[3]嘛，（大概）十几岁嘛，（集体化以后又开始）挣工分。

挣工分吃饭，啥子都要过秤，割青稞麦子要过秤，割蒿子要过秤，那时候困难。（结婚是）我24嘛23岁哦，忘了。

第二部分 项目情况

（这个花儿纳吉）它等于是，结婚（的）时候，女子家要打发了、要嫁人了，那时候就唱花儿纳吉。

以前是讲姐妹会，唱姐妹会就是姐妹些集中了，远地的亲戚些拢了，就在桌子上摆起，啥子东西些摆起就唱嘛。（其他时候）不唱，（只在）结婚时候唱。（一般）是在出嫁前头的那一晚上，就是（姑娘还没出门的头天）晚上，二一天就要走到人家门上。

那个时候（唱多长）时间也没得（一定之规），会唱的时间（就）长一点嘛，没得就时间短一点嘛。晚饭吃了唱，唱完了以后我们农村还要吃宵夜。（解放前也是这样，）以前我们爷爷奶奶，前辈些遗传[4]的。老的些会嘛，现在年轻的不会了。（主要是）妇女（唱）。

唱的内容是，坐到一张桌子四个角角旁边，摆上八双筷子八个杯子，这么唱的。九盘九碟在桌子上摆出来，这么唱的意思。唱的意思是，桌子摆起了，客人来了，酒菜也摆好了，大概唱这种内容。

还有（其他内容），我想不到了。我们的规矩以前是男家出来拿的肉是瘦的，女的拿的肉是肥的，男家拿的酒是寡水水，女家拿的酒是高粱酒，这么唱的，一起唱嘛（有点诙谐调侃的意思）。新娘子不唱，新娘子害羞嘛。（在）女家唱嘛。（要出嫁的）姑娘不唱的，我们不兴（在现场）。

（年龄大的和）年轻女娃也要唱嘛。现在女娃在外面打工，就在外面安家，没有什么（人还）在家里结婚的，这下一年年不兴了，娃娃些就（到）外头去了。（现在会唱的年轻人）有倒有，（但）少了。难得在屋头结婚（的年轻人），外面打工（的多）在外面安家。以前奶奶、妈妈都会唱（，基本上每个女的都会唱），（现场）哼两句——

---

① 姊妹，方言，此处指所有兄弟姐妹。
② 带娃娃，意思是帮父母照看年幼的弟弟妹妹。
③ 做田坝活路，方言，指干地里农活。
④ 遗传，意思是传下来的。

一张桌子四个啊方啊，花儿纳吉

……

八双筷呢咡在要九个哟盘啊，在在咡呢

八双筷呢九个要盘哟啊，花儿纳吉

九盘啊九碟要九样好菜啊，在在咡呢

（唱的意思是）九盘九碟端出来，（其他内容）想不得。（再随便哼下，唱，）唱不好了。要大家一起唱——

听啊没得吹吹啊来啊，花儿纳吉

我家活动咡在要接你哟吹啊，在在咡呢

这个就（是）在挖苦男家。（这是）接亲的到了（女方家里），还要挖苦接亲的人。下午晚饭吃了，后头就唱嘛。（接亲的人）不唱。

其他地方酒席也是同样的嘛，这样三四张桌子开始，先就要唱嘛，这些水果、酒哦摆起，就唱嘛。（附近寨子也是这个风俗）要唱嘛。跟到人家学的，他们在唱嘛，跟到他们搭和声唱嘛。那个时候基本上每个女的都会唱，这两年（会唱的）少了。现在娃娃些外头打工就外头安家，就在外面结婚，难得回来，在家里结婚的少。现在寨子里人也少了。（传统婚礼）还有嘛，就是少了。

我在这儿只带娃娃①，（其他）不知道（了）。我在理县已经都要有9年了，一直在理县（帮子女）带娃娃。（当地）现在（唱不唱）不晓得，我都已经（走了）9年多了，可能在唱，不清楚。

① 娃娃，指传承人自己子女的孩子。

第五节 口弦（羌族口弦）

王泽兰——口弦的慰藉与坚韧的人生

名称：口弦（羌族口弦）

级别：第一批省级非物质文化遗产扩展项目名录项目

类别：传统音乐

简介：羌族口弦是羌民族在长期生产劳动、劳作歇气时，羌族妇女一边休憩一边搓麻绳的过程中，发明的一种民间乐器，其音色独特，深受羌族妇女喜爱。

羌族口弦用料较为考究，皆选用羌区当地箭竹制成，口弦长10余厘米，形如笙管中之簧片，两头各凿一小孔，以麻绳系之，后孔连接主管用以保护口弦。口弦音阶与旋律的改变，全凭演奏者扯动麻线的力度和舌头触及簧片的位置以及口形大小、口中气流的强弱而定，故演奏难度大，方法和技巧非常难掌握。

随着社会的发展，羌族原生态生活受到了现代文明的冲击，目前能娴熟制作、演奏这种乐器的人已屈指可数，老一辈中能扯口弦的人为数甚少。作为羌民族独特的乐器，口弦正面临失传的命运。

2009年，经四川省人民政府批准，羌族口弦被列入第一批省级非物质文化遗产扩展项目名录。

传承人：王泽兰，省级非物质文化遗产扩展项目名录项目羌族口弦省级代表性传承人

传承谱系：当地民间传统音乐，无明确传承关系，跟着母亲和寨子中长辈学习。可追溯的有——王世木、彭世清→王泽兰→王安莲

小传

王泽兰，1945年出生，北川青片乡小寨子沟西窝羌寨人。

幼时家境贫寒，读了几年书后在生产队从事各种工作。14岁，即参加北川县组织的演出。

后来，开始当乡人大代表、县人大代表、市人大代表。1996年，开始在家帮子女带孩子。

2008年，王泽兰被命名为羌族口弦省级代表性传承人。

口述

第一部分　追忆往事

一、艰辛童年

我是1945年出生（的）。我老汉儿（有）大小两（老婆），我妈只有我一个女子，二妈还有一个女子，就我们两姊妹。我这个妹妹，从血缘来说我们两个是姊妹，从妈来说，就是两个妈，妹妹叫王泽清，比我小3岁。

原来最早住在那个坡上，（地名）叫庄房，那个地方全是地，粮食好得不得了，我们是（19）68年才搬下来的。

过去，我二妈歪[①]得不得了，就把我两娘母赶到那边坡上住。（小时候）我的家庭贫寒，房子也盖的茅草，天下（雨）了盖的斗篷、蓑衣，你们这一代都没有见过，可能老一点的那种山沟可能见过。盖斗篷啊，穿呢就穿的麻布衫衫，就是那么在过日子。

农业社的时候，挣工分，我做活路做得早啊，9岁就在做活路，评（工分评）得少嘛，一天3分多（工分）都评过。你不去挣工分，哪里来的粮呢。那时间恼火啊，我们这儿山上长的苕子，（以前

西窝羌寨

① 歪，方言，厉害的意思。

是）嫩的就人吃，这哈没得法了，老的也晒干了，压成面面，弄来吃了。没法呢，（我们）才两娘母做呢，现在说起来，可以把我说得哭。到15岁的时候，（我）才挣得到9分。我们妈那个时候也成了瘸子，只有两娘母。

二、自强不息

我读书早了，8岁多啊9岁啊，好远啊，走到那（学校）底下。读了两年多过后，我们妈丢种（下种）、点苞谷呢，别个这么大一条锄头（一不小心）就给我妈的脚挖断了，筋往两边缩，我就没有读成书了。所以（我）没有文化，我有文化，哪里会搞农业啊。过后，生产队买台搅面机，我也搅（面），后头喊我当记分员。就这么，认不到的字，写不起嘛就问别个嘛。

我到绵阳去那年才14岁，喊我唱歌跳舞呢，那个时候就到外面走了，走不赢啊。从这儿走到北川，鞋子都走烂了，下雨也要走呢。去表演，转过去转过来跳那个羌族舞呢，转过去转过来，都在外头。那时候北川文化馆馆长是谢育才，请我们去跳舞。

当了三年多记分员，那个时候领导培养我，十八九岁喊我到那些家头啊，不和的啊，选我为调解委员会（委员），哎呀，我说我哪么得行嘛，我还是尽量按实际来做。

后来，我开始当乡人大代表、县人大代表，（19）91年开始当市人大代表，当了5年。到了1996年，我老公才51岁的时候就去世了，我就啥都没有搞了，就在屋头给他们看家，帮到看孙娃子嘛。

（我）21岁结婚，（我有）4个孩子，俩儿俩女。现在，大的在搞旅游接待，二的这个在北川艺术团，三的这个在这里伙食团煮饭，四的这个在西藏包工程，今年在绵阳想搞旅游。

第二部分　与口弦的不解之缘

一、热爱口弦

我扯口弦，我看到我们妈在扯，我就拿那个割大烟的刀刀呢，只有指拇儿这么宽、斜起这么一个，用那个割来雕。后来读书，老师在讲课啊，我安心想把这个学会，老师在黑板上讲呢，我还是在这儿底下雕这个（口弦）。

我年轻（时）爱唱爱跳，十几岁就要扯（口弦）。（中间又间断过），过后就记得到，后头又来抓这个，又来雕（口弦）嘛。

学，我就是跟到我们妈呢，祖传的。那个时候麦，捡柴啊，割草啊，那个时候哪里有现在这么多人呢？那个时候山上树木多人烟少，看不到个啥，吃盐巴都吃涮涮盐，男娃儿、女娃儿谈恋爱，女娃儿扯口弦，男娃儿就给女娃儿打草鞋。出去捡柴啊、割草

口弦

王泽兰在制作口弦（图片由北川文广新局提供，2006年9月拍摄）

啊，这类事，这哈觉得没事了，柴捡起了就坐到扯，扯口弦的人多了，有的（人）扯得到嘛。

像我们往年子，做活路，累到了，坐到，吃饭了（后）也可以扯。像现在，有客人的时候，唱歌啊，跳舞啊，晚上就可以给人家扯嘛，客人因为没见过。晚上，把口弦扯了，我就给他们唱山歌，但现在毕竟是七十多岁的人了，气息有点不行了。

二、演出经历

我还会扯《社会主义好》。我扯《社会主义好》呢就是我各家（自己想的），晓得不？我就想到这个歌还扯得到，那是（19）64年我到成都学到扯的，到成都去搞汇演嘛，还有平武的，我们北川一共去了九个（人），走到北川，那个时候文化馆馆长是谢育才，九个中间（到成都）去了三个，平武去了六个（人），加上老师，我们一共十个。是成都的邀请我们去嘛，在西南民族学院附近，具体地方记不到了。

口弦演奏（图片由北川文广新局提供，2006 年 9 月拍摄）

我们那年子到北京去展示呢，是哪一年啊，都记不到了，我跟我女子去的，在北京西单那边，那个是五几年修的房子，我那次到北京去，云南有个男的，他就扯这个（口弦），他用了个小蜜蜂扩音器，声音就大。后头我也喊我们娃娃买了个。他那个口弦比（我们）这个笨，他把我的口弦拿了根去。

2001年，我们去了一次（成都）搞宣传。地震这年，我跟我的大儿子也去了一回（成都）发宣传单。（除了成都，）我们（还）去大邑县（表演），还有些地方都记不到了。

三、对口弦的了解

据说呢，我们听到他们老人在传说，说是（有个人）在坡上割草，草割起了，就是我们那儿坡上呢，那儿叫“蒲天”，我们这儿山上的名字都是羌语。（有个人在）这里山上（割草），草割了，背起了，就使劲往前爬，口头喊哎在，后头也说哎在，再爬一哈呢，他又在学你，这哈子他就转去骂（结果啥都没看到），（在地上）就捡了根口弦，铜口弦。就这么一个起根的。

王泽兰现场演奏口弦

口弦，绵阳市这方可能只有我们这一片（有），北川我们这个乡也只有我们这儿（有），我们这儿还有五六个人扯得来。茂县、理县那边有（口弦）。这个羌笛是传男，这个口弦是传女的。我七十多岁，没有看见过男的扯口弦，只有在北京见到过一个云南的男的扯口弦。

这个不比羌笛，口弦就是传女的，有些女娃也不会扯，要下工夫才能学到。一般传下来的，像放羊歌啊，扯的呷米啊，出去放羊子啊、割草啊，老的怎么扯（现在）就这么扯，他们怎么说就怎么扯。

这个（扯口弦）一个人也得行，人再多也得行，但是没有（配）合好呢，想和声就有点难，不那么准确。

我女儿会扯；我有一个孙女，她让我教她，她现在扯得响了。我们这儿我们这么大（年龄）的，有五六个也扯得到，我还是鼓励她们如果能扯就都扯，我说我们晚会场上都可以（表演）。

四、口弦的制作

口弦是用篾片做的，但是有点择篾片啊。这个要精竹，要老竹子，要干。往年子我们这儿没得竹子，这个是在下面找的。

（扯动的）索索，是火麻做的。手足还是有点多啊，这哈子你把它种了过后，长这么大一根，割了，割了要太阳晒，又不能淋雨，淋雨就朽了。晒干了，晒白了又要泡，这哈子才剥，剥了，然后去掉皮质，然后洗麻。洗麻的时候就细得很啊。这个索索就要用麻（搓成细绳）。

它是用这个（索索）把这个（簧片）拉动，这个芯（相当于簧片）在弹（动），调子都是用气息掌握（口腔相当于共鸣腔）。扯这个，就要掌握气息。

这个芯是连着的，是雕刻出来的。我现在这只眼睛盯不到了，就喊我们女婿娃儿在雕。原来我自己雕就慢得很嘛。先把眼眼钻起，一雕不是这儿破就是那儿破——它那个竹子（的纹路）是顺的，雕这个（地方）要转个弯弯，很容易烂，不注意就烂了。

第六章　传统美术

第一节　羌绣

汪国芳——一针一线绣羌情

名称：羌族刺绣

级别：第二批国家级非物质文化遗产名录项目

类别：传统美术

简介：据说，古代战事中羌族妇女在送男子出征作战前，为了标记自己家人和部落成员，便在麻布上用黑色毛线编织符号或图案。这便是羌绣雏形。

明清时期，随着棉纺织业的发展，棉布在民间逐渐取代麻布成为主要衣料，进而从物质基础上促进了刺绣挑花的发展。这时，刺绣在羌族地区极为普及盛行，出现了“羌家羌绣千家绣”。

过去，羌家姑娘从十二三岁时就要开始由年长者口传心授，学习这门伴随自己一生的技艺。她们常在农闲时，纺线、织麻布、织毡子和挑花、刺绣，正所谓“一学剪，二学裁，三学挑花绣布鞋”。久经磨练，挑花刺绣已然成了羌家姑娘们的拿手绝活，她们既不打样，也不画线、绘图，仅以五色丝线或锦线，全凭娴熟的技巧，便可信手挑绣成极具民族特色、绚丽多彩的绣品。

羌族刺绣内容取材以自然界中万事万物为主，如日月星辰、动物、植物，还有一些传统吉祥图案、几何纹样，但鲜有人物形象。其中，“缠枝牡丹”象征富贵连绵，“羊角花”象征婚姻爱情，“火盆花”寓意人丁兴旺等。而夸张、变形、概括、象征等手法常运用于羌族刺绣之中，寄托着羌族女子对生活的热爱以及对美和幸福的追求。

其色彩搭配，早期多用棉线素色刺挑，如在黑蓝底布上用白线挑花。后来，多用对比强烈的多色彩线配色，其中红蓝色为羌族女子所偏爱。她们对色彩的运用熟练自如，或浓烈绚丽，或明快雅丽，总给人以爽直、奔放、乐观自由的感觉。

羌族女子按照自己对自然、生活的理解绣出纹样，将实用目的与审美情趣相结合，倾注自己真挚的情感，使羌绣手工艺品焕发出一种独具羌民族特色的综合性艺术魅力。

2008年，经国务院批准，羌族刺绣被列入第二批国家级非物质文化遗产名录。

传承人：汪国芳，国家级非物质文化遗产名录项目羌族刺绣国家级代表性传承人

传承谱系：汪玉花（其母）→汪国芳

小传

汪国芳，1935年出生于汶川县绵虒镇羌锋村。

七八岁开始跟随精通羌绣的母亲汪玉花学习羌绣和服饰，从小就喜爱羌绣工艺。

十几岁参加工作，最早在粮食部门工作，1956年到民干校学习， 1960—1962年又到四川民族学院学习。1989年退休。

2009年，汪国芳被命名为国家级非物质文化遗产项目“羌族刺绣”国家级代表性传承人。

口述

第一部分　人生经历

一、平凡的人生

汪国芳穿上自己绣制的服装

小的时间，七八岁就放牛放羊子、放牛，布买不起，就找点就烂布巾巾呀，整点线，就学这些，挑花、做鞋子啊这些。

十几岁了，我就出去了，参加工作了。等于那（时候）收民干，就去参加工作去了。参加工作去了呢，等于（我）文化又没得，字也认不到，书也没读过，这样子才去读民干校呀，这样子去学了一点文化。民干校是（19）57年去的，出来又工作了一下，实在没得文化，恼火[①]，又在民族学院去学了一哈。（19）60年去的民院，（那时）生活紧张，我学了两年，62级（1962年）毕业的。

（读完书一直）在粮食部门工作，一直在粮站管票证，一直搞到（19）89年退休。

二、妈妈的手艺

（我）七八岁呀就开始接触（羌绣）了。我就是这儿寨子上的人，妈妈会羌绣，做衣服都会。等于七八岁的时

① 恼火，方言，这里指没有文化，很难开展工作。

汪国芳羌绣作品

候就接触，妈妈在做，就跟到她学的，妈妈就教我，咋个做针法呀这些，教了这些过后呢，慢慢慢慢就学会了，就这样子学的。（这里的老年人）基本上都还是会（绣羌绣）的，但还是有不会的。

以前穿的衣服，你想我们这里头，交通又不好，到外头买又没得钱，所以都要自己做，做麻布衣服呀布衣服呀这些，布买回来了自己缝起。你像我这些衣服，都是我自己缝的，就没得妈妈（缝制的）那么巴适，她缝得巴适得很。这儿（有人）结婚呀很做一点（衣服），我妈妈给她们。（那个时候）基本上这寨子上（有人）要结婚了就请她了，又没得工钱，就喊她做，她就做一下。妈妈爱帮忙得很。（在这里边她做得算是）比较好的啦。等于后头这儿解放了呢，她绣了个桌帕，拿到省里面去，得了一等奖。（19）59年，总还是在五几年，那会我都出去工作了，那哈儿我在粮食局头（工作），她的（绣品）都评了一等奖。这个州里面，州文化局的文化志里头有我妈妈的名字，汪玉花①，进入了那个州文化志。

妈妈，这寨子这么多人里头她是（针线活）比较好的一个，我就在她手上学了一点。学得不多，学了一点过后，十几岁了，我就出去了，参加工作了。后头参加工作了，这中间就断了，没有做（羌绣）了。

三、承前与启后

反正这个（羌绣）学会了就没有忘，但是一直没有咋个做。这儿退休了，我又开始做了。开始看不到，我就做这个洞洞布，做了一点，壁挂喽，做了一些十字绣咯，我那儿屋头做的十字绣都有，大幅的，我都做了一点，退休了过后就做。

现在才有这种子布，比较粗一点，比平布又要稍微粗一点，他们拿回来的，我又买了这些，又开始挑围腰，等于这种子是妈妈的那个样样，这高头扣的满襟围腰，我又给我那些女子②些，一家给她们挑一张。（挑一张围腰）要一点时间哦，那个大概要个半年啊，（满襟围腰）很挑了一点，看不

① 1959年7月，汶川县汪玉花的挑花围腰《幸福海洋》送成都参展，获省工艺美术品展览一等奖。
② 女子，方言，指女儿，有时也包括与女儿同辈的女生。

到了噻，眼睛没得好好了就慢了点，就这个短的这个，彩色的这个今年（挑）起，这么一张都还没有完成。等于我还要煮饭，一会儿又要做这个那个的，空了一点儿时间我就赶快做一下，再不做看不到了嘛，80多了哇，慢慢慢慢就恼火了噻。

上班时间就做不成，后头又带了娃娃。那退休了哦，我就又开始做，还是很做了一点。（这十多年）做得有点多。就那个"家和万事兴"我都做了五六个啊六七个，就我们侄女子啊，弟媳妇，一家挑了一个，一家送一个，"家和万事兴"嘛，裱起来，等于它这个字有意思嘛。就这样挑出来送给他们嘛。其他的呢，我就羌族的鞋子啊、花鞋啊做一些这些。

第二部分　薪火相传

跟到我学的，我在高头[①]，威州镇那儿我给他们上过课，给他们去讲过，教他们做。还有这个一小[②]，就是我们女子也在那儿教书，他们两个老师等于是课外要做一个手工。第一小学，这样子我就去了，去教了他们两个学期哇三个学期啊，教他们挑，一次就是20多个学生，小娃娃些还容易学一点。效果还是可以啊，后来他们做出来过后裱出来了，等于他们现在没有拿出来展览，他们还要做个啥子，他们就没有拿出来展。头回子[③]，民大的两个老师来了，听他们说要看一下，我呢就不晓得他们（为啥）不拿给人家看。他们现在都还在继续办，后来我去了几学期，等于我后来年纪有点大了，他们就没有喊了。他们那儿一个星期一节课，但是一节课又不了（只）一节课，有一个多钟头，我就去了，去了过后，后头他们校长说要给点钱，我就没有要，等于我是国家级的，我就说不要钱，我就义务地来教一下这些学生，等于以后（年轻一代）不学了，害怕失传了。从小娃娃抓起来，从小娃娃教起来，学会了就对了，他们现在都还在办，前头一批（绣品）我看到他们裱出来了。

（除了专门为传承而做外）市场的（也）有人做，这次他们民大要创意要弄出去，还是有人做，我没咋个（关注）。我呢只能教他们咋个挑法，针法，等于你针法不会的话，那么你挑出来的东西和这底下（背面）就不一样了，这底下。你如果会针法嘛，你看嘛，底下是齐齐整整的，你如果不会针法的话，底下是乱的，十字架啊，咋个整啊，底下就不好看。所以，这个我就教了他们一下针法，先教针法，咋个做，你不是（这样做）弄出来就不好看。

有些（人）就是要（主动）来学，他们要说做啥子花，我就给他们说嘛，要咋个做。（年轻的也）有找我学的，就是威州镇那儿，他们办学习班，就来找我，（我就）给他们去教哈子。他只要说了，我就要去教，我没有讲要什么报酬。只要我会，能够教，我就教嘛。等于我们现在都已经老了，再不教再不做就害怕失传，我意思就这样子。

---

① 高头，方言，上面。

② 一小，汶川县第一小学。

③ 头回子，方言，前不久。

第三部分　理解羌绣

一、羌绣的针法

（挑这种花）主要是围腰、花包包这些，还有围腰帕带带、飘带这些。现在整个来说呢，喊的这个是十字绣，但是我们羌族说的呢这个就是“架花”。哦，它是十字架的，一针一针架起在。以前我们一直就几千年好多年都弄下来，一直都是这种子的，全部是喊的“架花”。花里头有几种，有架花，有撇花，还有钩花。

花的这种子，有几种做法，钩花，有撇花，有架花，有套的、套起的，哦（还有）套花。等于它这个针法不一样。你这个整个这个大团团一团花啊，你会做的人，只要一种线的话，只有一两个疙瘩，起头有一个疙瘩，整个这一团完了、挑完了，最后在这儿杀角[①]，这个就叫架花。（其他还）有几种说法，各人的特色不一样。

（除了）架花、撇花、套的，那个钩花，还有个扎花。扎的呢，这儿这个就叫扎花（展示）。鞋子高头，先把纸剪了过后呢，粘贴到那个布高头，就缝起来，这个就叫扎花。（这个有）五六种针法，做法。带子上有织花，花带子这个是织的，牵起线过后织的。都不一样，你想做哪一样，那你就做那一样。

二、羌绣的花纹

以前，我们就不晓得花纹要说啥子呀，喊啥子啊，取名字呀这些不晓得，就是说哪个好看，就把它挑了，等于自己打扮自己一样。等于你买不起其他嘛，人家外头、川西坝子那些，汉族人家弄的，以前啥子绸子衣服呀弄起，我们这儿山里头啥子（都）弄不成，就各人衣服高头花那些做起，就好看了。哦，（也不晓得花纹叫啥子）只要好看就做起了，衣服高头啊，围腰帕啊。（小的时候）看到的就这些。这个就要比较老一些。这个，妈妈的这个，比较老一点。

汪国芳珍藏的母亲汪玉花遗作

哦，我都尽量在做她做的、以前做的，有些我都想不起了，有些想了好久才能想起来，想起来就把它做起来噻。等于你不做，慢慢害怕失传了。这些就做一点，我都没有卖过，做了都没有卖。等于搁[②]到那儿嘛，以后，慢慢儿没得好多人做了，你又拿来做样样嘛。所以他们说要买呀这些，我都没有卖过。

① 杀角，方言，结束。
② 搁，方言，放的意思。

三、羌绣的特点

汪国芳母亲汪玉花挑绣作品——满襟围腰

（羌绣的）特点就是，我们这儿绵虒的呢，羌锋的这个羌绣，等于看起这个团团小，就像坐拢一堆一样，大家都挤拢，巴巴适适[①]的，一团一团，巴巴适适的。不像其他有些地方，不一样，他们那个就撒开起在，本来就一团花，这么大一点，她就弄得多大，等于一个围腰都（布）满了。我们这儿羌锋就一坨，你看嘛，就一坨，很小，就没得那么，我们那种说法就叫没得那么章巴[②]嘛。其他（地方的）就不一样，你上去嘛，以后看萝卜寨啊、龙溪都不一样，我们的花跟他们不一样，他们的就比较满，比较撒开在，撒得开。我们这儿跟草坡的有点相像，龙溪和雁门的就跟我们不一样，就这种子。

第四部分　汪友伦对于羌绣图案的补充介绍

按：汪有伦是汪国芳的丈夫（具体见汪有伦的口述部分），退休前多年任汶川县文化馆馆长，对羌绣有较为深入的研究。汪有伦对羌绣的主要图案进行了补充介绍。

我在文化馆工作，很早就开始对羌绣（进行）研究，对它的形成（和历史演变），我晓得（的）比她（汪国芳）多一点。历史上，羌族自己没得文字，因此（必定）需要一种图案来反映这个民族的文化、历史，（那么这些）很多就在羌绣上反映出来。尤其是羌族的女娃儿，以前不准读书，她（们）的聪明才智从哪里反映出来呢，就通过挑花刺绣各种图案，穿在身上，来装饰自己的美。

（羌绣很精美，比如以这个红色线为主的绣品）以这个图案为例，中间这个是圆菊花，普通话读“菊花”，有些属于尖菊花，圆菊花放到中间，它反映的含义就更好。围到它来转这些设计，中间这个呢，它反映一种文化，中华民族一个大的民族，但是它各个民族围绕中间，核心是听中央的话。周围这些它有些是属于桃子，有些是属于石榴，有些是属于八瓣花，类似八瓣花，像这个好像是桃子，还有些像杉枝，杉枝杉树丫丫，有些是尖菊花。反正就是大自然里头，等于她在这个大自然看到

① 巴巴适适，方言，齐整美观。
② 章巴，方言，意思是说一个人比较毛糙。

的花，能够反映她（的）一种心态，能够挑绣到这个高头，组成一个互相对称的适合的纹样，她就尽量反映绣到上面。这个叫吊吊花，它等于一团一团吊起的，属于边花，配合中心。这个是狮子，它中间这个圆的，属于双狮滚绣球，寓意是吉祥如意，反映女娃儿的心态。但实际上含义是比较深的，（这个蓝底白线的）作品送到北京民族文化宫展出，当时他们看到这个图是很惊讶。这个图从我文化研究（角度）看，它是属于敦煌莫高窟高头天花板上一个藻井的一种，你看嘛，它一层一层一层，在羌绣后头解释是属于“围城十八”。十八，就是十八个城墙把中央围到，保护中央这意思，实际上数下来只有七八层。大概是八几年还是九几年，阿坝州出过一本叫羌绣的图集，（我那本在）地震中（遗失了），在图书馆里有阿坝州出的（有关）羌绣（的书），里头的文字说明是我写的，这在附记里能查到。

（下面介绍的是汪国芳母亲的遗作，图见前）

（中间）这个“卍”符号啊，整得不好[①]这可能真是羌族的一种原始符号，因为这个符号啊，叫“风车车”，我们说的。“风车车”绣在中间这呢，它实际上是中央的位置。当然，羌族以这个符号代表“五”，如果你是蒙到或是底下这个一笔拉长，老年人说是这个表示一二三四五的“五”，因为我也感到这是属于羌族文化里头比较深的含义。

（下面）这个是金瓜花，你看嘛，四个，这个是蝴蝶，中间尖菊花这么围到，比起高头的它又比较次要的属于一种补充，边上几个蝴蝶，飞起的（样子）。

（上面）这个属于寿字图，比如这个寿，下面设计了个大蝴蝶，但是这个实际上相当于蝴蝶的纹样变化，其实就是生命在运动中不断朝前发展，蝴蝶飞的（样子），等于是女娃儿的一种心态从图案上反映（出来）。两边属于蝙蝠还是两个桃子哦，说不清楚，但是两边是两个盆盆花，中间也是一个八瓣花，这个八瓣花属于一个尖菊，有寿字的感觉和“风车车”的形象。

但这个属于是穷人，富人（上面这个“寿”字）一定是银子做的，穷人只好用这种布（绣），自己盘一个线来表示一下。（上部、中间之间有一条锯齿状的绣花）这个他们喊的锯齿纹，本地人喊的鸡牙齿，这个属于钩花又不是一针一针绣的，这后面就有很多其他针法。（中间围腰篼中部绣花下面有一条绣花）绣花这个是回纹，又叫干钵边，干钵就是一种土陶上的花纹，围到转一圈。

这一幅（羌绣作品）是比较古老的。

① 整得不好，方言，意为“搞不好”“说不定”。

李兴秀——生计，事业，羌绣梦

名称：羌族刺绣

级别：第二批国家级非物质文化遗产名录项目

类别：传统美术

简介：见汪国芳部分介绍。

传承人：李兴秀，国家级非物质文化遗产名录项目羌族刺绣省级代表性传承人

传承谱系：当地妇女普遍都会的手艺，无明确传承关系，跟着家中长辈学习

小传

李兴秀，1961年出生于四川省茂县松坪沟乡。在较场区读初中，因家庭困难，高中读完一学期后辍学，回村务农。

1979年，18岁时回村里小学担任民办教师。

1980年结婚后，育有三个子女。

1990年起在北川各乡镇摆摊画绣样谋生。

1993年起开店，店名叫羌寨绣庄。

2004年，成立四川羌寨绣庄有限责任公司，以羌族服饰和工艺品为主要经营范围，承接各种订单。

自2006年起，就开始对外讲授羌绣。2007年和2008年，一直在阿坝州红叶职业技能培训学校讲授羌绣。2007年，牵头成立阿坝州羌族刺绣协会，致力于羌绣的推广、培训和技艺的总结提升。羌族刺绣协会成立后，就利用协会里培训羌绣师资。

2010年，参与编写羌绣教科书，负责撰写其中主要的针法部分和精品赏析，将每一个针法都用口诀形式写下来，以便于理解和记诵。

2014年，为弘扬羌绣艺术，先后注册成立阿坝州兴秀职能技术培训学校、阿坝州羌绣技能鉴定站、茂县兴秀手工艺文化农民专业合作社、四川兴秀藏羌工艺文化发展有限公司。

口述

李兴秀说：

——我就自己劝自己，李兴秀你自己家庭又这么困难，又拖儿带母的在外面吃苦耐劳的，还是好生要珍惜，你看哈人家（那么辛苦），自己心头就这么在想，人家好苦好累哦，我好幸福了，继续坚持吧，就要走这个路。

——我犯了一大错误，我就说这个毛线绣起嘛肯定马上就绣得起，快得很哈，性子又急，我就去买一些不同颜色的毛线就来绣，现在这个毛线都还打不掉。

——“5·12”地震的时候，我就一下想起，一个人的一双手，可以养活那么多人。

第一部分　谋生到梦想

一、民办教师经历

（我）1961年出生，家住茂县松坪沟乡火鸡寨，（那儿）原来是半农半牧，现在退耕还林了，大部分都是牧区了。小时候就放羊子嘛扯猪草啊，小学就在松坪乡读，然后初中在较场，就是现在叠溪镇，原来（是）较场区。然后高中读了一学期就没读了，因为家庭那么困难，我就让妹妹去读，我就回到农村务农。我十八岁，我妈妈就病了，就去世了。

我去当民师，教小学，在二八溪村教几年，又在中心学校教了几年，（总共）教了八年书，1990年之前都在教书。那个时候工资太低了，一个月八元钱，然后就不能养活一家人嘛。家庭也不是很好过，当时家里一共五个人，连老公一起五个。就是（19）80年结的婚，（19）82年就带小孩了，（有）三个娃娃，两个儿子一个女子。家庭困难啊，就没有教书了嘛。

那个时候，老公还是务农，开拖拉机啊那些，又不管屋头，只是我自己一边要干农活，要带娃娃，要教书，就太苦了，弄不下来，然后我心想务农还单纯点嘛，教书还要备课啊，占很多时间。后来我就离了婚。

然后（1990年）我就辞职，辞职了就出来画花，就自己找生路，然后就一直带起几个娃娃在外面，做这个羌绣。当时都不敢在县城、本地画花，人家有些要议论你，不好意思嘛，原来再早都是换工，她帮我薅草，我帮她画个花样就换工嘛，没得那个（其他活路就拿这个）挣钱。（然后）就在北川啊，就跨县这么去挣钱，挨到北川的东兴（乡）去画花，维持生活，画这么大一张花（样）就挣得到一毛钱，那个时候她们绣不来（我）就给她们指点一下，咋个咋个绣，也不晓得怎样去教徒弟。

我们大姐、二姐、三姐，我们八姊妹，六个女子，我就跟到我们姐姐，我看到她们在，绣也藏着在绣。读书的时候，老师在讲（课）我在桌子底下画，（老师）还让我站起来（接）受批评。站起来问我在做啥子，我也不说，老师就在我抽抽[1]里搜到本子跟圆珠笔，然后问我画的啥子，（我还记

① 抽抽，方言，“抽屉”的意思。

得）那个张老师还说我画得好，最后没有受批评。（张老师）还要给那些同学看一哈，（说）你看她在底下做些小动作，画了这么好的画，那你就大起胆子画噻。爱得很，我爱这一行，所以说这一辈子丢不掉呢。

二、走乡串镇谋生计

我现在在培训期间，我都要跟那些学员讲，我们这些（20世纪）60年代出生的人，那个时候生活紧张，一个劳动日投得到7分工，挣工分嘛。最开始在屋头[①]挣工分，一天挣得到七分八分。教书还是挣工分的嘛，一个劳动日我们那儿还是算投得高了，三角多，一个劳动日投三角多。其他地方还比松坪沟恼火[②]，一个劳动日投一角、两角多的，这样子有些好多（时候）到了年底净是超支。然后我就出去画花呢，一天还挣得到八九角、一块多：我就画十五张（花样），去住到那些店店头，歇一晚上一块钱，除了这个住店的，还有五角钱，就把自己的生活打得开（了）。那个时候（娃娃）甩到屋里在，最后就都带到我自己身边，逐步逐步一双手就可以供养四口人的嘴巴。

我（19）90年、（19）91年、（19）92年这几年都在土门（乡）[③]，在北川跟茂县交界的地方嘛，在北川的马槽（乡）、白什（乡）、青片乡那些地方赶场画花，就在北川县城（乡镇）啊，那里在逢场，他们那儿兴逢场嘛，就赶场，今天赶这场、明天赶那场，钱就可以就挣得多一点，就养得活生活了。我在土门那边绣了（绣品），因为那边没得旅游景点，就拿到叠溪镇（来卖）。（那时候）赶车坐车都要坐伐木的，就是拉木头的车子，他还不得搭你，就坐在木头高头，那个木头车子就一跳一跳的，多危险的。

（我在那儿之后就）开始绣点衣服啊绣点这个绣品、旅游品这些。那个时候我们那个叠溪镇有个旅游景点，国外（来游玩）的人也多得很，我就把那个叠溪海子[④]呢画下来，有个神龟，在海子里往回游呢，那个有个山哈，是一个（山）包，有点像乌龟，我就把它画下来，我就绣个40乘50公分这么大的作品，我才绣一个星期，拿到旅游景点去，就有人要买：“哎，你这个要卖不卖？”我说要卖。他问我要卖好多[⑤]呢，我说不晓得，又从来没把这个作品拿去卖过钱的，我说绣一块看绣得

凭一双手养活四口人

① 屋头，方言，“家里”的意思。
② 恼火，方言，此处是“困难、辛苦”的意思。
③ 土门乡，位于四川茂县东部，东与东兴接壤，西与富顺乡接壤，南以鸡公岭山脊与绵竹安县分界，北与北川为邻。
④ 叠溪海子，是四川省级风景名胜区，位于中国最大的羌族聚居地阿坝藏族羌族自治州茂县境内，地处岷江上游岷山脚下，是世界自然遗产九寨沟、黄龙旅游沿线一道独特的风景线。
⑤ 好多，方言，“多少”的意思。

好不好，然后就绣了一块，给好多算好多。然后呢他说60块钱可不可以嘛。哦，把我吓一跳，好大个家[①]哦。那个时候我一天挣一块多钱，可以说一个星期就十来块钱，他（一张绣品）给我60块钱，好吓人哦，然后我就说哎呀太好了嘛，马上就交给他（了）。交给他我还没有转身呢，这边上有个外国人买，（那人就卖了）360块钱，我就说我那个60块钱都确实值得了，他卖360块是他的本事，我不管你卖好多。他说你看我就这样子赚钱了，这样子甩两哈，你还绣不绣。我说要绣，长期都要绣，因为我要养家糊口就要做噻。他说你绣嘛，（原来他）是旅游景点管理人员。

我回去了呢又找了这么小个剪刀，没得案子没得桌子，啥子都没得就在床上剪呢，又把铺盖面子都剪烂了，然后就这边又裁了一件长衣服，又绣起（花）点缀了袖口和前面。我拿起去问他，要不要这件衣服，（他说）还可以呢，就又收到起。他说卖好多钱呢，（我说）不晓得，你自己给好多我要好多。他说我还是给你给60块钱嘛，（然后我）又卖给他，然后就有120块钱了。天啊，我挣几年（也没得这么多），这样（就）有家底子了。

然后他就说，你可以长期这样子地跟我绣。我说对。这儿不就是找到自己长期的生路了。在那边画花，我一天可以挣到一块多钱，然后再抽空时间来绣，绣了拿到这边来交给他们推销，然后就可以养家糊口了噻，一家人就可以生活起来了。

三、带上徒弟讨生活

后来我就去注册了一个羌寨绣庄店的个体户，（工商所的）说有一台缝纫机一个月就要去上税，你就要去交70块钱。我那个时候一个月还是挣得到一百多块钱，然后去上税70块钱。（再到）最后呢（他们）又给我免了税了。

工商所的人说，你这个还有点新鲜。原先土门那边工商所的（还）给我写（了）一道红纸铺在桌子上，喊我打个广告，我说太不好意思了，最后他们说，哎呀（反正）你这个还挣得到钱。

（有个，）硬是七八十岁牙巴[②]都老缺了的，牙巴张起看我画剪纸、画花、手工缝衣服。然后他问你教不教徒弟呢，我说我没教过徒弟，我只教过（小）学生。我说这个在社会上肯定招不到（学生），（难不成）画花都可以教徒弟。他说不怕的，然后（就将）有些十三四岁读不起书（的娃娃），牵到我这儿来。我又咋个教都不晓得，我现在教农村妇女就是按（那

李兴秀一直珍藏着“羌寨绣庄”这块招牌

① 好大个家，方言，意为“好大的家当”，意思是给的价钱很高。
② 牙巴，方言，牙齿。

时的）程序在教。（学生）学得懂记得牢，就（是）教他们写“2”，写z、c、s的“s”，然后就画叶片，左边的叶片、右边的叶片；（然后再画）枝干，左边的枝干右边的枝干；花瓣又可以用“2”组合，（就是）跟那个z、c、s的“s”，一哈就组合起来了。然后就把他们教会了。（他们）画了好多好多自己拿回家，那些家长还说教得好教得好，在（土门）那儿三年，就教了六个女子。

教了六个后，最后我说我要把我这些徒弟引起[①]走，我们有伴儿，胆子大一点嘛，我们就在青片、白什去画，摆一排排板凳，坐在地下。那个时候都困难，恼火得很，生活紧张。北川的马槽乡、白什乡、青片乡、中兴乡（，我们）到处都跑遍了。那些人要画一个围腰子包包，画一个围腰，就教那些徒弟一边就实践了，光是在我那个本子上画不行，要在布上面画。（我）教他们，就给他们指点，他们就坐在地下画。（这样）就把（我们七个人加一个娃娃的）生活都打得开。最后有一点赚的，就一个月给一个徒弟十多块钱。这样子慢慢我们又挣得到两百多了，后头就挣得到三百多块钱一个月，后头又挣得到四百多、五百多，逐步逐步就挣得到钱了嘛。

那个时候，没有想到这个是个文化，哪个晓得呢！只想得到是能够养家糊口嘛。然后就走村，走遍那些（村子）。还有最大的感受就是啥子呢？我在土门，我还可以每天安安静静的，日不晒雨不淋，就在这旅馆里面坐到起，我就可以增收了。然后，其他那些农民下坡背一背粪，走拢河坝又从对门那个山上背上去，然后回来的时候都没有空背篼回来，砍那些毛根儿柴，从山上背下来。我就在河这边就看得到，回来啊我就看到他们都是累憨到了的，我就自己劝自己，李兴秀你自己家庭又这么困难，又拖儿带母的在外面吃苦耐劳的，还是好生要珍惜，你看哈人家（那么辛苦）。自己心头就这么在想，人家好苦好累哦，我好幸福了，继续坚持吧，就要走这个路。我就在土门那边带起徒弟到处走，自己一家人也养得活，又考虑到其他那些农村妇女、小伙子挣工分还是苦、累，我肯定要坚持把这条路走下去，这么轻松又挣得到钱，又能够养活一家人的生活。就（这样）干了这么多年。

四、带着羌绣闯世界

（我）就自己找生路，一直带起几个娃娃在外面，做这个羌绣。那个时候又不兴羌绣（这）两个字，彝族绣的东西就是彝绣，苗族绣的这个作品就是苗绣，羌族咋个不可以叫个羌绣呢，我就取个（名字叫）“羌绣”。

1993年下半年，我就胆子有点大了嘛，就到茂县县城来，摆个摊摊。那边有个算命婆婆那儿，（在她那儿）租了一格格房子，就这么小个门，就可以写个“羌寨绣庄”几个字。（屋子）里头多窄，我就（在）床上做案子、裁衣服、画花，床底下就四娘母[②]嘛，就睡这个案子底下，就（这样）睡了三年。那个时候就是这样生活过来。生活过来呢，好撇[③]嘛越做越有兴趣，就去买了个熨斗买了个剪刀，又买了个脚踏的缝纫机，然后就慢慢来打，慢慢来画。（要取个名字）我取不来，（就）喊民族中学的一个王老师帮我取个名称。我说我要摆个摊摊你给我取个名称呢，我说要带羌字要带绣字

① 引起，方言，带着的意思。

② 娘母，方言，“娘母”意为“母亲和孩子”。

③ 撇，方言，“撇”意为“差劲、糟糕”，好撇。好歹。

的，他说那就羌寨绣庄嘛，然后就取了个“羌寨绣庄店”。（然后）我就在红布上面绣了一个“羌寨绣庄”，绣下来就挂起，刚刚跟门一样宽，挂起就摆点小摊摊啊。

李兴秀作品

（我在）1993年注册了个体户，慢慢慢慢地启动。那个时候我就教了十多个徒弟了，这边（还有）好多人都要来学，（我还把）我们松坪沟那些带起下来学，这个路子果真还是走得对。既然有人来学，证明就有点好，是不是啊？

2002年，去了成都那个旅游商品协会，他们就喊我去那儿底下去参展，参展呢就给我发了个证书。然后荷兰（来的人）就买了我们的东西，然后他下了一批订单，（这）都是四川电视台给我牵的头，然后就给他们做了一批羌绣的东西拿到国外去了。那个时候，拿一批（羌绣作品到 ）国外去之后，就接到订了几批订单，逐步逐步地，我这这么多人都可以生存下来了。

（大概2003年）就在成都天府广场呢，（我们）把每一个片区的服饰设计好，做了一批，请些人穿起服装到天府广场去展演嘛。我觉得这个还能够值得发展，不但把我们的羌绣体现出来了，而且把羌民族的服饰也做得更美观大方、大气、豪华一点，不像原来净是麻布、棉布，（连）棉布都是平布嘛，都没得钱去买那些东西。（以前）劳动一年才挣得到一丈布匹，那个时候是布票，发（了）票才扯得到那么一丈布，一年才穿得到一件衣服。有些大人还穿不到，你衣服裁长了还不够，还裁得短短的，（像）我妈她们又不画线又不打样，就在这个布上面凭手，就这样凭心里面想起的在绣。（她们）净是用丝线的嘛，好能干嘛。那个时候又没得笔，她用指甲掐一个印子就开始做绣了。

2002年的时候，我还去了一趟北京，参加中国首届民间艺术高层论坛，四川只去了两人，我跟到一个搞蜀绣的去的。（心想，）我们那些东西拿到北京去展，这个才硬是丢分儿了，看到人家陕西咯江苏那些人的绣品好漂亮哦，然后又是写的字画，十几米的字画裹起筒筒拉在那儿，我们好羡慕哦。我就穿的长衣服嘛，去了看到各个地方的人多得很，那一次全国是三百多个人，净是逢人碰到都问“你是贵州的吗，你是云南的吗”？咋个没得人说个四川的嘛。还说你是啥子族，是苗（族、）彝族？也没得人说个羌族。我跟他们解释不清楚。最后有个（搞）蜀绣（的叫）冯玉英，现在我们还是好朋友，她说李兴秀，来，把你那个羌绣拿起跟到我，然后我就把我的羌绣给她，我们就牵起来展一哈，然后就牵起在台子上展一哈，然后我就给他们介绍，我是来自于四川阿坝州茂县，我是羌族，不是其他族，羌族是一个民族，我们羌族的绣就是羌绣，这样子是绣起出来的，这个没得你们好，我说要向你们学习。去展了一次，就给了我个证书在那里。

那儿回来又促进了自己，看到别人的东西那么好，我就说我们为啥子不得做精做大呢，然后从那儿开始向人家学习，自己能够画的就尽量把自己心里的记忆体现出来，然后有这么一个天分、一个天意，我就心里面想到这个山长相是咋个画的，原来我画叠溪那个神龟回游，我拿那个笔，描不来，只有拿实线体把它直接就画起来了。我们老三这个女子呢，从小我就把她带到起，就把她教会（羌绣）了，我还把她弄到苏州去学过，蜀绣也学过。我就学的传统的东西，她就把传统的和现代的、把其他民族和我们羌绣（的结合起来，）所以才绣得到那么精。

五、梦想不断成长

按：只有不断在挫折中前进，在反思中提升，才能不断提高，李兴秀说："我犯了一大错误，我就说这个毛线绣起嘛肯定马上就绣得起，快得很哈，性子又急，我就去买一些不同颜色的毛线就来绣，（到）现在这个毛线都还打不掉。"现在，李兴秀正在引导人们将羌绣做精做细。

（在2004年以前的时候，我摆）小摊摊在五老婆婆那个房子那儿（又做了）一年；那个房子拆了，我又住到保健站，保健站有个二层楼嘛，（在）那儿里面就做了两年；然后我又住到水巷子这儿，又做了一年多；又住到廖家的房子做了一年；然后又住到中心市场楼上，中心市场楼上都移了三哈铺面；那儿租（给别人）了，又在城门洞租房子；城门洞租了，又在大桥旅馆楼上；大桥旅馆楼上租了，又到五金社楼底下，五金社底下又租了。那儿工人就多了，那个时候身边就带了十多个工人。一个月一个工人达得到三百多块钱的工资了，搭伙求财嘛，一起做了就一起分钱，就这样子。

就在五金社那儿，最后2004年我就注册一个四川羌寨绣庄有限责任公司，我就说光是建立一个公司，没有其他的人，这个公司咋个发展得起来呢。

（成立）这个公司时，工商三天就去给我搞定了，就是把这个等等证书了、工商营业执照咯、税务登记咯，就几哈给我注册了，我还在梦中过日子样的。然后，九寨沟有一个旅游发展大会，那儿就订了三百多套衣服，就加班加点带起这些人做，这个一个月就挣了九万块钱，这儿（公司）就活起来了，就是2004年。注册公司那个时候就有接近二十个人（干），后来就逐步逐步就把队伍扩大了。

我就一边打衣服一边教他们裁、教他们画、教他们绣、教他们打，慢慢就把这个羌族服饰（做起来）。我自己设计不好，我又去把原来我在读书的时候，我们家婆[①]给我的一件老衣服拿起，它（是）我们家婆的上一代结婚的嫁妆，起码有一百多年（历史）了，（拿）出来穿了几哈就穿化了。我就回忆一下，哦原来再早就是用丝线绣的，中途呢我犯了一大错误，（那时）都是五分钱一扣的丝线，我就说这个毛线绣起嘛肯定马上就绣得起，快得很哈，性子又急，我就去买些（有）颜色（的）毛线就来绣，（到）现在这个毛线都还打不掉，（后来）我（只好）又带起头把他们挽回来，重新用丝线来绣。现在就这样，也很多坚持用毛线绣的，（但）现在（我）培训（时）就全部在用丝线教她们。

公司经营的时候，当地人就要买服装（和）那些配饰，原先有些打了银子呢，就把银子样子取下来，（照着）把它弄成绣的工艺品，这样慢慢（羌）绣的工艺品旅游的（地方）也在卖。然后就设

① 家婆，方言，外婆。

计些工艺品、服装，再设计些绣品，我就拿四根棒棒把头头拿线缠着，拿麻索索铁丝把它缠着，然后就把那个绣品绷在框框上，把它绷起。我有一次参加旅游商品大赛的时候，就是用麻索索缠的，里面绣的熊猫（和）花，还得（了）奖。要想高档一点呢，学习人家其他的绣品，想装在框框里面呢，我们这儿又没得人裱，又请木匠来做个框框，用针把它挑到框框上面拿来框起。啥子我都肯动脑壳[①]，我爱去创新，就这样过一辈子的。

在地震之前，（20）06年、（20）07年那个时候，（我们）耍是耍[②]，（但有时候）要加工到晚上四点五点，就在案子上把布拉过来睡一觉，起来又（继续）做。工人些，都高兴呢，二十多个工人。有些时候我们在加班，她们老公在案子底下睡得扯扑汗[③]，都要等到她们回去。

2008年，汶川地震的时候，我们公司一个人都没有受伤，也没有其他啥子（损失）。地震过后呢就一个月打不通电话，到六月份（才）打得通电话。（我在成都）锦里（有）两个耍得好的老师，（一直）喊李兴秀李老师你快出来，我们要帮助你。后来，我把自己的作品背起，我第一个出去就带了一个女子，坐了三天三夜的车子从夹金山翻山绕到成都去，到那儿是6月14号，（正好是）非遗节[④]，他们都在等我，我稳不住就哭了。最后（我）他们就给我写了“坚强”两个字。最后（我）又把十几个人带到成都去做羌绣，在成都发展羌绣。金沙遗址后面有个文锦公司，它是三个公司合并到一个公司的。当时，州上打电话喊我去九寨饭店开会，说李连杰要扶持羌绣，哇我激动得哭，我说这个羌绣我奋斗了这么多年，（都）没得哪个说扶持一下怎么样，只是工商所对我有点帮助，给我出主意想办法，其他没得哪个说是把这个羌绣来扶持一下、带动一下，只是自己（在）那儿打拼加油干，干了那么多年。然后地震过后了，就有那么一个项目在扶持我，我就带动（了）这么一批人。

“5·12”地震的时候，我就一下想起，一个人的一双手，可以养活那么多人（，在受到地震重创后，决定用羌绣鼓舞别人，也用羌绣帮助羌族姐妹）。最后呢，就在松坪沟，其他地方（很）少去，有40个人我（就）把他们带起，培训一下，就绣那个护腕。我又给那儿公司里面设计了好多图案，剪纸、图案、绘画都给他们。新闻发布会的图案，10米长的那个背景图都是我设计（的）。

“5·12”地震的时候，我就一下想起，一个人的一双手，可以养活那么多人

① 动脑壳，方言，动脑子。
② 耍，方言，玩。
③ 扯扑汗，方言，睡觉打呼噜。
④ 非遗节，即“非物质文化遗产节”。

还有那个大的这个图呢，我中间设计的是云朵，中间是一朵八瓣梅花，牡丹花属于是富贵，这些是山哦城墙哦人哦，围到起保护它，莲花代表坚强。然后这个代表“云朵上的民族”①，就是云朵，这中间有十二股须，其中有四股粗的表示四个季度②，十二股须表示十二个月。这周边四个角上，是张牙舞爪的那些枝干，无根无叶或者是有叶无根，表示没得根据的来路③，我就用那些小花一朵一朵连起，就体现我们中国同胞们和全世界人民伸出了无数双手来援助我们地震灾区，来援助我们羌族。我就这样子来设计这么一幅画，有3米长那么大一幅，都是用剪纸剪好了才贴在布上画下来的，我来剪，他们来画，剪起来多大一团，就十几个人一起把它绣完。这个作品（绣的时候我们）三班倒没得休息，赶着做，脚都坐肿了，这样子把作品弄起，就在金沙遗址开了一个新闻发布会。当时省上的重要领导些，还有我们这儿州上的领导些都参与了那次新闻发布会，我这一幅图是原创的，收到非遗通知，可以去注册那个版权、著作权。

六、让梦想往上飞

以前的绣庄通过招商引资引来一家简阳的合作商，由于经营理念和管理方式的矛盾，（虽然我）打拼了二十多年的成绩全部都在羌寨绣庄（四川羌寨绣庄有限责任公司），但却没有谈拢，绣庄把那些工人留下，我就辞出来，就做自己的公司。

我就出来重新打拼，在亲戚那儿去借，去贷款，又重新来创立。2014年，我从四川羌寨绣庄有限公司辞了出来后，注册了几个项目：一个是注册了阿坝州兴秀职能技术培训学校，又注册了一个阿坝州羌绣技能鉴定站，又弄了一个茂县兴秀手工艺文化农民专业合作社，最后注册了四川兴秀藏羌工艺文化发展有限公司。

（这样子后，我就既）有民间组织，又有农民的专业合作社，还有学校和鉴定站，（公司也有了，）它就形成了一条龙。（因为光）是培训，就业问题不能解决，它还是一盘散沙；你光是组织了没人来培训，它就不能形成一条龙。然后现在又是公司，公司来救你，学校来培训，协会来组织，生产加工在合作社。农民专业合作社成立的基地全部在乡下，一个是土门乡泰安村，一个是太平乡的杨柳村，叠溪镇的两河口村，兰兴镇的贫困村潘川，回龙乡上有个基地。从

四川兴绣藏羌文化工艺发展有限公司

① 云朵上的民族，指羌族。
② 四个季度，一年四季。
③ 没得根据的来路，意为“不知道从哪里来的”，此处指来自四面八方的援助。

（20）14年到现在成立的5个基地（都）还不够完善，才开始把它规范起来，还要（花）很大的精力去做，要通过很好的管理方式、方法，还需要一批精英去带动，组织能力强一点的、管理能力强一点的、技术能力好一点的去带动他们，才做得起来。所以我去招聘会，就是要招聘这些能力强的（人才），才能把它整理得起来。

（现在）就是资金短缺，我在羌寨绣庄出来后，第一个月就在信用联社贷了15万块钱的款，重新把这些机器通通买来，买了不够，只当得到零絮絮[①]。然后我们老公[②]那个侄儿子呢，他在北京工作，他就直接给了我300万，我就一边设立基地，一边又来买这些设施设备，这些布咯材料等等一切都要钱噻，办公桌椅要花钱买，办公场地要租金，恼火得不得了。（所以）困难问题就是，一个是资金短缺，二个就是场地问题，没得场地，一个平方（米）的场地都不属于我，都是别人的。

第二部分　总结和传授

按：谋生路上的挣扎，成功路上的攀爬，前进路上的挫折，让李兴秀不断思考，总结经验，同时也非常愿意与别人分享。从带徒弟，到通过多种途径开展培训，李兴秀正在让更多人的人受益。

我想到注册（了）这个公司，就这么多人，这样子不能扩大，然后有人给我建议，说你去弄个羌绣协会嘛。我还是愿意做大点嘛， 2007年注册（了）阿坝州羌族刺绣协会，这个协会是民间组织，是非经营性的，它主要就是组织、收藏、整理（和）培训，我就在阿坝州刺绣协会出面组织培训。好多人都要加入（进来），他说你这个有点好我要加入，一起就加入了几百个人，九寨沟、松潘、理县、汶川、茂县（的）都有，都高兴，耍也耍了做也做了，这个心情多愉快的。（那些羌绣）爱好者他（们也）都要靠近，就这样子生存下来。

我没有注册自己的学校，2006年就开始在教，阿坝州红叶职业技能培训学校、党校的一个利民学校，（都）请我去教，就教了这么多年。后来州上有个师资培训班了，师资班有18个人，都是我给他们上课，教他们怎样讲这个羌绣让别人能够听得懂，怎样讲让别人能够画、绣，这样子就教了一批教师，然后州上就给他们发一个师资证。

我设计的有好多类（产品），一个是服饰类，现在这外头还没有盗版，都是我原创的，我就想（把）服饰类的著作权（给）保护（起来），还有这个作品就是羌绣挂画之类的图片。原创的我这儿就打几个包嘛：一个是这些绣品，一个是小工艺品、旅游产品，服饰（再）打一个包，然后还有我自己画的图案打一个包，剪纸打一个包，就要申请这么几个著作权的保护。因为（20）10年的时候，高头就有一个著作权的针法，我自己从妈妈去世到现在，一直在研究她的作品里面有啥子针法……但是，到现在我这儿才有一个班在接力。我这次培训一共有六十多个学员，当中呢有二十多个老年人，六七十岁居多，都是羌绣协会的，（还）有七十多岁的老婆婆，然后把每一个针法既要会绣又要说得

① 零絮絮，零钱。
② 李兴秀2007年再婚的丈夫。

出来名称。

我们在（20）10年的时候就开始跟到州上，州人事局一起弄了一个（培训班），做了一本教材书，是四川民族出版社出版的，历来没得那个做羌绣的教材，主要的针法部分是我写的，还有一个精品赏析那一部分多半（也）是我自己（写）的，还有些啥子图片哦这些都是（我的）。虽然说它是一笼统，但是它啥子（都）做得很细、实在。每一个针法我们都把它写得有口诀，你不会（的话）就把这个口诀背下来，你就会绣这个针法（了）。这个样子还比较实在。

所以说现在你喊我画任何一个东西，我不打墨疤[①]就把它随意画起了。你喊我画个动物、房屋、山水（都可以），这个花草、虫鸟随时就把它画起。这儿后头（我）就教了很多，就带动了好多人。那个时候我喊我们姐姐在街上摆个摊摊，自己挣点钱，然后她就说我画不好，画小东西得行，我说小东西慢慢慢慢、逐步逐步把它放大，把它扩大你就敢画了，（但）她还是不敢。我说我来画花朵你来添叶片，我来画叶片了你来添枝干，这样子你就敢了了嘛。最后她还（是不敢），说你看你把我汗都憋出来了。她逮笔逮不稳又没读过书。然后我就叫她大胆些，最后就带动她在街上摆个摊摊，坐在那儿画。那儿是我们阿坝州刺绣协会的，就坐在那堵墙（边边），（一哈就）带动了好多人哦，十几个在那儿摆摊摊，收入很可观。我二姐光是画，不绣，一个月都挣得到三千多。年轻人就喊我五嬢[②]，因为都是沾亲的

李兴秀羌绣培训班（资料图片）

---

① 不打墨疤，方言，不涂抹。
② 嬢，方言，“嬢”意为“阿姨”。

就把他们带起出来，他们一天最多嘛要挣五百、六百、七百（元）这样子的。现在，（他们）好多（人）都在城里头买了房子。如果我买房子在那边发展呢，资金就短缺，如果是再发展呢我就买不起房子，就只好一直租房子。（我）在县城里面没得一个平方（米）自己的场地，二三十年了，都是走到哪里租到哪里。

第三部分　羌绣的特点

我们羌区（羌族文化）最浓重就是茂县这个地方，不属于富裕，而是富有，羌族的文化富有，非物质文化这些文化富有。所以我们这儿的人隔山一个打扮，隔水一个语言，语言不同因为它没得文字，只是语言。那这个打扮，（除了）头饰上的区分，还有这个围裙上的区分，配饰上的区分，就这样子的，就把这些区分开了。衣服它是大同小异，最大的特点就是它是满襟，这个满襟是从传统到现在不能离开的。有那么多片区的服饰，你再千变万化，这个满襟变化不了。我做过12个片区的服装展览（，所以晓得这个情况）。

一、特点

（一）色彩鲜艳

我们的羌绣，最大的特色，它的色彩鲜艳，有强烈的对比度。你比如说黑白，它是不是强烈的对比，还有红黄是不是强烈的对比？然后其他就是大红大绿的，以颜色鲜艳为主。色彩搭配跟其他的不一样。

（二）图案纹饰

羌族是云朵上的民族，（羌绣所用图案）多数属于云纹的图腾，羊头的图腾，还有卍字的这些图腾。花草是山上的野草花花咯这些，比如我们牡丹花这些，我们高半山、高山多半是芍药花；还有个丹皮，是一种药，这些都是药材方面的花朵；还有虫草花咯、羊角花咯，这些就是最独特最有代表性的。

（三）针法绣法[①]

羌绣的绣法、针法（与其他地方）也有一定的区别。我们这个双钩绣，外面是没得哪里有我们这个单面挑绣咯，外面是没得的；双面挑绣，彝族、苗族还是有；还有这个钩绣，钩绣属于我们当地的。

（我们羌族）平时日子穿的衣服都差不多的撒噻，就只有独特日子，比如婚服、丧服啊这些不一样。各个片区的穿着打扮（都）不一样。在传统上，新娘结婚的嫁衣，陪嫁要几百双垫底、几十双上百双的鞋子，那个云云鞋[②]就是那个尖尖鞋嘛。云云鞋咯垫底咯，要绣很多很多这个绣品作为陪嫁。她（新娘）自己要绣，她的那些姐妹哟也要帮着做，（还）要请那些亲朋好友来绣，要赶嫁嘛。

---

① 根据李兴秀参与编写的《羌绣》（四川民族出版社，2012年4月出版）一书，羌绣的传统针法有扎绣、钩绣、挑绣三类。其中，扎绣包括掺针绣、齐针绣、扭针绣、长短针超绣、编针绣、压针绣等；钩绣包括锁边绣、扣针绣、单钩绣、双钩绣、单盘绣、双盘绣、打籽绣等；挑绣包括架绣、撇绣等。

② 云云鞋，是羌族人在喜庆日子里穿的一种自制布鞋。云云鞋鞋型貌似小船，鞋尖微翘，鞋底较厚，鞋帮上绣有彩色云纹和杜鹃花纹纹样图案，故有“云鞋”“花鞋”或“勾尖布鞋”之称。羌民在喜庆的日子里都喜欢穿它。羌绣“云云鞋”工艺借助那密密麻麻的针脚，将绣线织绣于鞋身易磨损部位，增强了耐磨性能，使鞋身不但具有实用价值，还具有相当高的艺术观赏价值。

你看是细致的还是粗犷的，整个一套（做得）细致的要半年，有些要一年。

二、工序

绣一件衣服看你手快慢，有些要绣一个多月，有些绣十多天二十天就可以绣起。有些呢，它比较粗犷呢绣起就比较快些。有些呢比较精细，你比如说像四大名绣（，我们就）学习它（的）精细是不是啊，那肯定就是（用）单股丝线。像过去我们那些衣服（用）单股丝线，这样子一件衣服起码绣三个月。

一件衣服光做绣的，有几道工序——

第一个就是要计划它的规格尺寸，就是计算边子的大小、宽窄。

第二个要看所需要的图案，然后就来构图。构图有两种构法，一种是用笔把它画起，第二种是剪纸构图，把它剪了贴在上面。这两个操作是不一样的。画在高头呢，绣的时候依线条的边缘这样子来绣；如果是剪的呢，它就要依剪纸的棱边开始绣起走。有些（针）要参差不齐地把它参起，有些是齐针，有些要把你剪的纸呢盖完。过去就是兴剪那些纸，弄完了以后，纸还是要包在里面的，这些都是传统的（做法）。绣完了，通过熨烫才把它打到这个衣服上，把棱边须子这些都（收掉），然后再依着衣服上的规格尺寸来打，布料尺寸（在）计划的时候就留有余地，（一般）都有多的，打的时候才把多余的裁掉。

给合作社分派任务的时候，我们内部先设计好、画好图案后，连着布料一起发放给绣工。哪怕是每一次培训班都通过了的人，（我们也）还（是）有点不放心，都还要坐起一对一地培训她哪个花是怎么绣，咋个配色。然后把色配好后，把整套线拿给她，这样她就在可以家里面绣，绣好后，我们就给她回收。现在工艺越做越精，追求精细美，（所以）我们在绣的当中都不是轻易地喊她（自己）把握，比如说给她发一副吊边，一副吊边600块钱，我就按朵数来数，她也不得吃亏，企业也不得多发放钱出去。（对优秀作品）在定价的基础上还有奖励，比如说这套衣服有37朵花，你把这个绣得平整、精细，就再给你奖励5到10块钱一朵花，这样他就绣得更好些。

三、材料

老传统的绣品嘛，它一般就在棉布和麻布上面做绣。这个麻布呢它是自己种植、自己生产、自己手工织的嘛。麻布是羌族最独特的，因为它从种植到收割到剥麻到纺、织，最后把它弄成一件衣服，衣服上面又来用棉线、麻线来绣，原来再早的时候它是用丝线、棉线、麻线这三种线来绣。

以前主要是棉、麻、丝线，现在推出了很多新的产品，跟以前有很大不同。凡是线，它都可以做绣。现在社会不断在发展，这些产品包括有化纤的、丝绸的、棉的、麻的这么多品种，凡是各种面料、不管厚薄，它都可以做绣。

现在比较主流的，用得比较广泛的，也是我日常运用的绣线就是染色的这种人造丝，因为大批人喜欢那个颜色鲜艳又不掉色的，这个人造丝就不掉色。我们丝线的是外面买的，以前是两分钱一扣、五分钱一扣，现在是十块钱一扣。

（每种线都有自己的特点，）不是千篇一律都用蚕丝线，而是有区分的。（要）不掉色的、实用的，在劳动（时）穿的衣服要经洗耐磨的，就用棉线、毛线、人造丝线来做绣；想要带有精细一点的有观赏性、收藏性的，就用丝线、蚕丝线绣。

四、主要产品

我们公司现在有三个系列的东西在做：服装、配饰和工艺品。大众的呢就是演出服，像有些私人的就是有图案需求，然后我们根据他们的要求来做。

我现在卖的羌族衣服中，大型的绣花机器绣的几百块钱一套。这个是派人去外面学习，回来就用机器操作，通过图案设计、电脑制版、电脑绣花，两三百人跟不上一台机器，这个就解决了批量（生产）的问题，因为一些演出服装的订单多嘛。

缝纫机只起到连接的作用，把它弄成成品这样。带有收藏性的绣品，都用手工绣。手工绣的，材料用毛线的，（一套衣服价格）两千多三千。丝线绣的从头到脚一套，就要五千多、六千多（，甚至）七千多。我们阿坝州有个中国旗袍协会分会，喊我们公司来做总代理，这样我们绣一件（产品）要达到七八千，上万的也有。所以我就安心把这个文化产业做强、做大。

沈艳燕——地震灾难后的传承情结

名称：羌族刺绣

级别：第二批国家级非物质文化遗产名录项目

类别：传统美术

简介：见汪国芳部分介绍。

传承人：沈艳燕，国家级非物质文化遗产名录项目羌族刺绣省级代表性传承人

传承谱系：当地妇女普遍都会的手艺，无明确传承关系，跟着家中长辈学习

小传

沈艳燕，1973年出生于四川省绵阳市平武县大印镇。

7岁入学，1990年初中毕业后入读技校，1993年技校毕业后进入军工厂工作，1999年下岗。

2000年，从事殡葬行业。

2004年获得了全国再就业优秀个人奖。此后又成立家政公司，帮助川妹子到省外打工。

2008年，汶川地震后，到灾区当志愿者时，深受震撼，于是关闭家政公司，开始谋划让川妹子返乡工作，与亲人团聚。

口述

第一部分　自尊自强

一、下岗后的迷惘

我是1973年出生的，7岁读的书，小学完了读初中嘛，一直读到技校。1990年，初中毕业进的技校，绵阳跃进路上的407技工学校，学的电子专业。407是一个军工厂，（学校是）它自己办的子弟校，1993年毕业的。因为我们那个是属于厂区委培嘛，在那儿读了就在那儿上班。我们读书的时候厂里面就给扶持，吃的、住的他们就包了。毕业以后就在厂里上班，一直上到1999年。厂里面，主要生产B超（机器）啊，电子设备这些。（19）99年那个时候，我们那个分厂生产的B超（机），它的市场很疲软，它是军转民（性质）嘛，然后就让我们下岗。

那个时候，（我）还一直在找就业的机会嘛，找了很多工作就找不到，就自谋职业嘛。这段时间是找工作的时候，高不成低不就，还是觉得自己是军工厂的，铁饭碗，虽然下岗了还是蛮有身份地位的，到处去找打工的（，但）就（是）找不到。自己去做生意就做了很多，做上路了，就觉得自己想卖土特产啊这些，（后来）卖了土特产又被人骗。2000年卖茶叶这些也被别人骗。

二、再就业的明星

被骗了之后，我就想做个啥子工作不下岗，找个永远不下岗的工作，就做了殡葬（业）卖花圈。殡葬（业）很锻炼人，（我）先开始啥子都不懂，就在殡仪馆去卖墓地这些，就锻炼下自己胆量，然后给人家提供服务。从这个当中建立了很多社会关系，总结了一些社会阅历、知识，就开始有一些成长。在殡仪馆做得很好的时候，我就走了，我就自己做殡葬服务中心，在绵阳城里开殡葬服务店，卖花圈，卖老人用的衣服，给他料理后事，相当于一条龙的服务。2001年的时候我就做得很好了，那个时候下岗是300多块钱的工资，这个时候我的收益每个月就可以上万（块）了。因为我开店了，又开了几个分店，（还）帮我们厂里面解决了一些下岗职工（的）就业问题。绵阳市就业局因为我是下岗工（人），又是军工厂下岗的，又是个女娃儿的，又是个羌族人，就把我推荐到省里，省里又推荐到国家去。就在2004年的时候，9月份就给我们一个表彰，颁一个全国再就业优秀个人奖。

下岗那个时候，因为是三八妇女节，我看到很多人高高兴兴过三八节，但是没有任何人通知我过三八节，我心头觉得很不舒服。我在想，有一天三八节，我一定（要）通过自己（的）努力找到一个不下岗的工作，还有鲜花和掌声属于我的，三八节也有我的份。所以说在2004年获得了全国的再就业颁奖，温家宝颁奖，我就觉得自己真的是金光闪闪那种，戴了一顶桂冠，觉得好感谢共产党。虽然是我自己努力，但是全国这么多做殡葬（行业）的都没有获得表彰，全国唯一我一个人获得表彰，所以我自己一直抱着感恩的心，实现了我最初的梦想，有鲜花和掌声，实现我最初的目标——我可以不下岗嘿。所以那时候领导讲的时候，我觉得我应该再做些什么，因为跟我同住房间那个女的她就是属于家政，她是广州一个家政服务公司的，她的家政（业务）做得非常好。她说你是四川的，你可以把你们的川妹子输出来做家政，我想这个还可以，我们厂里那么多下岗工人，要是真的可以从这边帮助她们就业，是非常好的事情。所以回到绵阳以后，我就跟大家一商量就做成家政公司了。2004年回来就开始筹备，2005年就成立了（公司），正好遇到四川省川妹子劳务输出，我就中标了嘿，我们就到全国各地（做劳务输出），有好几千个川妹子输出，一直坚持到2008年地震。

三、地震后的震撼

地震那天，我正好回到绵阳，因为身体不好，我回到绵阳在看病，我就感觉到山摇地动，（心想）那么多川妹子出去，那个时候这么大的灾难来了，这些女人都在外面，家里小孩老人都有困难的时候，一家人没在一起。那一瞬间，觉得好对不起这些家庭。我就给自己下了另外一个任务，我要回到灾区，抗震救灾，当志愿者。第二个就是要让这些女人回家，（以前）让她们走出去，（现在）又想让她们回来。我就一直当（“5·12”汶川地震）志愿者，当到七月份。看到很多，比如我们平武的150多具遗体，我就守到殡仪馆一个一个火化，因为我不怕死人，我就跟民政局的在江油殡仪馆，火化了三天三夜。火化完了，就跟他们一起进山头来，就跟这些女人们，这些灾区的老百姓一起，坚持到七月份，就抗震救灾。见到很多很多，我觉得心一次一次被撕裂，感觉自己好像做了多么罪过的事情，把这些川妹子送出去就不应该，我就多么强烈地想她们回来。这些想法就促使我想留下来，（跟着）我就去绵阳把家政（公司）关了，就回到平武做羌绣的工作。

第二部分　为爱传承

一、一颗感恩的心

那个时候，国家在说羌族文化（要）如何保护，就说到羌绣，（说）羌绣那个时候当地还能有一些遗留的东西，也说到传承人的保护情况。我那阵就开始走村串户，第一个（是）了解这些女人们的生活状态，二是了解羌绣的一些元素，（光这些）就收集整理了至少有一年的时间，从2008年9月就开始了，一直收集到2009年的二三月份，我们就做了一个羌绣感恩巡展的策划。我们在山里绣了一百多幅羌绣，有五百多人参与绣，然后就评选出了60幅羌绣。这60幅羌绣都是巨幅的羌绣，（主题）基本上都是抗震救灾、灾后重建，还有一些反映老百姓题材的一些羌绣的元素，比如说我们的敬礼娃娃，我们就把他绣出来。就在2009年9月份，我们国家60周年大庆的时候，我们从绵阳（出发），经过六个城在全国巡展。我们去巡展的时候只有五六个人，因为经费没有那么多，就走了绵阳、成都、遵义、宁强、邯郸、北京六个地方。最后我们把四幅巨幅羌绣送给国务院。国家民族文物馆也收藏了我们的绣品，文化部也收藏了我们的绣品，包括（贵州）遵义、陕西宁强他们都有收藏。

二、被无数次感动

这个全国巡展的活动，标志着我们一种感恩的心，然后在这个活动中呢，有些女人也确实感动了我，我感觉她们的无助，感觉文化在断代，迫切需要我们去做（文物保护）这件事情。在收集的同时，我也在教她们，教她们的过程我同时在想，怎么去整理一本书出来，这样子即便是我某一时刻消失了，但是这个书还在这儿，她们可以看得到。所以说在这个过程当中我不断地去总结和提炼，自己就在2012年写了一本书[①]，（记录）这一年多两年，就是2008年到2010年，这期间遇到的很多感恩的事情，点点滴滴都感动到我。

比如出去打工的这些女人，有个女人，就是牛飞[②]有个女人叫朱开红，然后她的女儿是十岁的时候在地震中遇难。在遇难那一刻，她是在广州打工，她回来没看到她女儿最后一面，但是就在地震前一天，她女儿给她打电话说妈妈你回来嘛，你回来给我过六一嘛，因为她有一年没回来了。朱开红就给她女儿说，我给你寄条裙子回来，我过年把钱拿到了再回来，我明天就给你寄裙子，到六一就收到了。她女儿说我不要你的裙子，我就要你回来，她就为这句话纠结得不得了。她女儿在地震中面目全非，但是她没看到，所有亲人都不敢让她看就把她（女儿）掩埋了。她就为这句话，一直纠结了

① 该书稿完成后，本来民族出版社已经安排准备出版，但由于经费原因搁置。

② 牛飞，平武平通镇牛飞村。

一年，每天晚上（只有）一个小时睡觉，其他时候都哭，130多斤的人，瘦得就90多斤。我到这个寨子来教她们羌绣的时候，她纯粹是一个精神分裂症那种，随时自己都想死。（后来）通过我们的羌绣对她的影响，通过我们对她身上的挖掘，她现在就是我们平武的歌星了，绣花也绣得好，唱歌也唱得好，跟我上过中央三套（电视频道的节目），中央七套。

另外一个女人，在我们绣全国感恩巡展作品的时候，我在教的时候，有个女人就在那儿绣。那么多女人都是一只手拿到布料，一只手正在绣，（但）她就把这只手藏在下面，然后这么绣。我就觉得好奇怪哦，过去一次两次三次，这几次我都喊她把手拿出来。第三次她站起来了，她站起来以后，泪水吧嗒吧嗒掉下来，她这只手没了，我的眼泪也吧嗒吧嗒掉不停。我就问她为啥子学，她说地震的时候她们家因为在山里头，很远，都是到了（5 月）17、18、19 号[①]，那些解放军才到达她们家，她们家还有个残疾男人，她们的房子是垮塌完了的。解放军来了就帮他们料理这些，她很感动，她说我确实拿不出来啥子东西去表达感谢，家里没什么值钱的，你来教羌绣，我通过这个羌绣展览，从我的一针一线就表达我的感恩之心了，通过你这种活动我就可以传递给他们我在表达感恩。

三、尽心尽力求发展

全国感恩巡展回来以后，就引起了联合国的注意。2009年，联合国教科文组织在九寨沟组织了一个濒危文化论坛，他们就邀请我们去参加他们的论坛，同时也展出我们的绣品。在这次（论坛上）我

沈艳燕的羌绣产业基地

① 汶川大地震，发生于北京时间2008年5月12日14时28分04秒。

沈艳燕开办的培训学校

们就遇到联合国教科文民间艺术国际组织中国主席陈平女士，她在主持这次活动。我那个时候觉得联合国离我们好遥远，但是这次我受到她的洗礼，（懂得了）濒危文化就需要有人保护和传承，有人努力去奉献去做这件事，这个精神我是做到了的，而且是全世界都在做这个（保护传承）濒危文化的事情，其实我们现在行动也不晚。

那次参加展览以后回来我就在想，（这件事）怎么落地，第一个是怎么保护活态的羌绣的环境，让羌绣在这儿生根发芽开花结果，第二个才是我们羌绣的产品、作品的流传，第三个（是）我们产品的创意。从这几方面我们找了很多当地的专家，也走访了很多一些非遗的专家，进行了科研报告（的撰写）。科研报告最后形成了一个羌绣保护计划，这个项目涉及我们整个平武县八个乡镇的羌族地区羌绣产业发展，一规划就规划到2023年，就从2009年开始一直就要做到2023年，这是一个漫长的过程，我们必须要坚持。第一步就是在这个地方修一个综合性的羌绣产业园区，这个园区2011年就开始动工，一直循序渐进地在推进在完善。这些资金都靠我们个人的筹资，一共连我们基地算下来（投入了）两千多万，贷款贷了三分之一。包括这个土地，我们通过政府的国有土地买断，房产办完，所以说一直靠自己力量去做。第二步就是建设基地，我们先后培养了上千名绣娘，在八个乡镇我们形成了很多绣娘聚居地，以基地形式在我们这个项目里呈现出来。我们有八个乡镇，每个乡镇都有好几个基地。这个基地就承载着我们的收纳，就是我们对她的技术培训提升、产品发放、产品回收，同时基地以现在说的什么“+”，我们现在就是非遗+旅游，非遗+农业，非遗+畜牧，就形成了羌绣文化旅游综合项目，羌绣就融合了很多东西在里面了。因为我们山里生态非常好，就形成这种绣娘文化的旅游专线，（对）我们绣娘生产的豆腐乳、跑山鸡、跑山猪这类产品，我们进行了一个产业的叠加。从2009年到现在，一直在做着这些事的推进工作，一年推进一些。这个园区是（在）2013年基本上完成建设，2014年才对外开放，但到现在还有好多地方在完善提升，但是我们基地已经建设了几个了。基地里头，我们第一个教她们唱歌，第二个教她们绣花，第三个对她们的服饰进行文化符号的叠加，第四个我们就对她们的农耕、生活起居做规划，实行社区式的管理。

第三部分　理解羌绣

一、跟着外婆学针线

我出生的地方在大印镇，从小就跟我外婆长大，因为我妈上班去了。我外婆今年快90（岁）了，身体非常健康，能唱歌能跳舞能绣花，我的性格现在跟她很类似。从小就被她关在身边，一直就跟她很勤劳地做很多事情，她是天晴做外面活路，下雨就做家里的针线活，反正没歇过气。她做针线活，每天都不让我走开，就跟到她，我就这样起早贪黑跟到她学。稍微大点，四五岁就开始让我拿起针跟她做，一直到后来身上穿的这些，外婆一直这样指导我做，很早的时候就受影响。

自己学会做东西是11岁，那个时候我外婆跟缝纫社接单，那个时候缝纫社锁衣服扣扣、绣花她就要接很多很多，她一个人是赶不出来（的）。因为我动手能力特强，小的时候（还）不会写字不会说话就会乱画了。从11岁开始，（我）自己可以独立地做一些，比如锁一个小扣，绣一朵小花。后面到13岁了，我就被我妈妈带起走了，带到他们身边去，后来就越走越远了。

自己摸上这个作品后是2008年，地震后那个时候才回来，（发现）原来外婆教我的都是非遗（文化），那个时候还是觉得好宝贵，小时候外婆给我的东西都没有珍惜，但是（好在）脑海里有印象。所以我们就花了一年多两年多时间去走访（羌绣），走访很多地方去深度调研。

二、针下绣出花鸟来

因为我们这个地方是山区，满世界都是绿色。到了秋天，满世界都是金黄的；到了冬天，树叶都掉了，（山）就光了脊梁；到了春天，漫山遍野（又）都是花。我们羌族人生活在大自然里面，有一种精神就是非常坚持非常勤劳，也很热爱这个生活环境。所以，我们就把春天开的这些花，比如说五月份开的杜鹃，我们也叫羊角花，我们就进行变异，进行“基因”再生，对它（做）一个再创造。（除了）羊角花（以外），（还有）牡丹、石榴、梅花；鸟这些就是喜鹊、凤凰（等）；还有这类似的；（衣服边上主要是）云云纹、回字纹、万字纹为主，还有蝙蝠、蝴蝶——都是我们的一些元素。

我们沟里流传有羌绣的故事。以前，我们这边的羌族女人都很能干，超过男人，男人就经常在家不做事。一些神仙看不过意，想让女人稍微轻松点，就给我们画了花围腰。我们羌族围腰非常集中展示了羌族的一些元素，（包括）它的图案，它的寓意。它有成千上万种图案。它就是咒语，就让女人稍微变得爱美之心多一些，好强的少一些，变得很笨，聪明才智变少了。就画了一道符，就是一个围腰和头帕，这两个让女人拴在身上就变得很笨了，爱美了，这样子男人就（显得）很优秀了，男人就超过女人了，以后就是男人挣钱，男人当家。

三、继承传统出新品

其实我刚才拿了一个围腰，（围腰上的图案）第一是针对老年人，祝他高寿，祝他健康，针对老年人，我们就绣了很多蝴蝶、福字、万字符，这些多一点；第二是小孩，让他健康成长，聪明好学，针对小孩我们就是绣的石榴、一些吊坠、须子、一些瓜瓜啊，反正寓意很深的；我这个围腰是中年人的，中年人就是把自己打扮得更美一些，像羊角花一样，开得更美丽更炫目，招人家爱。所以它就（是）把羊角花变得非常美丽的那种变形，这种花里面就是属于凤凰的那种造型。也不只是（羊角花），这个还有很多很多种图案，（围腰上的图案）以前就是（这样），我这条围腰都是好几十年（前）的了。

（现在的羌绣）变化太大了。我们外婆那阵[①]因为是衣服边上、鞋子上这种都是小版块的，她就喜欢用线来钩，所以叫钩花，线条就有（用）很多种针法，我们的撇针啊、钩针啊，还有很多几十种针法都可以来裱这个线条。（传统的羌绣）就是牵、钩、贴、挑这类的，属于走线条的比较多，它没有很多大块面的东西，就不需要大型绷子这些。现在的羌绣很多就会用到绷子，就会（用）大块面的（图）去渲染它。所以这次我们全国巡展的作品，还是用了很多羌绣的一些（独特）元素的针法，比如我们的铺针、撇针这类的，我们就进行大块面（艺术加工这样）的一个版块，就把它放大化，就绣了很多人物出来，（比如）警察妈妈、敬礼娃娃，握手，就是温家宝和胡锦涛在机场握手那一瞬间，我们全部用大块面把它绣出来。我们主要用黑白（色），黑白对比很强烈的，然后用几何形的，把它变异，稍微变了些形状。（过去）那个时候的色彩不是那么（鲜艳），像我身上现在（的）都是改良的羌绣了。比如说我身上这类的花，属于融入了蜀绣（的特点），它是以块面去展示它，然后以色彩去装饰渲染它。

沈艳燕的基地

① 那阵，方言，意为“那时候”。

王露琼——巧手传羌绣

名称：羌族刺绣

级别：第二批国家级非物质文化遗产名录

类别：传统美术

简介：见汪国芳部分介绍。

传承人：王露琼，国家级非物质文化遗产名录羌族刺绣省级代表性传承人

传承谱系：当地妇女普遍都会的手艺，无明确传承关系，跟着家中长辈学习

小传

王露琼，1963年出生于理县通化乡木工寨。1970年，入小学读书。1977年，初中毕业后回家务农。

从小跟着外婆和妈妈学绣花。结婚后，嫁到桃坪羌寨。1996年桃坪羌寨搞旅游，在家里开办“露琼手工艺羌绣专业合作社”，经营自己的羌绣产品。

2009年，王露琼被评为羌绣项目省级代表性传承人。

口述

第一部分　简要经历

我是（19）63年的，我是通化乡山上的木工寨的。1970年，（我）7岁就在我们那儿村上（上学），读到初中嘛，读到初二就没读了，那会儿家庭条件不好，哪年忘记了，反正我们那会儿小学读了五年级，那会儿没得六年级，初中读了两年就毕业了，差不多14岁就没有读书了。

（我那时除了读书就是）带娃娃，那个时候家里就困难，带弟弟妹妹嘛，读书还要背他们，上学去还要带他们。其他就没得啥子做的，（有时）给弟弟妹妹补点衣服啊，做点鞋子啊。（农区嘛）放羊很少，我们奶奶在放，我们这儿很少有羊子牲畜这些。

（我）没读书（后）就是务农，劳动，跟到妈妈他们一起劳动，做活路，（下）地里干活。那个时候下户了，基本上都包到户了。（后来）就嫁到这儿（桃坪羌寨）。

第二部分　学习和传承羌绣

一、学习羌绣

（学羌绣是）我妈妈他们会绣，因为那会儿家庭贫寒嘛，鞋子啊衣服啊围裙啊这些，都是自己做，我们山上（的人）尽是自己做，那会儿卖的很少。那时候，妈妈她们会做我们就跟到她们学，跟到她们做，那样子慢慢就会做了。

基本上，初中毕业后就开始做（羌绣）了。（我）原来在通化，我们在读初中的时候就钩点花啊那些，跟到她们学嘛，打衣服啊，那会儿啥子都是跟到学一些。（我）比较，咋说呢，比较喜欢羌绣，绣花，以前喊[①]绣花，不叫羌绣嘛。这之后才喊羌绣，以前是会挑花、绣花，比较喜欢。那会儿哪里去找那么多新的（布）呢？基本上都是缝缝补补的，尽是那些，慢慢慢慢就会做了，这样子就开始做了。

都会做（羌绣），奶奶也会，我婆婆[②]也会。婆婆以前她是薛城（街上）的，我们属于是乡坝头[③]的，等于我们是小路嘛，羌族人说的小路。我婆婆是汉族，她就比较能干。妈妈就嫁到我们沟里头山上，家里条件不好噻，她就会做，我们就跟到她做。绣花这个还是要有人做你才做得起走。

现在绣的就是自己也在穿，也在卖，这儿本来也在搞旅游，我们这个地方1996年就开发旅游了，一直就是可以对外嘛，也就可以卖。现在手工的这些卖不到钱了，现在机绣的多了，机绣的便宜又好看，手工的咋个说还是没得那么精致嘛。销路也没得啥子（问题），我们全靠旅游。有好多客人他喜欢呢就来买点手工的，手工毕竟要贵些。一般我大型的（羌绣），也没怎么做，再说我们地也没得，就在自己家里面摆点东西，基本上就是这种。

王露琼的作品

二、传授羌绣

年轻人现在都没啥子人会绣了。我们家的就是儿媳妇爱绣，女子都不咋个[④]爱绣，女子钻都不钻，她觉得懒得（做），做这个手工本来也有点恼火[⑤]。

① 喊，四川方言，意即称作。
② 婆婆，方言，外婆。
③ 乡坝头，方言，乡下，与城镇相对而言。
④ 咋个，方言，怎么。
⑤ 恼火，方言，意思是麻烦。

跟我学的人多，我们寨子上的有，高半山一带的有。地震以后，培训都有两年，就在金川、马尔康都去培训过，教她们嘛，来请（我去）的嘛。教的还是有两三千人，它一期是120个人，培训的有两年。

她们学得还是快嘛，只是去教一下，有些针法她们不懂的教一下，有些可以画的可以教一下她们。其实绣花这个女的她（基本上）都会绣，只是绣的好坏而已，都会（绣）。

三、羌绣介绍

（一）用途与用材

一般绣的，以前我们就是衣服、领褂子，还有围裙、鞋子、裤子，衣裳脚边这些都是在绣花。

也没得啥子讲究，男的以前穿麻布衣服。麻布是我们自己地里面种的嘛，织麻布这些我们都会织，但是现在都没得了，但我都还是喊[①]他们种点，要把它传承下去嘛。

以前是麻布衣服是哪里都可以穿。最早以前麻布衣服是这种，衣服、裤子、铺盖、毯子、洗脸帕这些全是用的麻布，有点钱了才是（到）外面去买。我们这儿最早以前交通不方便的时候，钱又没得，又在外面去背茶包子，以前不是有个茶马古道呢，从成都到马尔康。那个时候就是背起东西上街，以东西换东西，他出去就走路回来，从成都走路，回来要背一背，出去要背一背。

然后，我们这儿全是自己在种麻，自己种出来就是衣服、裤子、铺盖、洗脸帕这些都是用的麻布。有点钱了，就是女的些就穿点布衫衫，男的些还是穿麻布衣服。麻布衣服以前全是滚的边子，不是绣花的，就用一般的布滚过去，就是那种滚起好看些。（主要是镶边的装饰，）就是就是，以前就是这种，现在穿的（样式）就多了嘛，就不一样了。

（二）图案与纹饰

有些图案还是仿照的以前的，有些就你随心所欲的嘛，图案这些也没得啥子讲究，随便你喜欢啥子就绣啥子，有些你可以照到绣一下，有些你自己想得出来可以绣。

羌绣图案

我这个围腰上的图案有点多，这个围腰中间是龙凤，这个是龙，这个是凤，龙凤呈祥。这个是摇钱树，比如说这些是蝴蝶呀，底下这一排是喊吊子，吊子花，这个就喊[②]蝴蝶，这个是凤凰，一般都是吉祥的那些，这个是金瓜。围腰的

① 喊，方言，这里是“叫、让”的意思。

② 喊，方言，这里是“称作”的意思。

图案，它挑的花的图案很多。

（左右下边）这个是角花，就是喊牡丹，这个像牡丹花。它的图案（有）很多种。（我上面的口袋上）这个喊尖八瓣，八瓣花，我们喊八瓣儿。这个是韭菜花，以前基本上就是这种。

（袖子上）这是牡丹花嘛，一般都是牡丹。（上面细的边）这个是机绣的了。（绣）狮子（的）有，我这儿绣片都有些。它绣的很多，啥子图案都有，只要你绣得下来的都有。

（三）绣法和针法

这个绣法，以前喊挑绣、挑花，以前我们这儿传统的说法是某某人的女子会绣花，会挑花。现在是喊挑绣，十字绣，羌绣，这么在喊。以前它是喊挑绣，现在也是在喊架花，它是这种。这会儿在喊羌绣嘛，羌绣它有很多种针法，我会绣的有十多种。

羌绣有上下针、压针、平针、锁边针，还有拉针绣，反正有很多种针法。它主要的针法，一般就是挑绣，压针，看你用在哪里嘛。

（我绣的羌绣跟以前老年人绣的）基本上都一样，都是用那种针法。

第二节　四川手工剪纸（平武剪纸）

谢成飞——痴迷于剪纸艺术

名称：四川手工剪纸（平武剪纸）

级别：第二批四川省非物质文化遗产名录项目

类别：传统美术

简介：传统民间剪纸是历经了数千年，经过一代又一代的民间艺人不断加工创造而成的。它凝聚着集体的智慧，有着深厚的历史沉积与强烈的民族特征、地域特征。

其中，广泛流传于平武地区的四川手工剪纸——平武剪纸作为羌民族极具代表性的剪纸艺术，其表现主题以寓意联想、谐音寓意、指物会意等含蓄地祈求幸福吉祥的形式为主，如莲花和鲤鱼象征“连年有余”。另外，装饰性的动植物剪纸图形也深受羌族人民的喜爱。而在图形的表达上，平武剪纸大多将羌民族的原始气息投放在图形元素之中，而非整体风格之上，在古老神秘元素之中的画面图形，尤其注重细节刻画。

2009年，经四川省人民政府批准，四川手工剪纸（平武剪纸）已被列入第二批四川省非物质文化遗产名录。

传承人：谢成飞，四川省非物质文化遗产名录项目四川手工剪纸（平武剪纸）省级代表性传承人

传承谱系：当地民间技艺，无明确传承关系，从小跟着母亲学习

小传

谢成飞，汉族。1962年出生于四川省平武县豆叩镇。从小跟着母亲学习剪纸。

1979年，当兵入伍。1982年，以剪纸题材作品参加所在团举办的青年书法美术比赛，获得一等奖。

1985年，转业回到平武，在县广播电视局做了3年工程技术工作，1988年调至机要局工作至2003年。

1989年的1月1日，剪纸作品《恭贺新喜》在《人民日报》海外版刊登，进一步激发了他的创作兴趣。

在机要局工作的17年中，谢成飞在全国150多种报刊上发表作品600多幅，其中1997年就达80多幅。在剪纸艺术上已形成了自己独特的风格和特点，作品曾经在荷兰、法国、美国、阿联酋等国进行展览交流。

2003年至今在平武县文化旅游局工作。

2007年，谢成飞被评为羌族剪纸省级代表性传承人。

口述

第一部分　人生经历

（我是19）62年出生，生长就在清漪江流域的豆叩镇[①]，就是这平通镇的上面。（19）70年开始读书。（我小时候）因为我父亲在豆叩茶厂当厂长，我母亲在（19）68年的时候被下放到农村，就在（豆叩镇）砚石（村）那个地方，我们从小就跟母亲在一起。我母亲还是裁缝，剪纸就是跟到她学的。

（我读书）读到（19）79年，然后高中毕业。高中毕业（前）在学校期间，（19）79年招飞行员，（我）考起之后，就到当兵部队。（我）当了5年（兵），当时招飞入伍以后，身体也不好，生了病后，（就）改学飞机路线那些维护。在北京的时候，（我）受北方剪纸的影响比较大，我们住的部队就在北京沙河机场周边的村庄，逢年过节老百姓都要贴窗花，很漂亮。在部队期间，战友们结婚了（也）要剪喜字。

（我）（19）85年（转业）回到地方，就在当时在平武广播电视局工作。工作了3年，（19）88年，就到平武县县委机要局工作。在机要局呆了17年，一直呆到2003年。（20）03年，就调到当时的文化旅游局，一直工作到现在，现在叫文广新局。

谢成飞剪纸作品——熊猫

第二部分　遇见剪纸

一、学习创作

我们从小和母亲在一起，母亲本身是一个裁缝，（会）打衣服，会绣花，（还）可以剪很多图案，（我的）剪纸就是跟着她学的。学简单的画画和剪纸，剪些图案。当时我们母亲剪的图案，就是垫一张纸，用铅笔涂，照这么剪下来。（那时在）部队上也剪，（19）82年参加我们部队的美术比赛，得了一个一等奖，就是剪纸题材，那是我们那个团举办的青年书法美术比赛。

① 豆叩镇，地名，位于平武县南部的清漪江畔。

二、精品创作

（我退伍）回来的时候也搞（剪纸），真正发表作品（是）从（19）88年开始，（在）《绵阳日报》上发表些作品，包括剪纸，原来（只是）作为一种业余爱好。我对剪纸比较有兴趣，（19）88年加入绵阳市美协，（成为）绵阳市首批会员。从（19）88年开始，（我）坚持创作，真正对剪纸提起兴趣是（19）89年。（19）89年的1月1日《人民日报》的海外版登了我的一张作品，就是《恭贺新喜》。这张作品发表之后，（我对）剪纸的创作提起了兴趣，后来就不断创作一些节庆的剪纸作品。在机要局的17年之中，创作的作品是最多的，在全国150多种报刊发表作品有600多幅，最多的一年就是（19）97年。（19）97（香港）回归的时候，《人民日报》海外版，包括中央电视台用了《白马姑娘迎回归》这张作品，就是我们当地的白马人就抬了香港的区徽，这张作品（在）《人民日报》海外版登了，然后中央电视台的迎回归主题背景也采用了。

剪纸要适应现代社会的发展，必须要创新，要有新的手法和新的作品，才能得到现代人的认可，不然这门技艺就要随着社会的发展逐渐消失。

链接：谢成飞简介

剪纸艺术家，高级民间工艺美术师。1980年代开始自学剪纸，多次参加部队、地方美术和剪纸展览，获奖40多次。在《求是》（3幅）、《人民日报》（19幅）、《中国日报》（12幅）、《工人日报》《农民日报》《人民画报》（各2幅）、《解放军画报》（6幅）、《中国文化报》《四川日报》等150余种报刊上发表作品600余幅。1995年，作品《雪山情》参加“中国首届纪念红军长征剪纸展”获二等奖；1997年，作品《白马姑娘迎回归》参加“全国十八省市迎回归剪纸展”获二等奖；1998年，作品《门神》《百喜图》参加“中国首届剪纸精品展”获三等奖。

他创作的《十二生肖》系列、《白马风情》系列、《古代仕女》系列、《百喜图》《百福百寿图》《百蝶图》《百寿图》《百菊图》等作品，运用了传统古老的白马人剪纸语言，同时融合了羌族的民间刺绣图纹，具有较高的艺术性与观赏性，已在全国剪纸领域形成了自己独特的艺术风格和艺术特点。

他创作的《白马风情》系列作品，曾被作为礼品分别赠送中非国家文化部部长和美国华盛顿州州长及俄罗斯客人；300余幅作品被美国、英国、法国、日本、瑞士、荷兰、俄罗斯、新西兰、澳大利亚、加拿大等十多个国家的国际友人收藏。

谢成飞剪纸作品——白马姑娘迎回归

三、传授技艺

（20）09年的时候，剪纸（被）评为省级非遗项目，同时（我个人）被评为省级传承人。评上非遗项目传承人之后，我觉得作为项目传承人，对这个项目要有个领军作用，（所以我）陆续在平武中学，平武的七一小学，作为校外辅导员，教这些学生剪纸创作。去年（2015年）的时候，在绵阳市图书馆，为了扩大平武剪纸技艺的传承，（我们）就在绵阳市图书馆3楼搞了一个平武剪纸绵阳传习所，（是）市文广新局、市非遗中心授了牌的，坚持每一周星期六上午义务上半天课，从去年9月1号到现在，上一周我们还给学生上了课。

（现在）直接拜我为师的有4个人，一直坚持学1年以上的大概有20多个人，平武、绵阳都有。因为我考虑这个剪纸主要有个影响面，平武毕竟人很少，就有几个小学。响岩小学把剪纸作为主要活动之一，也把它作为学校的一个特色，搞得非常不错。下一步9月份，国家教育部还要来验收，相当于特色教育。包括和我儿子谢长浩我们两爷子①都在义务地教这些学生剪纸，有时间还参加市上和县上的非遗项目进校园这个活动，教学生剪纸。学生非常感兴趣，手工都喜欢做。现场我们教些很简单的折叠图案，现场他们很快就学会了，现场教他们做自己做。

四、展示剪纸

商业这方面也做过，曾经在（19）98年，我得到县委县政府的高度重视，鼓励我们把这个推出来，（于是）就在平武宾馆开了一个门店，就是做一个展示销售的窗口，到2008年“5·12”地震的时候，整整运营了10年。（这个门店的经营从）经济收入上来说能够保得走，但是说（要）创造很多经济价值，那个也不现实，毕竟这是纯手工，但是对传播平武剪纸应该说还是起了很大的作用，作为平武文化展示窗口之一，县上领导非常支持。2008年地震时，房子被颠垮之后，（门店）就没有开了，由于很多精力用于灾后重建，就没有（搞）了。

近几年，从2012年，（我的剪纸）先后在芬兰国家森林博物馆②办了展览，在美国纽约办了两次展览。在法国的卢浮宫，就是2013年，由法国文化宣传部国务秘书处主办的第19届国际非遗博览会，效果也比较不错。去年到了迪拜办了展览，就是中国驻迪拜总领事馆的参赞张艺参加了开幕式，阿联酋联邦议会的议长也参加了的，应该说对中国文化的传播，效果比较好。

第三部分　解说剪纸

很多民族都有剪纸这个习俗，最早的剪纸在远古时代，主要用于祭祀活动，后来节庆剪些窗花，少数民族羌族剪纸和白马剪纸主要是用于祭祀活动。原来（剪纸）都是用的一般普通的红纸，后来为了保存时间长，就用蜡光纸，有的用红宣，（在用）纸上应该说不限。剪纸还是比较容易掌握，并不难。

① 两爷子，方言，父子俩。

② 芬兰国家森林博物馆，应为Lusto芬兰森林博物馆，芬兰的展览和活动中心。

一、平武剪纸特点

剪纸都大同小异。整个中国的剪纸分为北派和南派，通过这30多年的积累和观察，（我发现）北方剪纸比较粗犷、写意，南方剪纸比较写实、细腻。我的剪纸在继承我母亲教的技艺的基础上，又把北方粗犷的剪纸写意的一面结合进去，比较有代表性的作品就是《十二生肖》。（在）十二生肖我把我们平武羌族的刺绣图案结合到剪纸当中，所以使平武剪纸更具有个性化和民族性，装饰性也更强一些。同时我（在）剪的方式上也结合了我们平武白马剪纸比较古老的剪纸语言和手法，把羌族的刺绣图纹和白马的剪纸语言与南方剪纸的细腻结合在一起，所以显得装饰性很强，粗犷但是有细腻的一面，比较接近现代人的欣赏水平。

谢成飞剪纸作品——白马风情

（平武剪纸）最典型的（特点）在它的图案上，构图上，题材上。（平武剪纸）主要以羊为表现主题。在它的构图上，花纹要以装饰效果为主，要把羊角花也要融入剪纸当中，作为一个表现形式。那么它就更具有羌族剪纸的一种味道。

二、题材分类

（一）祭祀剪纸

用于祭祀活动（的剪纸）要剪一些人，作为祭祀的一种象征剪一些（代表）祖先的人等，祭祀剪人类似于（端公做法事时扎草人）这种。羌族崇拜的对象一个是白石和羊，它塑造的对象以羊为主，剪羊头，其中最主要的典型图案有三羊开泰这一类。

（二）节庆剪纸

春节羌族的传统剪纸，一般是（以）庆丰收、年年有余、吉祥富贵这些图案为主。这些图案主要放在门间，一个是吊在门上，另外一个是放在厅堂，（还有）一个是客厅，把它贴起，主要是（贴在）门窗上。现在春节（贴剪纸的人）相对来说要少一点（了），随着现代文明的进程，剪纸受到了一些冲击。

（三）婚庆剪纸

（婚庆剪纸）现在用得比较多。（结婚主要是吉祥图案，比如）鸳鸯戏水呀。剪喜字，各种造型的喜字，贴在厅堂的正中，新房的门窗上，主要是创造一种比较喜庆的气氛。（传统剪纸）现在用得比较多的还是婚俗，整个羌区，清漪江这一块（的）羌族聚集区，一般来说结婚都要贴喜字，剪些喜鹊这一类的图案。这一般的喜字自己剪，有些复杂的在外面（剪）。我们这儿办了一些传承班，包括农村，也教了老年人、妇女这些剪些吉祥图案。

谢成飞剪纸作品——十二生肖

第三节 桃坪羌寨民居建筑

王文德——传承羌族民居的一种地方样式

名称：桃坪羌寨民居建筑

级别：第一批阿坝州州级非物质文化遗产名录项目

类别：民间美术

简介：桃坪羌寨位于岷江上游河谷地区，距汶川17公里，成都160公里。据史料记载：西汉时即在此设广柔县，桃坪作为县辖防御重区便已存在。而今，桃坪羌寨被誉为“东方古堡”，是中华民族建筑艺术的活化石。

桃坪羌寨作为生息繁衍、征战自卫物化载体的代表，整个空间形态淋漓尽致地张扬着生命力和阳刚美。这些“从大地中生长出来的建筑”，与湖光山色相映相融，落落大方，亲切朴实；旧时饱受战乱侵扰的血泪史，深深烙印在了村寨整体布局与规划上——顺应地形、以羌碉为中心的多户密集建房；家家户户屋顶间交错相连，体现了他们在战争手段、邻里交往空间、拓展生产空间上的创新等。另外，遍布村寨的蜿蜒水道纵横交错，展现了羌民族在水资源利用与管理上的智慧。桃坪羌寨布局结构反映了羌族人民在尊重环境、适应环境的前提下，在羌寨聚落建设中所展现出的高超智慧，而且这种聚落与环境嵌合所蕴含的深刻道理，即使是在今天的建筑实践中依然具有重要的意义。

桃坪羌寨民居建筑是集数学、几何、力学、材料学、气候学等为一体的艺术瑰宝。有了合理的材质选择和高超的垒砌技术，不绘图，不挂砌墙线，也不搭架，全凭目测和经验，单用手工，几米至几十米高的民居和碉楼就能被砌得笔直平整，纵然在漫长的岁月中历经了数次地震依旧巍然屹立，充分展现了羌族民居碉楼建筑的智慧。

2006年，经阿坝州人民政府批准、文化局确定，桃坪羌寨民居建筑被列入第一批阿坝州州级非物质文化遗产名录。

传承人：王文德，阿坝州级非物质文化遗产名录项目桃坪羌寨民居建筑县级代表性传承人

传承谱系：当地传统建筑技艺，无明确传承关系

小传

王文德，1943年出生在理县通化乡西山村。因小时候兄弟姐妹共有9个，生活很艰苦。

新中国成立后上了小学，14岁开始做农活，一生务农。

成年后，在生产队做过记工员、保管员、生产队长兼小队会计，包产到户后不再当生产队长。

年轻时，当地村里掌握碉楼修建技艺的人非常多，据说十分之一的人都会，因此没有正式拜过师，而是跟着老一辈艺人学会了相关技艺。

口述

第一部分　人生经历

一、青少年时代

我癸未年（1943年）出生嘛，（今年是）74的虚岁，73岁。

小的时候家里人多嘛，我们哥哥兄弟咯，（兄弟姐妹）一起有9个啊，这后面我们哥哥就分开，我们兄弟分开（住了）。那阵，大集体伙食团的时候生活恼火[①]得很，不止我一个人，大家都恼火。啥子草草哦啥子都挖来吃，（因为粮食）不够吃。伙食团（19）58年就定量了，（19）58年停了伙食团，（19）59年、（19）61年、（19）62年生活最恼火。

8岁嘛读小学，那是（19）51年读的书哈，解放了嘛。（小时候除了读书就是）帮到家庭放点羊子、放点牛这些。读了6年，（19）57年就没读书了。

（没读书了）就做农田活路，参加合作社[②]。那会儿才去的时候我们小嘛，一天挣5分啊，一个全劳动力[③]是10分嘛，我只能挣个5分这些，哦，大集体嘛。挣工分，给他们帮到记点工[④]嘛。（我在）生产队上当过记工员，还有保管员，这后面就是当了一届的生产队长，当了那一年的小队会计。下户了过后我就没当了。

二、学艺谋生

（修房子[⑤]是）跟到我们原来老的那些（工匠），跟到他们一起学的嘛，还有自己自学的，就那个样子嘛。没有拜（师）。

那阵大集体嘛，修建的（活路）多嘛，这样那样修建的多，我们就修房子。大集体过后，下到户了过后，又自己找副业，到处去修房子啊，到处挣点钱。

---

① 恼火，方言，意思是日子不好过。
② 合作社，农业合作社，农村集体组织。
③ 一个全劳动力，一个成年人全天的劳动力。
④ 记点工，登记出工情况，就是记分员。
⑤ 修房子，四川方言中通常指建造房子。

远眺桃坪羌寨

（跟到人家一起修房子大概有）二十四五岁了，那会儿才好大嘛，还不会。跟到他们老年人一起去学。那个时候（会修这种房子的老年人）多嘛。那一批（现在）都没在了，这儿还有一个我们组上，这些一起学的。

我当时主要是给生产队这些邻居去帮忙修房子，做这种。大集体的时候我们评工分嘛，修晒坝啊，修学校啊，大集体的时候修猪圈啊这些嘛，下到户了以后（修房子）就自己挣点钱。（挣钱修房子走得）不远，基本上还是（在附近），红原[①]、若尔盖[②]这些都去过，草地[③]都去过，黑水[④]也去过。（出去一次很久才回来，）有时候时间长了就几个月才回来。那阵还有田坝活路[⑤]嘛，抽出田坝空的时间去。（那时）挣得到啥子哦，那会儿才是做一天挣3块钱，那会儿工资低嘛。那会儿的3块钱当现在还是管钱[⑥]。有时间各人包的不一样嘛，主人家包吃的有，有时间自己带生活的嘛。自带的走远了哪里带哟，基本上都是吃主人家嘛。

① 红原，四川阿坝藏族羌族自治州所辖县，在理县北。
② 若尔盖，四川阿坝藏族羌族自治州所辖县，在理县北。
③ 草地，通常指阿坝藏族羌族自治州牧区藏民族定居区域。
④ 黑水，四川阿坝藏族羌族自治州所辖县，在理县西北。
⑤ 田坝活路，方言，地里的农活。
⑥ 管钱，意思是当时的3块钱比现在的购买力强。

（以前传统的寨子里面，很多人）会哦，基本上都会砌。哦，（我算是）手艺好的。好坏各人（评判），有些砌得好，有些砌得不好，砌得不好的人家不要你。以前出去修房子，大家搭伙嘛，五六个人啊、两三个人啊，我们就去包一个房子，徒弟打下手，揉泥巴啊那些，调点泥巴，背石头啊；眼前之功，他们就学一下，有时间爱学的来学，不爱学的就不学。以前基本上都会砌。

第二部分　建筑技艺

一、建筑技艺要点

（一）建筑材料

（桃坪羌寨民居的修建材料）主要是泥巴、石头。泥巴先筛嘛，筛了过后，粗渣倒了，细渣（用水和起来）就是稀泥巴，倒水进去泥巴揉起来嘛，锄头调清就对了。调好了过后就一层石头高头一层泥巴，这层石头搁了又摊一层（泥巴）。

（二）墙的砌法

石头搁（法）有讲究，就是像高头，我们一般砌的时候石头高高矮矮不一样嘛，一层这么高的有个七八个挽一转，二一转又拉一转，不平的嘛。平的放倒，基本上平的就放倒起。但是藏族这些上面收了，这些就是藏族的房子，这些房子边边角角他们就爱修那样的，墙边边几头冒起。

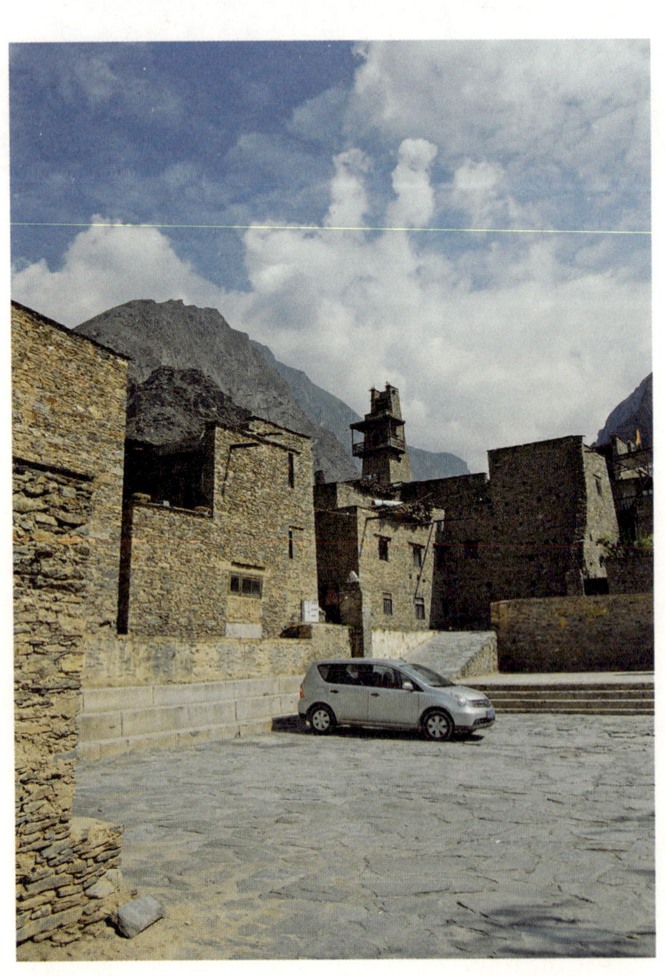

桃坪羌寨

（三）砌石关键

要砌得好，一锤一石。你放个石头，泥巴摊起了，搁个石头，你把锤锤拿起，就砸下去，这就实在了，一个石头要敲一下锤锤。

（四）墙的厚度

（墙的厚度）一般都是30公分的样子，一出来底子上就40公分，它底脚垫得宽。（做）底脚的石头基本上都放大石头嘛，它这个砌上去要稍微稳当一些。（问：墙角要稍微翘起来一点？）哦不不不，它就要垫得宽一些，宽了以后走过这个地面以后幅度收窄点。30公分一圈，一尺五，（慢慢往上收一点，）到了高头就不收了，聚拢就成。一

桃坪土司官寨

直聚拢，上面聚拢的基本一尺二（宽时）就收口。

（五）收墨[①]

底脚收上去，要看底下好大，往高头收上去。它有个限制，不然你直线上去是不得行的。有些修得高，有的修得矮，像五层的修得高哦，五层的收墨就收得凶哦，上面要收好凶哦。像碉楼这些，碉房子这些收上去，就更收得凶了。我们在壤塘，我们就给他们修碉，去过一回，我们这个水平去了两个月，给他们砌了两个碉，是六几年去的，（那碉）基本还是五层，但是他那个五层矮嘛，基本上都是五尺五搭梁，六尺收口上去就盖（楼板），那层盖起了又砌一层。

（六）房顶的处理

(房顶)上面，我们有石板嘛，石板就先盖起，墙子上先盖起，免得它漏雨下去嘛。还有个，石板高头我们好堆青稞，麦子把把、青稞把把、玉米啊可以堆这些，那个五层高头还可以堆。木板搭起上面盖石板，就不得盖泥巴了，那个墙子高头盖起。（要盖）石板哦，泥巴不敢。泥巴它上面雨水多了，浸了墙子要胀爆的嘛，（所以）基本上都拿石板。现在呢他们一般拿水泥，（在水泥）上面摊出来，原来全是泥巴、石板。石板些就有这个桌子样子镶起走，这个是一张一张镶起走，全部都镶好。（石板）拿錾子去錾嘛，崖缝上，到处去找，找好了，有些厚度厚了就划成两张啊，一张两张地划嘛。（砌墙用的石头）不讲究的，那种大大小小（的）都（可以）要，讲究的主要是盖的石板。

（七）干燥时间及工期

原来我们老房子就是5层嘛，5层房子嘛，这些是人家原来的，老式的那些，几辈人的老房子。现在，我们这些基本上修3层。（比如5层的房子）它要砌一层盖一层，砌一层盖一层上去噻。砌了一层，那层盖好了，把石头搁上去盖好了以后，又砌二一层，二一层盖好了又砌三一层，一次砌完。（修个5层的房子的工期）不一样哦，像石工啊那些请的多呢要稍微（快点），如果请两三个工可能要修年打年[②]。主要是一句话，房子修的大小不一。

二、房屋布局

原来基本上老房子全部是5层。它的分布：

第一层，过去嘛关牛、关马、关羊子嘛。

第二层，第二层盖好后就基本上跍人[③]了嘛。人跍了过后就息当[④]啊，还有就是厨房啊，就做这些嘛，那个就第二层。

第三层，就基本上家庭的用具这些就是放在三层。

第四层，上去就是一个大仓，装粮食嘛，粮食我们收的百粮嘛。啥子粮食都有，玉米、荞子、青稞麦子啊，它就一格格隔出来的。隔起的，（大仓）全是木头做的。

---

① 收墨，砌墙吊墨线。向上要往里收，下大上小，便于房子稳定。

② 年打年，方言，一年。

③ 跍人，方言，住人的意思。

④ 息当，方言，起居室的家当。

再上面就是大房背[1]了。房背嘛，在那上面就打青稞麦子啊，背上去打青稞麦子啊，背玉米打玉米啊，收的作物些就杵这儿房背。

第五层，我们一般羌族说是信这些神啊就是（在第五层）上面供得有，（最重要的是）白石神。我们羌族自己的一般的时间来了，有会期这些来了自己就去烧（些香蜡）。那高头就砌层棚棚，棚棚那层不大，下头就可以放点东西。房背晒的东西，没晒干之前，下雨了就可以捡过去嘛，免得淋到雨。那个就（不大），半边嘛，半边的半边，（四分之一或）三分之一。（敬神）一般就是香蜡钱纸啊，但要过年了，腊月三十啊，或者四月八、八月八。正月初八这些就是有会期。其他时间以前医生少嘛，就许愿，娃娃不好，大人不好，就许愿这些嘛。（在这儿现在这种传统房子）没修了，不修了，这儿西庄大队（现在的西山村）原来基本上就是这种房子，现在没得了，就我屋头还有一块（那种老式的5层建筑）。地震的时候摇是摇了，但是没垮。

桃坪羌寨一瞥

三、与藏族民居的比较

（如果）修一个草地里的房子（就）更复杂。门窗这些是不跟我们这儿一样的。它那个窗（是）一排一排收上去的，高头画的花纹。我们这儿的这些要简单一些，他们那个外边收上去（还）要加窗台。上面草地那些就搁砖，砖只搁一块，中间隔点搁一块，中间隔点搁一块，两个砖的中间就是砌小石头填上来，两个砖的中间填上去。其他两个接口中间又搁一匹（砖）嘛，就是这么砌的。就好像这样子，这个离开的，这个是挨到的。它这个要离远点，离远了中间那个缝子上就砌小石头。（我们这里以前）全部都是（只用石头）。

第三部分 传承断层

按：由于建筑材料的变化和建筑方式的变化，现在传承传统建筑技艺的人少了。

（正儿八经带的徒弟没有，）没带。有就有，没得就没得，就我的儿子（在认真学）。以前基

① 大房背，指房屋的顶。

本上一百个人里有十个人会。

现在有些娃娃，像我的儿子，他们还是会砌泥巴墙子，还是拿得起嘛，有时间修点这样那样小型的东西。（以前）一块[1]带一块，一块带一块，就这么带出来的。

（现在会这个手艺的年轻人）有，（只是）现在不修那些传统房屋了，现在基本上都是砖，（以）砖的结构来修这些了。

① 块，四川方言中的量词，指人或物的个数。

第七章 传统游艺、杂技与竞技

陈仕琼——传承羌族推杆

名称：羌族推杆

级别：第二批四川省非物质文化遗产名录项目

类别：传统游艺、杂技与竞技

简介：《后汉书·西羌传》就有羌族“以力为雄”的记载。作为羌族传统体育项目的推杆，充分展现了羌族人民的彪悍、英勇的民族性格。

推杆，在羌语里又称“无勒泽泽”，因其开展不受场地限制，简单易学，故在羌族人民中广泛流行。关于“推杆”的起源说法不一，或是起源于战争，或是起源于生殖崇拜，或是起源于羌族释比文化中的祭祀活动。

推杆，常出现于羌族传统节日中，如羌历年、祭山会等。推杆同时也是羌族婚礼习俗之一。在羌族婚宴上，羌族人民会穿上羌族特有的服饰与新郎推杆，以此祝福新郎身体健康，多子多福。

2008年，在北京奥运会上，羌族推杆被选入开幕式的表演节目，赢得了全世界的瞩目。

2009年，经四川省人民政府批准，羌族推杆被列入第二批四川省非物质文化遗产名录。

传承人：陈仕琼，四川省非物质文化遗产名录项目羌族推杆省级代表性传承人

传承谱系：陈兴邦→陈庭宝→陈开贵→陈仕琼

小传

陈仕琼，1977年出生于四川茂县白溪乡杜家坪村。

1998年，威州民族师范学校师范专业毕业，之后在北川县青片乡中心小学当教师。

2003年，北川羌族自治县成立，被借调到民族宗教事务局工作，一年后正式调入北川文化管理所。

2007年，担任羌族民族博物馆副馆长至今。

口述

第一部分　个人经历

（我是）1977年7月1号出生，上学是1983年，小学4年级到初中都在茂县读，（就是）凤仪小学和茂县中学。

（19）93年初中毕业，（然后）我读的师范。1995（年）到1998年，在威州民族师范，读师范专业。读完了，（19）98年7月读完了就分在绵阳市北川，在青片乡中心小学教书。小学那个时候，人手不够嘛，不可能单方面教一门，主要教中文，主要是语文，数学也教过，政治也教过。

（20）03年，就是成立北川羌族自治县那年，就是因为自治县需要嘛，本人是羌族嘛，就把我借调到民族宗教事务局，借调了一年。然后，（20）04年11月我就正式调入北川，那时候叫文物管理所，文管所，一直到现在。最后，成立了羌族民族博物馆和文物管理局，两块牌子一套人马，就在那儿上班，（20）07年当副馆长。

男女推杆（图片由杨成聪提供，摄于2012年2月）

第二部分　介绍推杆

小时候，我们爷爷教我（推杆）。因为我们那儿有祭山会啊、转山会啊，有些大型活动的时候，或者节庆日，牛王会啊，几个小伙子些聚到一起，当到那些美女就推几把（杆），一起耍，看哪个劲大呢，小时候都这么玩。（那是）一个娱乐项目，（我就是在）那个时候接触的这个东西。

（我）读书的时候实际上很少耍，主要是到北川工作后，2008年“5·12”地震后，很多传承人都没在了，后来北川就开发旅游项目，挖掘民族文化，从那个时候，羌族推广（民族项目），慢慢慢慢（就）开始传承。

“5·12”地震对我有影响，（失去）两个（亲人）嘛，娃娃和母亲（没在了），就是在北川（老县城）。

我们爷爷他们讲，羌族推杆，因为羌族他处在这个深山峡谷当中，一天除了劳作，就是日出而作、日落而归这样，没得啥子娱乐，他们累到了过后呢，就弄个竹棒棒，就在田间地头比下，摔下跤啊，推下杆啊，显示下一下力量，是娱乐项目，它不是真正意义上的一个竞技项目。重要的是娱乐，尤其是哪个结婚的时候，拿个推杆，他们就是在姑娘面前显示他的力量，显示他有劲，炫耀下显摆一下，就是这样子的。当时，（推杆）相当普遍，我们小的时候，没得啥娱乐项目，没有电视啥子，尤其是父亲那一代没得啥子娱乐，自己发明这些娱乐项目，（从）古代一直沿袭下来的。随着啥子电视啊、收音机、录音机啊等等现代性的娱乐项目开始，玩（推杆）的人就少了。

一对多推杆（图片由杨成聪提供，摄于2011年11月）

（推杆）道具，有些地方就用杉木杆，有些像北川这些地方就是用竹竿，因为竹竿它韧性比较好。（杆子）粗细是两手要握得到它，握不到就不得行，掌握不到它；长就3.5米左右。

推杆它形式不一样，男的可以推，男的和女的也可以推，（可以一对一）可以一个人推几个人，也可以多人相推，几个人推几个人也得行。（这个）对人数没有严格的要求，多的三四个人也得行，一边三四个也得行，是娱乐项目，比较好耍。

中间划一根线，这是中线，这儿一个，这儿一个（两边各一个），往对方这么推，哪个推过了中线，就是赢了。和拔河一样，不过拔河是（往）相反的方向，这个是相对，对到推。动作没得啥讲究，就是马步站稳，（像）这样（站）马步，靠腰力和手上的力量。

（如果作为正式比赛项目）还是（要）有裁判，娱乐项目就没有严格的，比如设立个奖励项目还是得有裁判，一般娱乐（就）没有严格的讲究。

推杆中分线上挂一个红，（地面）下面画一个中线，相当于（对方）超过这个中线的时候你就输了，很简单一个，非常简单，任何地方都可以弄，田间地头都可以，不拘一格。实在没得办法（娱乐）时，当时砍一根竹竿都可以弄。

第三部分　传承推广

（推杆在北川）还是比较受欢迎，比方说外来游客些，晚上吃完饭喝完酒，没得事的时候，想展示一下力量，显摆一下，重要的是增强它的娱乐性。

北川这几年，小学、中学、艺术团都在推广这个东西，还有各个景区，我都在去（传授）。通过这个娱乐项目吸引游客，到过药王谷啊，这儿还有寻龙山啊，都去过。有时候，（我）自己为了推广嘛，自己就跟他们联系，大家都欢迎。

永昌中学、实验中学、北川中学、职业中学，（把推杆）作为兴趣课，（我）都（去）授过课。娃娃些还是感兴趣，尤其是男娃娃，他要显示他（的）力量，还是感兴趣。（推杆）尤其受年轻人的喜欢。

汪清寿——传承羌族推杆

名称：羌族推杆

级别：第二批四川省非物质文化遗产名录项目

类别：传统游艺、杂技与竞技

简介：见陈仕琼部分介绍。

传承人：汪清寿，四川省非物质文化遗产名录项目羌族推杆省级代表性传承人

传承谱系：当地民间体育娱乐活动，无明确传承关系。长辈传承关系为——汪华庭（爷爷，生于1899年）→汪朝中（父亲，生于1933年）→汪清寿

小传

汪清寿，四川省汶川县绵虒镇羌锋村人，1967年出生。初中文化，已婚，育有一子一女。

曾外出打工，现在家务农，开办农家乐。

2009年，汪清寿被列为四川省省级非物质文化遗产名录项目羌族推杆的省级代表性传承人。

口述

第一部分　个人简况

我是1967年出生的。7岁就开始上学，初中都没完全毕业，就没有上学了。（土地）已经分到户的时候，我都还在读书。

（我）种过地，（那个时候）主要还是种地的时间比较多，主要是种玉米。到处打过工，养过鸡，孵过鸡仔仔，啥子都搞过。我是24岁结婚的，具体哪一年我都忘了。有两个（小孩），一个已经是24岁了，大的是儿子；小的已经21岁了，小的是女子。

第二部分　推杆活动

推杆，就相当于一种体育运动一样。父辈原来就有这个（推杆），就像一种体育运动一样，大家农闲的时候做的体育运动。（什么时候开始兴起这项运动）原来我不清楚，祖辈这些究竟是什么时

讲解推杆

候做，我也不清楚，只是在祖辈有推杆这种做法。

十多岁的时候，我们小时候已经有电视以后，大家慢慢就（对推杆）不感兴趣了。那个时候玩这个的也不多了，等于大家农闲的时候，或者做活路休息的时候，大家就这样弄一下，比试一下，是你的力量大还是我的力量大，等于就这种。

现在不普及，都不喜欢这些了，现在人都不整这些了，特别就要手机、打麻将这个就最多的了。文化生活已经改变了，现在没得人玩儿了。（我读书时就）都不要了，那会儿读书的时候就弹弹子啊这些。

我从小就（感兴趣）做，我又不打牌，（我觉得）这种从祖辈传下来的东西不该让它流失了。我就慢慢觉得可惜了，就一直在玩（推杆）。现在地方上也没有组织推杆表演。

第三部分　推杆介绍

推杆，一般是用木头，（对）长度没有要求，可以长也可以短。

比如这边两个那边两个，有的两个女的推一个小伙子也可以，随心所欲的。（除了两人推，）也可以几个人一起推。

推杆很简单，一学就会。没得技巧，很简单的做法。比如有些是平推的，一只手这样子，一只手这样子就可以平推，（两人）同样的姿势。一种是双方都抵到自己的肚子上，有这种。

还有就是一个人蹲下来，另一个人站起来，这样子推。

站起来的人把蹲下来的人推翻了，他就赢了。

手持平推

顶在腹部平推

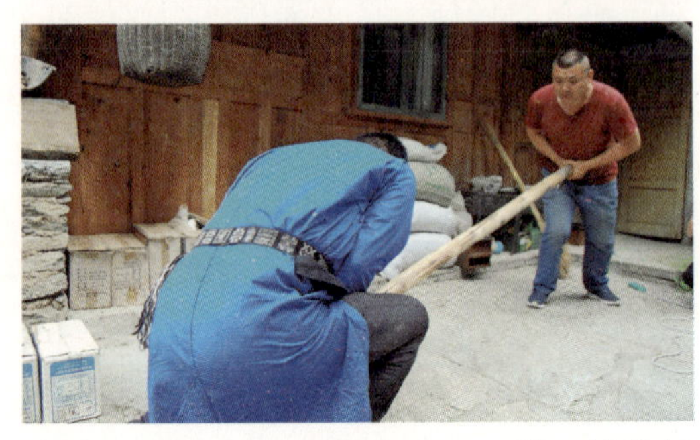
一蹲一站推杆

第八章 传统手工技艺

第一节 羌族水磨漆艺

朱红志——打磨羌族水磨漆艺的光彩

名称：羌族水磨漆艺

级别：第二批四川省非物质文化遗产名录项目

类别：传统手工技艺

简介：《史记》记载："漆之为用也，始于书竹简，而舜作食器，黑漆之，禹作祭器，黑漆其外，朱画其内。"羌族制漆、用漆之历史，受其"有语言无文字"的限制，不可考。

久负盛名的羌族水磨漆艺，是指以木材等为胎料，生漆为原料，制作极具审美与实用价值的手工艺品过程中采用的传统工艺。其制成品造型古朴典雅，构图精巧奇妙，色彩绮丽纯美，画面清丽明快，题材丰富多样，寓意吉祥喜庆。

羌族水磨漆艺，是羌人祖辈传承下来的优秀传统工艺，其漆磨部分全部由手工操作完成，对工艺涂层要求较高，技术难度大。制作周期长，要经过盖面漆画、干燥、砂磨、抛光等几十道工序后制成。水磨漆面光亮如镜、细如绸、画如生，且耐高温、耐腐蚀、耐酸碱、耐磨损、耐浸泡。所绘山水生动传神，细部处理精妙得当的作品，使得水磨漆漆画艺术具有奇特效果，耐人寻味，古韵悠长，具有极高的审美与收藏价值。

经过北川水磨漆艺工匠多年来坚持不懈的努力，古朴典雅、别具风格的羌族水磨漆器已经成为中国漆器一绝，精湛的水磨漆手工技艺成了羌民族非物质文化遗产一笔宝贵的财富。

2009年，经四川省人民政府批准，羌族水磨漆艺被列入第二批四川省非物质文化遗产名录。

传承人：朱红志，四川省非物质文化遗产名录项目水磨漆艺省级代表性传承人

传承谱系：马大兴→马良云→曾斌如→曾庆山→李开佑→张福寿→朱红志

小传

朱红志，1962年出生于四川省北川县白什乡的一个知识分子家庭。高中毕业后，朱红志接触到漆

艺这门手艺，并对其产生了浓厚的兴趣，此后走上了学习与从事漆艺制作的职业化道路。

1979年，初学漆工，略知皮毛，可以漆一些简单的家具。

1986年，调入林业服务公司木材加工厂，在这里结识同厂工作的曾庆山、李开佑、张福寿（音），并拜这三人为师，互相切磋，逐渐深入地了解水磨漆艺的精髓。1986年，任车间主任并开始带徒弟。1989年开始留职停薪创业。1987年底结婚。

1992年，正式离开工厂，成立雨洁水磨漆家具厂，生意蒸蒸日上。

2008年5月12日，汶川大地震，多年心血毁于一旦。

经过一段痛苦的思考，2008年底2009年初，重新开始从事水磨漆艺。在朋友的帮助下，夫妻两人辛勤经营，生意渐渐红火起来。朱红志在不断开拓、创新，希望让这门古老的技艺得到传承，得到人们的认可。

2009年，朱红志被命名为羌族水磨漆艺省级代表性传承人。

口述

第一部分　漆艺人生

一、遇见漆艺

我出生在1962年4月，老家是白什（的），（位于）北川羌族自治县。我父亲教育我们，人，书不要读多了，就学个手艺比较好。为啥子这么说呢？我父亲曾经是“右”派分子，文化程度很高的，北京林业大学毕业，（19）57年就打成“右”派了，就是书读多了话说多了。他就教育我们小学毕业就可以，你打得起张借条，可以写自己名字就行，书不要读多了，学个手艺（比较靠谱）。那时候我们小，就听进去了。高中毕业后，那时候没事干，当时家里在做刷漆，偶然机会看到这个觉得还好耍。当时在1979年暑假，就跟着师傅问东问西的，他说你是不是想学这个手艺呢，我说还可以，这个手艺学到对。那个时候觉得这个手艺很不错，干脆就拜师嘛。

我这个拜师很简单，就是（19）79年，我跟到一个师傅开玩笑说了，师傅还调侃我，说小伙子要去读书，学这个干什么。我还问这个手艺学得到好久呢[①]，（师傅说）这个说不清楚，刷漆呢有人学几个月得行，有些学好几年都不行。我说那我来学这个，他说你喜欢学就来，于是他把漆给我手臂上抹了一些，结果第二天就红了，第三天就肿了。他说，你年轻抵抗能力可能（应该更）好一点，那时

① 好久，方言，多长时间。

17岁嘛。最后我觉得（还）是要去学这个手艺，（于是）我自己找到这个师傅，我说我要跟你学手艺，你有什么条件要求没得[①]。我那个时候跟我父亲搞了40天森林普查，挣了个东风表，120块钱。我说师傅你收我这个徒弟嘛，我勤快，我什么都会做，我没得拜师费，我把我的手表送你。师傅说我要你什么手表哦，你就来跟我做就是了，每天（只）管饭没得工资。跟他跑了3个月，一句话，我跟漆很有缘，怎么弄怎么顺，当然，中途还是遇到很多困难和曲折。

制作水磨漆器的工具

1979年的7月份，就开始走上（学）这个大漆这个手艺（的路）了。那个时候，我还要生漆疮，过敏。土漆因人而异，有些（人）要过敏。我当时生漆疮，前前后后大概生了一年，还是不简单啊，能坚持下来。就在我们老家，白什那个地点，那个时候下乡比较多嘛，农村漆家具、漆棺材比较多一点，是个实习的好地点。由于爱上了这个玩意儿，漆这个很好耍，你看到它从树上采割下来，它是白汤汤一样，收拢来，晒、熬、煮、炖，它就变化了很多东西出来，由生漆变为熟漆，由熟漆又变为半透明漆，这都是一个加工过程。总之我跟漆有缘。

生了一年的漆疮过后呢，（我）慢慢地又适应了。我记得当时我跟到我父亲他们还说过啥子话呢，我说算了，我不学这个手艺了，这个手艺太伤身体了，（生）漆疮、过敏，你给我找个工作。但我后来还是又继续跟到师傅去在农村到处给人家漆点家具，挣点钱。那个时候（我们）还挣得到钱，一天要挣两三块钱。这个是（19）79年底到（19）80年初的时候。

跟了师傅三个多月不到半年之后，学了点皮皮，到处当跑滩匠[②]，我就自己在外头做了。那个时候，农村很简单的家具，漆普普通通的，最后就发展到啥程度呢？（我）觉得跟这个特别有缘分一样，一学就会一看就懂，挨家挨户去装修，就在当地出名了，还是漆得有点好了，最后就有人介绍到绵阳（做生路）。那时候一个（人）漆个大立柜，五斗柜带材料就是22块（钱），还是可以哦，那个时候一个月有几百块，（19）80年、（19）81年、（19）82年（时）能挣几百块还是不简单哦。

二、切磋提升

后来，（我）接触这个就越来越深，觉得漆后面还有高深莫测的东西，不光是刷点家具，而且有工艺品。后来我从绵阳回来的时候，大概就是（19）80年底了，我们北川有一个专门的木器社，木器社里面专门有一工厂，专门做水磨漆了。我们才知道，不光有土漆，土漆我们一般叫明漆，后面这

① 没得，方言，意为“没有”。
② 跑滩匠，方言，意思是没有固定工作场所的匠人。

种工艺叫水磨漆。回来我就觉得这里面太高深莫测了，还要继续努力。

最后，我们父亲单位有个林业服务公司，当时由于我在外面跑了很多年，有点经验，林业服务公司招我回来当采购，觉得这娃儿是走南闯北的，可能有点见识。当时跑了一段时间，还是觉得采购不理想，觉得刷漆舒服。林业局下面有一个木材加工厂，专门做家具，那时候（只）做家具，他们没有漆（的工序）。在1986年，我就给木材加工厂漆了一套家具，就（有人）喊我去开展销会（了）。那个时候可能是人运气来了，家具一漆就亮，要什么颜色（就能）调什么颜色，那种很普通的一般的明漆，展销会一打就响，甚至给单位带来了几十万（元）的订货。林业局觉得这个工厂还要得，比木器社的东西还弄得好，干脆把我这个项目转到木材加工厂去。于是当时在市上要了一个专业带帽漆工指标，就招到木材加工厂，那阵我手艺还是比较好，我就继续专门钻研水磨漆和绘画这一块，因为水磨漆不仅是制漆、做漆，还涉及设计式样和造型，还有平面、版面包括装饰这些，你要会画。

在这个厂里，有几个人水平很高。我拜过三个师父，曾庆山、李开佑、张福寿（音），每个师父不会给你传完，每个人的绝技不一样。比如说有个师父烧颜色烧得好，有个师父他弄颜色弄得好，另外一个师父把漆捼得好，很多都不一样的，有些除了祖传（可以学得全），但是你（要）是个女子他（也）不一定传完，他传儿子。（这三个师父）都是家传。第一个师父以漆为主，第二师父是以颜色为主，第三个是绘画这些方面的。（跟师父学的时间）都不长，就是那么一年多，还有在一个工厂里面，要说在一起干就好几年了，有些东西相互总结交流，慢慢就把技艺全部掌握完了。（这个手艺）最早的从明末的我们这个老北川老禹里①这里，马家屋头②传下来以后，又传到北川的曾氏，这当中就隔了好多代了。曾氏下面又带了李氏、张氏，我就跟到他们几个一起把这个掌握了。

后来我就当了车间主任，这个时候是1986年，那时候就带徒弟了。徒弟有六七个，徒弟就打杂、刮灰那些，我就研究绘画和漆色。那个时候（我）一天除了上班，晚上（就）练毛笔字、画画，在纸上画，慢慢才入到漆里。那个（水磨漆）才麻烦，不是很简单就弄成了的，要不就是颜色不亮，或者是对比度拿不出来，（我是）通过几年的钻研以及与同行交流（才精通的）。过去老师傅都保守，但是我们会偷经学艺、会看，（当然）自己确实也有这方面的天分，看到了，就觉得晓得其中有啥子，然后自己去实践，很容易就走上路了。当时就花了三年时间，光是攻绘画和制这个漆。那时候的老师傅，有时候就是来点烟、倒点酒，把他喝得二麻二麻③的，老师傅就要说点老实话。当时他在说我就在听，我就根据这个做实践。特别是我们烧煅那种绿啊，就是我们自己选择的配方，当时老师傅说了一遍就记住了，但是实践还是失败了好几十次，实践的经历光就颜色这块就前前后后又是一两年。后来就把这个漆逐步掌握到，要（是）什么天气就对什么天气（调配方），我们那个大漆，天气的变化有（对它）影响。上午配的漆下午不一定刷得成，下午配的漆上午不一定刷得成，（因为）天气有个温度和湿度，对大漆有影响。大漆的成分不一样，不外乎就是漆酶、漆酚、漆胶质、乳酸之类的，特

① 禹里，地名，北川羌族自治县的一个镇。

② 屋头，方言，意为“家里”。

③ 二麻二麻，方言，将醉未醉。

别漆酶受气候影响大，对它吹干起关键作用。地下多一点水（就不一样），湿度达到80%或者40%，就又是一个颜色。颜色上面，最怕的是刷漆的时候突然下暴雨，（那样的话）今天这个作品多半要泡汤。当然现在这几年，我们把漆一般弄得比较柔，也克服了这一点。因为我们是固定场所加工制作，还有温室，可以加温或者是降温，也解决了一些环境问题，不然很需要经验。这个技巧不是师父说了就行，你还（要）有个过程来掌握，必须要靠时间，我们现在带徒弟也是。

（我19）87年底结婚，（孩子）小的时候喜欢跟我画，她是一个女子，女子她的天分好。其实如果她要学我这个（手艺），是好的人才，她绘画比我还厉害，她看个什么画个什么，画动态、静物、素描（都很好），但是她不爱好这一块，所以读大学出去了。

三、艰苦创业

（后来我）自己就弄家具厂，（家具厂）还没名字，就是自己卖，一直陆陆续续的。

（19）92年过后，我自己已经干得有声有色了，我徒弟很多，但是把这个手艺掌握完的当时还不多，我自己就成立了雨洁水磨漆家具厂。我女儿的名字，叫朱雨洁，不知道现在在老县城还看得到这块牌子不。那个时候就开始出来自己做，在北川、绵阳，包括成都很多地方要水磨漆家具（的），都在我们这里来定。我记得在成都有一次一个姓罗的女的，看上我们那个仿古圆桌，还让我专门给她画一幅牡丹花，那时候九几年一套圆桌能卖到八九千，算是高价钱了，确实人家看上这个东西做得很巴适[①]。

后来业务扩大了，（20）05年，门市弄了两个，发展到什么程度呢，只愁做不愁卖，因为北川那个地点是个卡子，上下（成都）都要走那儿过，再加上水磨漆名气很大，人家说好像买水磨漆的人都是有面子的人，它（像）是奢侈品，很贵，买水磨漆在家里摆设也很漂亮。当时我们（做）的饭桌、衣柜、凉椅都是水磨漆的，（那个时候）我就觉得徒弟很多、做得很大，（所以）当时花了几十万买了厂。（20）06年，（我）就把厂买起了，买起了以后就做，那时候厂就大了，工人都是十几、二十多，漆工有十几二十个不简单，一个木工要供三个漆工做的东西，那个时候就觉得只愁做不愁卖。

家具制作

① 巴适，方言，意为“舒服”。

四、从头再来

刚好欢喜了没几年，（20）08年5月份，地震来了。我当时在门市上，头一天我提前过了个生，因为头天是星期天，第二天是星期一。第二天起来觉得恍恍惚惚的，天气有点阴，酒又喝得有点多，喝到晚上三四点了。我这个人好客，也喜欢交朋友，朋友也多，喝酒也可以喝两口。第二天中午没吃几口饭，老是想睡觉，（下午）2点多，我正在门市上倒车，就要往厂里去休息。我倒车出来以后，结果又退了几步。一个同事出来把我挡到开玩笑说，人家开车往前开，你怎么往后开呢。我说你让下我，我专门往后开，开个玩笑，又退了几步。我说今天是怎么了，哪个把车子汽油放了走不动了，其实那时候地震已经来了。来了以后我说这些人怎么都在往外跑，是哪里打架还是闹事，还没反应过来楼房就（倒下）来了，当时从车里怎么跳出来的都不晓得。这一瞬间就看到厂房、门市什么都塌完了，那时候什么都不顾及了，屋里的发工资的钱都没去拿了，当时一片死的死闹的闹，这个惨景你们都看到了。这一瞬间，就这么一两分钟前功尽弃，一切都没得了，也不晓得外面的世界是怎么了，电话也打不通，没办法。这个时候就晓得找自己亲人，亲人找了后，这下子旁边有熟人帮忙拉一下背一下。第二天走出来以后，一看厂房什么都塌平完了，土包包都堆起了，这下还有什么呢？当时就往绵阳走，我们走到任家坪，看到有解放军来了，（心想）外面可能没怎么（损毁）。一路走一路心酸，哭也哭不出来，像败兵一样，比那个都还惨，觉得这一辈子什么都没了。出来以后，刚好到九州集中安置点，跟娃儿联系上了，（女儿）在成都读大学嘛，她当时把好多第一（手）消息反馈给绵阳的亲

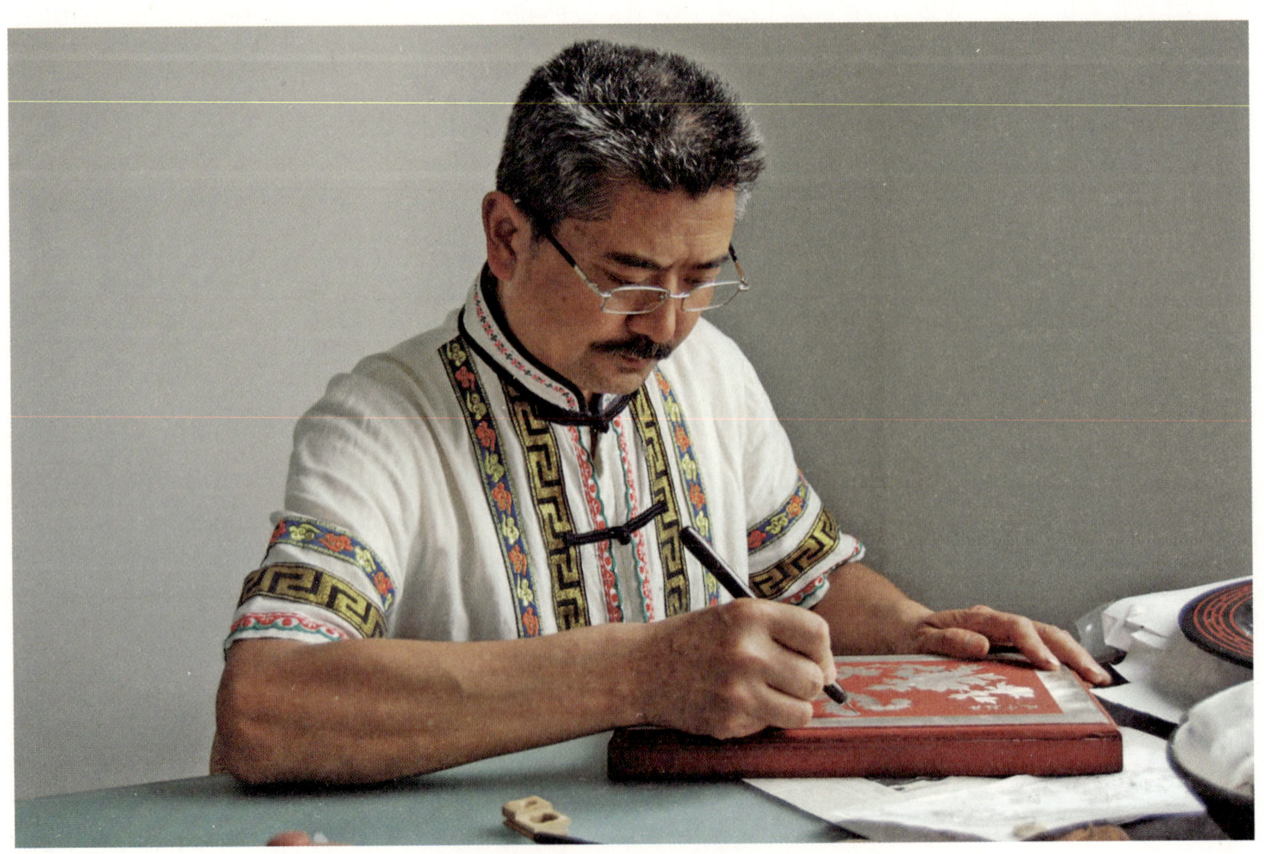

精雕细刻

戚。（我）当时就睡在九州体育馆里，就在想一些问题，（想）地震这么大怎么办，后面干脆就不想了。后来，我一个堂姐专门从国外回来了看我们，就说二弟啊，这回你们损失惨重，我专门回来看你。我们姊妹关系有点复杂，我是从小抱养给朱家的，本姓姓陈，光是朱氏家里都有五姊妹，陈氏家里就有八姊妹。那时候我们姊妹多，（堂姐给我们）一人拿了几千块钱，那个时候有几千块钱送来是什么概念。当时，我们搞企业的一切资产原材料都是在厂房里，没有存到银行，没有固定资产。最后她就说你跟我到国外去，她在菲律宾开矿，（我）去了两三个月，水土也不适应，就觉得人还是要做点什么，光跟到人家（家里）去吃闲饭，拿点钱觉得不实在，老是想到回来，想把漆做起。最后我们姐要回来看她一个朋友，我还是跟着回来（了），我还是要做老本行。

回来以后就是（2008年）12月份了，那时候住在永兴板房里面。我还是先成立公司，看政府有没办法解决一点地盘或者人啊，那个时候要注册公司，就必须要找地盘，就必须要有东西嘛。地震过后现在这个厂，以前叫安县木雕厂①，这个老厂原来我给他们画过画，当时那个厂还不像现在这个样子，很乱。我跟老板一谈，我说你这个房子可以出租吗，他说可以出租，我说你这个租金好多，我租半块（一半场地）就是了，我要不到那么多，他说一万一年，还是熟人，开恩。有场地了，公司注册下来后，这个资金从哪儿来呢？手艺是现成的，只是没资本而已，就找朋友借。当时，跟到我们绵阳一个干亲家，答应借十万块钱给我做本钱，当时（我）激动得要流泪了，十万块钱（能）解决多大个问题哦！我至少可以添些设备，买些木材嘛。我先做小点嘛，这是个漫长（的）过程，又要改料，料要烘干，烘干过后要找师傅来做。

人穷了千万莫去求人，求人千万要求大丈夫才行。求这个他也不干，求那个他也不干，最后还是喊了几个徒弟来，（但）徒弟搞久了也不行，他帮你一个月可以，搞久了还是要跑，他怕你拿不出钱。当时我在想，我少用点给他们先把钱发到。当时文化部也在宣传这种技艺，当时就在做这个申报资料，以前也做过这个资料，在地震里全部都埋完了。当时我们做这个资料，只是介绍一下这个工艺的特点，音像都没有拿起去，一边在申报，这头我一边在生产。

我记得我们（夫妻）俩年三十晚上还在刷漆，人家周边放火炮，别人都吃团年饭，当时心里（觉得）好寒酸，要流眼泪水了。我说不刷了，走，再恼火今晚上年夜饭还是要吃的。（我们）回去煮了饭，吃了以后心里寒酸得很，这就是在创业。地震老天爷整，本来以前是很风光的，在北川至少都晓得有个朱老板还可以，水磨漆还弄得好……想起这些，越想越想不通，算了不想了，半斤酒两口一喝，醉醉醺醺地好睡瞌睡。那天晚上坚持过来以后，第二天、第三天还是过来继续又慢慢做，想法归想法，东西你要做起走。山东在援建北川，他们就需要些工艺品，那时候我就在开发些座盘、挂盘，我拿给他们一看，（他们说）你还可以做这些东西，这下我运气就来了。他们说今天做五十个哦。做二十个、三十个座盘，基本上隔几天就有，因为那一阵可以给援建单位送礼（表感谢）嘛，还送得比较（贵）重。2010年，我们有工艺品做，有家具卖，那时候就考虑新县城搬家，这是一个商机。我这边又召集徒弟，这个商机来了，一定抓住卖个好价钱，结果家具没卖到好价钱，工艺品卖了

① 北川老县城在“5·12”地震中损毁，现在的北川新县城在震前属安县管辖。

好价钱。今天也要送，明天也要送，那个时候又愁做嘛，因为（做）工艺品时间比较慢，（要）描、写、画画。那时候门面还没开，（我）跟到爱人一起（做）装饰，一直到（20）13年重建完毕，都还是一帆风顺。

我学的时候很多（人也在学这个手艺），那个时候学这个手艺很俏的，一般师父不带你，看不起你。你像癞蛤蟆一样戳一下动一下也学不出来，人还是要有灵性。所以我说我对漆特别有缘呢。绵阳电视台给我拍的（纪录片）也叫"漆缘"，就是从地震之后重生这一块（讲起）。

（20）13年的时候，我就把这个厂买下来了，以前是租的。（20）13年，我就把它买下来作为个人公司所有，叫北川羌族自治县古羌水磨漆有限公司。（20）13年以后，生意就不是那么好了，接待办也不来采购了，（政府）现在生意只有维持了。

第二部分　传授手艺

（我）前前后后（带了）三四十个（徒弟），当然后头带好多还不清楚，因为现在还可以带嘛。有自己找（到我来学）的，也有介绍过来的，有十几岁（开始学）的，也有二十多岁（开始学）的，（学的时间最长的）一起共事一起干的有（些）跟我工龄都差不多了。我有个兄弟还在干这块，就在（北川）这儿。我曾经培养过一个兄弟，但是在地震中遇难了，那个也是（手艺）比较全面的。

（现在）真正传承的（徒弟）有三个，其中有两个，一个在教镶嵌，一个在教绘画。我在想他们不能一个人掌握完了，一个人掌握完了，那一头就有问题。所以他们申请传承人的时候我说必须要申报两个，一个是绘画，一个是镶嵌，哪一个掌握完了以后传承又要出问题，将来的人跟我们思维不一样。基本（流程）上，我每个徒弟都能操作，只是设计、绘画、镶嵌有些问题，其他的操作完全都没有问题。除了制漆，制漆这个（过程）看得见摸不着，是靠试出来的。它就是一碗漆，要加的东西很多，它的轻重多少、（随）天气气候（的）变化，（还有）每个漆的产地不一样，都有这些变化。看到成品的时候都是多舒服的，（但）这门手艺又脏又累又苦，你看他们穿得都像讨口子[①]样，最后漆的东西出来看到多漂亮，所以，（现在）传承有一定困难。

我那些徒弟都是年薪，一年有五万（元）的、六万（元）的、七万的，因为厂里不好养他们，我在外面包活路，那部分包（工挣的钱）养他们的工资。（因为）水磨漆我必须要传承，我想把我的毕生精力，我掌握的东西传授给他们，也希望他们继承起走。

第三部分　工艺流程解说

按：朱红志介绍，基本工序为——选材，打胚，清缝，除节，除油，褙布，刮灰，磨灰，清灰，刷漆，刷漆绘画，破籽，打磨，抛光，清光。

---

① 讨口子，方言，乞丐。

一、简要工序

木材加工

选材，我们这个水磨漆堆得比较厚，（制胎）只要是优质木材就行了。要讲究点（就）用楠木，比如我有好几对花瓶都用楠木，因为楠木木质（好，别人）听起来（也）舒服，都知道楠木比较珍贵。当然不是金丝楠，金丝楠就太贵了，我这个就是我们这儿当地的楠木。

（接着就是）打胚，清理缝子，除节，除油，褙布。

褙布，就是把布裱到板子上面或者是木头上面，目的是不让它开裂，起一个拉住的作用。

刮厚灰，布上面又（得）刮厚灰，厚灰就是三道、四道、五道，根据你的要求。然后就是磨厚灰。

磨厚灰，用石头、用水磨。水磨了之后，就要清理，清灰。

清灰，清灰了之后，要清几道，好多道，它不是有砂眼呢，要把砂眼填平，填几道，有些磨低了的地方要填起来。清了灰之后就刷漆。

刷漆，这个刷漆根据你的制作要求刷多少道，最低都不能低于四五道，因为你漆的道数越多，保护的程度就越强，质量就越高。甚至于你涉及的雕（漆），（雕漆）就是在（漆）上面雕刻嘛。雕漆的话，那十几道、二十道、三十道都有可能，它要达到一定的厚度嘛，漆就要达到一二厘米（厚）。每刷一道，都要砂（打磨）一道，用水砂一道，过去是用草砂，用木炭。达到效果过后，就刷漆绘画。然后是破籽。

刮厚灰

破籽，打磨，抛光，清光，就完成了。

二、详细工序

我们做水磨漆这个工序，我简单介绍一下。第一是选胚、选料。选一次样式，像是花瓶啊、屏风啊，先是粗打磨，粗打磨了以后就挑缝子、挑结疤，我说几个大的方位。过了以后就开始补洞，用漆灰、石膏、瓦灰，根据它的硬度和漆的（随）天气变化（的）情况来配。洞补完了之后就满刮灰。

（一）刮厚灰

满刮灰要根据主人家的要求或者我们卖的要求，厚灰有三四道的，甚至十道到几十道都有，它不一定，但是一般大的厚灰就是起个四道、五道之间，起厚灰的目的是对漆（起）保护作用。厚灰（是）用漆、瓦灰、石膏、磁粉兑到一起，（刮到）有一定厚度了，最后用石头，就要水磨了。它硬度比较大，用水磨才磨得平。磨平之后，（反正得）根据它的要求和厚度，如果是雕漆的话还要厚一点，（反正得）根据需求来，所以这个东西深也深得，浅也浅得。

这个工序完了，下了水，磨了之后，清灰。清了灰之后就刷漆。

（二）上大漆

（刮灰之后）就上漆，有黑、红、乳色，根据需要，大体都是黑和红两种颜色，根据不同的要求也可以兑不同的颜色出来，因为羌族最喜爱黑色和红色，不是还有一种叫羌红吗，所以说漆（的颜色）就喜欢红（色），那种红很多都叫朱红，（用的）板栗色啊这些都略带点红色。然后厚灰磨了过后，就涉及上漆。这个上漆，如果是雕漆的话，厚灰要达到两三厘米。如果不是这个（雕漆），就把漆刷一层、水磨一层，最后觉得可以了，平整了、颜色也搭起来了，就配置我们自己的半透明漆，就是大漆。

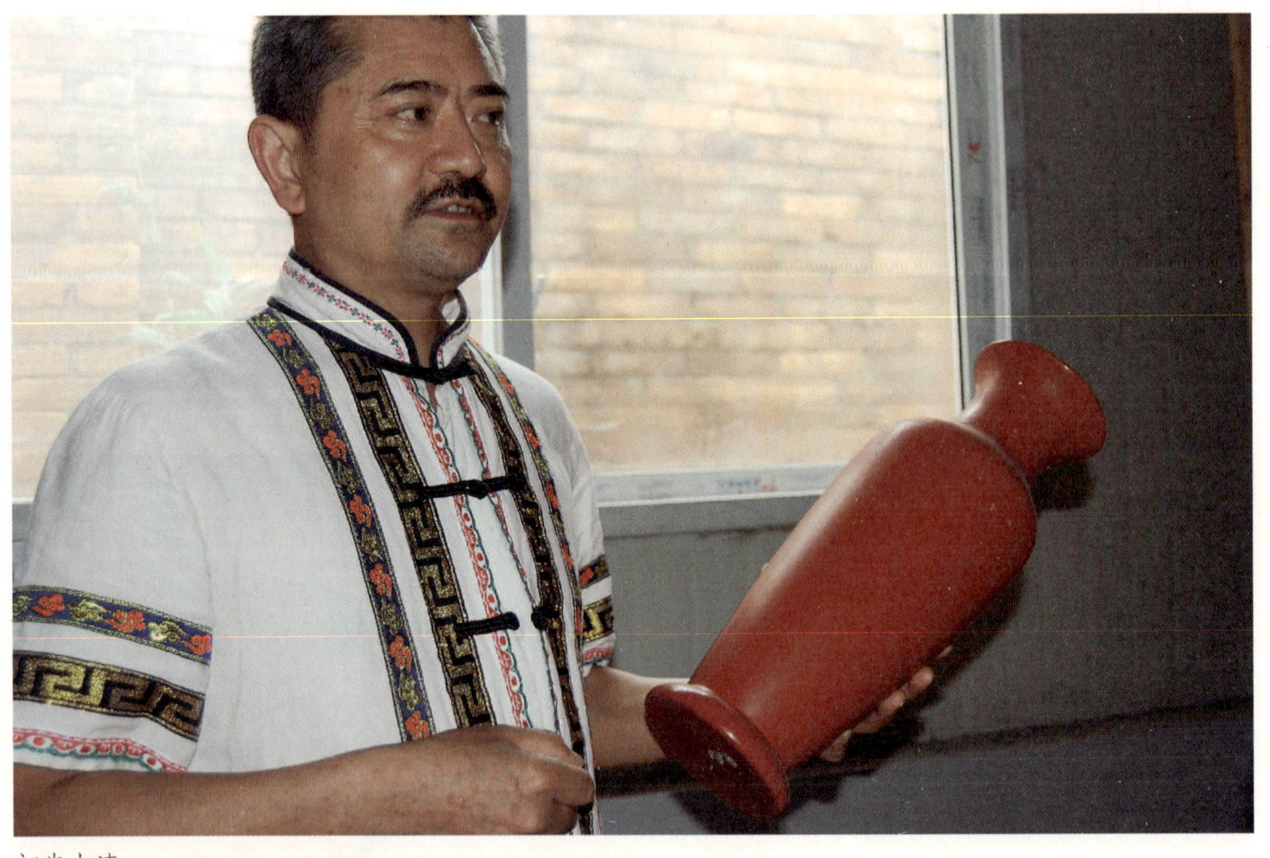

初步上漆

（三）刷漆绘画

底子平了，就该作画了，把漆刷上去过后我们就配几种颜色，有石黄、石绿、银朱、朱砂之类的，这几种颜色作为绘画（的颜料）。（作画）最慢不能（超过）一个小时，当然越快越好，因为斜面容易流淌，影响效果，漆又要干燥，画慢了漆融不进去就要浮到平面上。漆的厚薄要掌握适度，厚了打皱，浅了就不上色。教徒弟都是这么教的，因为这是个很关键的东西，不给他说他实验不到，掌握不过来的。你要与时俱进，天时、地利、人和必须达到。作画的同时不是拿着稿子比到这儿画，作画的时候是在头脑里的，在哪里下笔，（往哪里运笔）都要流畅。画动物有步骤，比如说先画头和眼睛（再）画翅膀，当然，熟练了你从任何一个地方画起走都行。像山水啊写意（这类）我们就想象环境直接画起走，慢很了颜色沉不进去，跟漆融不到一起。我们羌族这种水磨漆山水画居多，动物、花、鸟、草、虫（类）略少一点，当然每幅画也有那么一点点点缀在后面。在短短几十分钟（绘画）制作完成后，就晾在阴室阴干。大概三天后，表面干了，漆和颜色也干了，（就要）破一道籽。

（四）破籽

破籽就是漆刷了里面有籽籽，漆的气出不来，隔绝了空气不会干的，有些属于溏心蛋（一样的，得）把它表面破开，让它里面干掉，这个行家叫“脱衣”。就拿水用砂纸（磨），过去我们破籽是用木炭、人头发、瓦灰，这都是过去最传统最古老的做法。这样子弄出来的效果要好些。

（五）捡籽、水磨抛光

大概七天，来得快三天都可以抛光，最好是七到八天抛光。漆的硬度越硬，抛光的亮度越好。这个时候我们就要捡籽，七天八天的时候捡籽，它不是刷得有颗粒吗，要把颗粒全部捡掉。然后，把画该沉下去（的）、该亮起来的，把它磨透，磨出来。但也不能磨得过重了，磨得过重了我们行话就叫磨穿了，本来是一匹叶子，你中间给人家磨个洞，但又不像虫吃的那个洞，人家就忌讳那个。这个每个（细节）都要讲手法、讲轻重，轻了磨不到位，重了你又磨穿了，效果（就）没得了。我们现在都用的砂纸，过去没有砂纸，就用细石、麸炭（打磨），特别是麸炭磨的效果最好，它细腻。如果没有（雕漆），就把漆刷一层、水磨一层，最后觉得可以了、平整了、颜色也搭起来了，就配置我们自己的半透明漆，就是大漆。

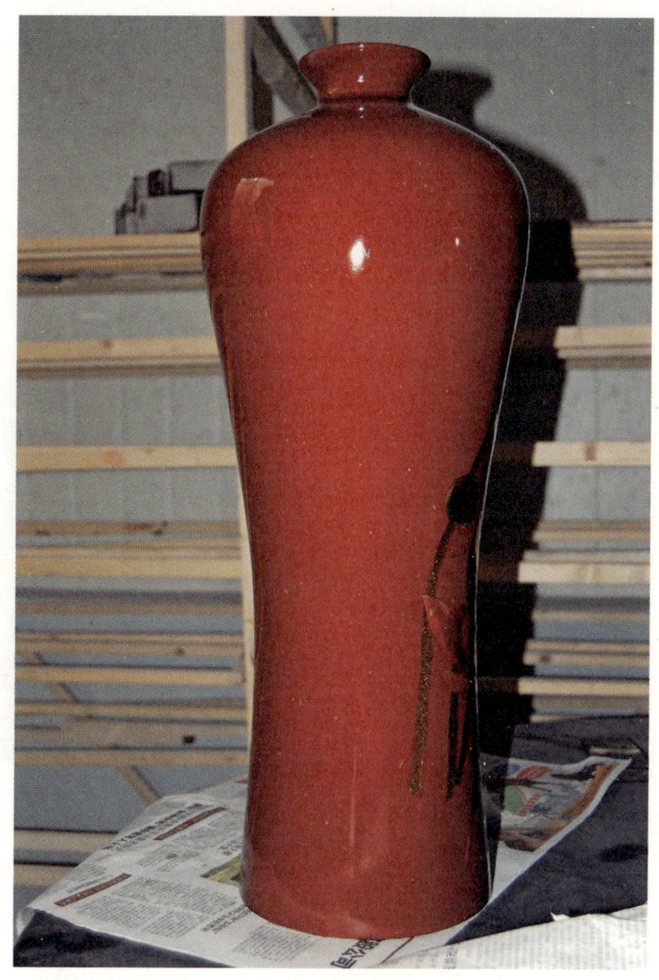

成品

（六）抛光

抛光，我刚才说了，破籽、用水磨抛光、把籽捡了，基本上觉得可以了，然后就抛光。抛光用两种方法：过去传统就用瓦灰，用手掌搓，搓得透亮，搓得吱吱地叫，就说明手杆[①]和大漆的摩擦带一点热，它的亮度就出来了，这样子是讲究手法的；现在可以用抛光机打，抛光机就不是传统的了，手掌抛光嫩一点，机器抛光要老辣一点。

抛光之后我们就根据不同（样式）整理、清光，看到差不多了，可以出厂了，就是一个完整的作品（了）。

水磨漆基本步骤就是这个，（这个工序）有五六十道的，有七八十道的，如果是涉及雕（漆）的东西，两三百道的都有。有些刷漆都要刷好多道，每刷一道都要去水里磨一遍，磨一道让下一层漆有附着力，更容易吻合。所以说水磨漆是这么来的，它除了抛光和干砂之外基本上都是在水里完成的。

（这一套工序我）全部会，从制胎到中途的制作到画，一手能掌握完。这是一个流水过程，如果是多（件），我们也是这么来做，我做那么两三件，还是那么来做，做十件二十件，我们就流水作业，要根据量（来定）。如果是做那么一两样的话，起码也是一个月才能完成，如果是讲究点的，要雕要刻，时间更长，（花费）两年、三年都有可能。

三、独到之处

（一）刷漆绘画

还有我们跟人家做漆画的不同，有些漆画是一个版面上面没刷漆，底子做好了，就在上面干画或者干堆，镶嵌就有点带这种类型的。（但）我们是把漆刷到上面以后，漆未干，就把画作上去，漆干画干融为一体。

（二）独到的绿色

（颜色）比如说像绿色，外面石黄和朱砂可以买到，就不用费工了，绿色就不好买，买起来好多都是带碱性的，融不进去。这个讲究的什么，基本上是属于无机原料，都跟矿物质有关，就像画唐卡的。我们（配制的）这种绿，有几种重要配方，高岭土、硅砂这些配在里面，根据不同的天气来煅、镀、烧，最后磨了，筛过，这个都是在市场上买不到的。

独到的绿色颜料

（三）制漆秘诀

大漆通过熬，和各种药材，它是一种配方，漆本身是深褐色，配的目的是要把它配成半透明，全透明就不行了。土漆无法达到全透明，如果说哪个把土漆做得好白亮的颜色，那多半都是化学药剂

① 手杆，方言，手臂。

配出来的，羌族水磨漆是地地道道的土漆。以前师傅（调的）漆的透明度没有现在好，始终颜色出来很板、不靓丽。我们现在的漆有快干漆和慢干漆，也就是我们喊的半透明漆。我们现在抛光这套漆，基本上属于半透明漆；以前师傅就达不到，达到就是两三年以后，（因为）漆有个氧化过程，（由于涉及资金周转率，）我放两三年卖给你我吃什么呢，是吧。这个漆后头根据前人的经验，我们又总结了一些精华进去。

（四）北川土漆

我再特别介绍一下我们北川地区的漆，特别做我们这个水磨的漆，是很好的一种资源和原材料。北川地区的气候很适合（漆树生长），我在其他地点也采购过，除了湖北我没去采购过，像云南啊，或者其他县，它制出来的色调跟我们本县的漆差别很大。要么就是黑头重了，要么就是收汗时间不够。这个过程很复杂，一两句话说不透彻。这个就要靠实践经验了，就像我们带徒弟，不能光说，还要实践。

土漆是因人而异，有些要过敏有些不。它在干了以后挥发相当环保，又没有其他化学成分，不像化学剂有苯啊、树脂啊、甲醛等等。所以（在我看来）祖先发明的是最好的，在现在也是最科学的，它是涂料之王。

第二节　羌族银饰锻制技艺

杨维强——用心锻造羌族传统银饰

名称：羌族银饰锻制技艺

级别：第三批四川省非物质文化遗产名录项目

类别：传统手工技艺

简介：羌民族自古以来就对银饰情有独钟，佩戴银饰是羌民族的特征之一。一件精良的银饰，如同一件艺术品，需经过选料、化银、锻打、制图、剪裁等十几道工序加工制成。在漫长的岁月里，羌族人民在保持原有民族特色工艺的基础上，一直不断地融合、汲取其他民族的手工技艺，取长补短、博采众长，经年累月，已然制作出种类繁多、工艺精湛、具有浓郁民族特色的羌银饰品，并世代在民间广泛流行。

2011年，经四川省人民政府批准，羌族银饰锻制技艺被列入第三批四川省非物质文化遗产名录。

传承人：杨维强，四川省非物质文化遗产名录项目羌族银饰锻制技艺省级代表性传承人

传承谱系：曾祖父杨正堂（生于清光绪年间）→爷爷杨天福（生于清光绪末期约1900年，1982年去世）→父亲杨安国（生于1952年）→杨维强

小传

杨维强，出生于1976年，茂县凤仪镇人，祖上以锻制羌族银饰为生，为第四代传人。1988年，杨维强跟从父亲学习羌银锻制工艺，经过四年艰苦学习，掌握了全部技艺。从此与父亲走街串巷，奔走于茂县各地，为羌族民众打造精美的银饰。

1989年开始收藏古银饰，并不断劝说其他银匠放弃熔化传统银饰，避免了大批极具特色的传统羌族银饰灭失。后将古银饰的工艺特点认真研究，并运用到自身的实践中，不断提升羌银制作的工艺水平，也在很大程度上保存了相当数量的珍贵羌族银饰。

1996年，结婚成家，现育有两个女儿。

1999年，在茂县凤仪镇租房开店，售卖民族风情浓厚的饰品，因口碑好，技艺精湛，善于满足顾客的不同需求，生意很是兴隆。

2007年，店面扩大，搬迁至凤仪镇菜市场边上。2008年，汶川大地震时，关店停业，做了51天的志愿者，协助村子安水电、搞防疫。地震后因道路不好，游客稀少，生意一度受到影响。

2011至2012年的下半年，生意非常红火。现在将传统技艺与现代风格融合起来，不断打造符合大众需求的羌族银饰。

在学艺、锻造银饰和开店经营的长期实践过程中，杨维强一直努力发扬光大祖传羌族银饰技艺，不断招收徒弟，传授羌银传统锻制技艺。

2015年，杨维强被评为第三批省级羌族银饰锻制技艺代表性传承人。

口述

第一部分　手艺人

一、出身手艺世家

我们是四代祖传（的手艺），在我这儿就是（第）四代。第一代是清代晚期，爷爷做这个，父亲也是做这个，包括我们兄弟都是做这个的。

我学手艺比较早，从13岁至今。我爷爷那一辈就是给过去的达官贵人，比如我们这里的头人、富贵人家做，一般老百姓是做不起的。

到了解放初期，我的父亲就接触银饰，跟我爷爷学。我记事的时候，父亲他们做这个是走街串巷去摆摊。在过去，（他们是）以艺代种田为生，到了（一九）六几年，纯粹就是以挣工分种田为生，都是偷着做（银饰），不敢明目张胆做，整整停止了十五年。

到改革开放后，大概是（19）83年土地下户后，然后边种地边做的这个，又才慢慢开始从事这项工作到现在。

（我）从来没有种过一天地，都是以艺养身、养家糊口，就这个样子，现在也没有种田。

我是22岁结的婚，妻子今年40岁，两个女儿，大的高二，今年17岁，小的初三，15岁。

二、随父走街串巷

我（19）88年开始学（手艺），因为从小就耳濡目染这个过程，（比较）熟悉，学起来可能就比一般人要快一点。在我只学了四年，基本上就把九年的（东西）学完了，（也）可能父亲亲传比较严格，有这方面的原因。因为羌族银饰（制作）比较复杂，不仅仅是錾刻工艺，（还）包括鎏金、掐丝、拉丝、点翠工艺等等，如果学全了，真正就要学九年时间，那是跑都跑不脱的，所以说现在很多人都坚持不下来。我不抽烟不喝酒不打牌，我还收藏，在收藏的二十年中我也学了不少东西。

（后来我就）背起工具，（跟着父亲）走街串巷，（把）我们茂县的各个地方，山山水水、村村寨寨，包括我们整个羌区，茂、理、汶、北[①]（都走遍了）。茂县是1952年才分出去的县，汶川、理县、北川过去都属于是茂县的管辖。

① 茂，指茂县；理，指理县；汶，指汶川；北，指北川。

长命锁

代表性作品——羌族银饰之碉楼（2015年，获得“看四川——民间文艺创作工程”优秀作品奖）

跟到父亲出去一次在外面要干好久，一般就是三五几个月、半年一年，这样子的。一般在一个寨子，长的我们待过两年，做一家子的活路，当然他就做得比较齐（全）；短的我们就只有一天半天，比如他就做一个戒指，做一个小东西，要不了这么长时间。但是一般请我们做，他都是做成套的，比如说老人祝寿的，小娃娃满岁的、满月的，我们都要做。一套小娃娃的（银饰）包括帽饰、首饰、项圈、长命锁、手镯、腰牌、脚圈、脚铃，额头上的额花，包括十八罗汉、长命百岁、包括飘带的铃铛，光是一顶帽子我们就要做两个多月、三个月，（一般得）提前半年就要给我们说，一套首饰我们都要做两个多月。当时因为我们这儿是少数民族，都兴这个。

三、口碑安命立身

走一家，提前几年就要说，我要嫁女儿或者接媳妇，（然后）就安排时间，一般一套首饰做完整是要一年半，（我父亲）他一年（中有）半年就是在人家屋头做，有些放心把东西给你的，他拿回家做也可以，因人而异，因事而异。

因为我们的祖祖辈辈在这个地方的口碑比较好，我们去了他们都很信任，比如说这家拿半斤银子、那家拿一斤银子交给你做就是了，但是我们也从来不多贪人家一点儿，他是啥子就跟人家做啥子，他有好多就跟人家做好多。

在人家屋头做的话，要做东西的人（家），以前是（给你）管吃管住，也可以是给好多钱给你做完就规矩了，过去都是凭工分评钱，跟现在不一样，现在就是按正常的天工计工价好多钱一天。因为你要给生产队交工分，把工分换化成钱，喊他交这个工分的钱，是这样的。我们父辈那时是集体时候嘛，当然我们遇上了好时代，就不一样。

我们当时出去做天工，我属于小工，两块钱一天，我们父亲（是）大工，三块钱一天，那个时候真正一块钱都要买很多东西，的确那个时候钱也管钱，一年我们两爷子消耗剩了的只有三百至四百块钱，但是八十年代一年有三四百块钱算是富裕的了。

实际上我们羌区的人相当好客，特别对（手）艺人相当尊重，都比较严谨。当然，像我这个性格（属于）比较活泼的，去了我就要跟他们说起说笑，开玩笑，一会儿我们就说到一堆，很融和，但是长辈啊这些该尊重的我们还是要尊重，该开玩笑的还是要开，我觉得，因为啥子哎，不要太拘谨了，拘谨了气氛弄得很死，不活。

我（们）家两兄弟，两个妹儿、一个幺兄弟跟我一样从事的传统银饰工艺，我们幺兄弟也做得很优秀。两个妹都出嫁了，还有一个妹儿跟我们一样都在做传统工艺，是跟到我们父亲学了我们又带，因为父亲的眼睛和身体状况不允许他这样。但是我很感谢我们的父母。

杨维强银饰作品——龙

四、县城开店立足

1999年，我就在茂县凤仪镇再就业一条街租了个摊位，当时（租金）是169（元）一个月，那个时候开店就是一个小柜柜，卖民族饰品。在我之前，父亲也开过两年店，因为我父亲身体不好，我单独在开店，就在那儿做了七年。当然我下乡做的时候口碑就留在那儿了，我是一直都没有耍过，一直在做，所以那个时候摆摊来找我的人的确也就比较多，当时我是基本上每天晚上加班做到十点，那个时候一年下来能挣得到一万多（块）。

店子大的时候是2007年，那时我才搬到菜市场这边来，一直到现在。

（2008年）地震（对我）有影响。因为“5·12”地震的那段时间我（把）铺子关了，我就当了51天的志愿者，协助我们村安水电、搞防疫，这个就是我的51天。在这51天，虽然我很辛苦，但是很充实，现在回想起来我自己（都）感觉到很欣慰。地震之后恢复得不是很快，基本上是长达五年时间，这个说短也不短，说长呢真正也不长。那几年还是不是很好，因为地震，一会儿泥石流了，一会儿哪里路上状况又不理想，有好多游客这些他都不敢过来。

杨维强银饰作品——凤凰牡丹

最好过的是2011至2012年的下半年，因为那个时候所有的（行业）都在膨胀。因为现在整个经济在下滑，是个瓶颈期，对我们的影响还是相当大，当然影响相当大，我们还是一样要做起走，不管它多多少少我们都要做。现在的经营压力，跟前几年比起，经营压力是相当大。

五、诚信经营扬名

我现在这个产品受欢迎（主要有几个）原因：一个是我多年的口碑，第一，银子一定要保真；第二，工艺我就是再简单都是给他做到位了的，不能捡懒，一懒就懒到自己；第三，他所需求的东西我尽量达到（水准），比如他自己可以拿一个花来，我也可以给他做，我亲自给他设计，代制作也可以，是多方位的。因为现在生活水平提高，发展越来越快，我们有些饰品就要改革，那么卖古代的传统的东西就有点成困难，所以我们就跟到现代相结合，开发了很多新产品，深受广大群众的厚爱、喜欢。

现在我的产品销得比较广，比如说北京、上海、江苏，（还有）我们四川片区、整个羌区的羌族银饰，甚至于去年国外（有人）在我这儿订了一批货，他们感到很高兴，因为那个全是手工的，完全是羌族元素。他说我们要就是要全省都没有的，不要机器代替。

第二部分　学手艺，传手艺

按：作为羌银锻制的第四代传人，杨维强自小受到严格的家庭熏陶，不仅锻制技艺精湛，对传承民族技艺感兴趣，也深感自身责任重大，一边用心打造精美银饰，一边收藏古银饰，筹办博物馆保存文化，同时广招徒弟以期将传统羌银锻制技艺传承下去。

一、继承祖业打造羌族银饰

从（我们）曾祖父这代（传）下来，下面搞这个银饰的，父辈七八个里头，除了我们这支而外（本来）还有其他人（在做），（但是）现在基本上没有做了。紫坪山[①]有一个杨银匠跟我们是一个系的，他死了（后），他有个女婿在做。但（他）女婿前几年喝酒醉死了，这下子他还有个儿子，学到半途而废，恼火，现在做这个活路比较辛苦，也就没有做了，现在去上鞋子[②]去了。（现在就）主要是我们父亲跟到我们在做，父亲身体不好在（家）休息。我们大爹这些都就没有做了，因为娃娃些都不学，考的考学走了，这样那样当官儿的当了，都没有做这个。

杨维强银饰作品——瑞兽

我是（19）88年十三岁的时候学的这个，我听我的爷爷、祖祖讲，做三年学三年伴三年，一般

① 紫坪山，四川省阿坝州茂县白溪乡的一个地名，此处应为紫坪山村。

② 上鞋子，方言，这里是做鞋子的意思。

（成为）一个羌族的（银饰）艺人要九年，因为羌族的工艺都采取的是细路工艺，不但大气，而且精细。比如苗族，他们以大取胜，但是工不精，但不能说人家不好，人家占了一头。因为我们羌族的东西都是走细路工为主，再聪明的人，他至少要学五年。

从学徒开始，第一年，就要磨你的性格，用现在的话说，就是五讲四美、传统的美德要学一年。第二年师父才教你做基本的东西，比如说化银啊、锻打啊、拉丝啊这些，第二年和第三年基本上都做这个。过去的艺人他都比较保守，（到）第四年，他才教你制图，你最起码要先学素描。你要画一样东西比如说我拿一个物品，比如说我捏一个拳头，你要把轮廓至少要画像，这个只占了百分之三十，这个就是锻炼他的画工。第五年到第六年，师父就要教你平刻工，因为（是）由浅到深。第五年到第六年，师父才教你顶工，因为过去的银饰、贵金属都比较缺乏，你做坏了、做烂了、损耗多了，人家（要）找你赔的，这个你跑都跑不脱的。第六年（到）第七年，师父才全方位地教你这样东西该咋个做，加上你自己这么多年的修养，你能达到一个什么样的境界，师父就要经过考试（来评判）。你（就）可以做了，但是做得不完美。第八年到第九年，你做出来的作品就要在师父这儿要站两年过后，师父比较满意了放心了，用现在的话说，可以给你发毕业证了，过去就叫可以谢师了。

谢师专门还有个过程，把四面八方的老艺人喊到一堆，这个徒弟今天要出师了，请大家带一下帮一下，过去还有这么个意思。那么你不愿意出师，第九年你还要帮师父一年，这个为了感恩。过去的银匠在我们羌区跟木匠是一样的，称为“银秀才”，百分之八十的银匠，他能刻就会画，因为画是基础。

二、招收徒弟亲授祖传技艺

以前收徒弟的时候，一般都不收师父一分钱，徒弟也不给师父任何一分钱。

收徒弟是有标准的，在我们银饰家族里，基本上清三代底：第一，你的祖父是不是好的品行，是不是留下了好的传统；第二，你在你们的人群中，你的性格趋向于哪个方向；第三，作为你的家庭情况，富人的娃娃他一般是不会学手艺的，贫穷的、吃不起饭的才学手艺，过去叫匠人，从底层的开始。因为穷的娃娃才记得到本，才记得到这个情，才感得到这个恩，这个是有规律性的。所以他学这么多年都跟到师父吃住，就像自己的儿女一样，住在师父家，吃在师父家。徒弟家有什么事，当然师父也义不容辞地要帮忙。

跟我学的徒弟有十几个，但都做到半途而废就走了，都嫌这门手艺太恼火了，（那）的的确确是。我曾经有个徒弟，在九寨沟开铺子，做了两年，他就说这个没得个做头了，纯粹活都活不出来，他现在就没有做，现在改行做建筑业去了。所以说做传统的这个真正是辛苦。

现在我还在招募（徒弟），因为我那边博物馆一楼有一个工作室，可能要招四至五名（徒弟）。我希望把这个传统的技艺传下去，走得越远越好，因为国家正在做的（就）是这个，我们也要努力。

三、收集古银留存传统工艺精华

我不抽烟不喝酒不打牌，我（搞）收藏，在这二十年（的收藏中），我也学了不少东西，比如说木雕，我可以借鉴它的工艺，到了一定时期，我可以把它做成我的风格，（做成）我独有的一些创意，这个是我的想法，当然我也在做。

当然，我（生活）在这个时代我很幸运。1989年，我15岁的时候开始收古银饰。因为那个时候的艺人都为了养家糊口，再好的东西都拿来就熔了，但是我看到包括我父亲熔的那些东西，我都觉得很可惜，因为真的从我心里上来说，那个就是一个艺术就是一件作品，（熔了）就把祖宗的东西就毁完了。

自从我（从）老艺人这儿开始收藏后，比如说陈立富（音）这批老艺人现在没有做了，包括周边的这些张银匠，我就跟他们讲（传统银饰是艺术品），才慢慢慢慢保留了一部分。（看到）有些（人）拿（旧银饰）来化、来打、来熔，有时（我要）给他说几个小时，终于把他说通，或者（跟他商量）：你要在我这儿来换、来调，我不收你的工费；比如说你这个要卖好多钱，你卖了又在我这儿来买，这些我都给他（们）讲解过。因为对我们艺人来说，它就是一件艺术作品，我崇拜它，我敬畏它，我就要想办法把它留下来，就是这个过程。当然这个过程我真的持续了十几年。

我有幸收到了上万件古羌银饰作品，主要是（体现）我们羌族的民风民俗的银饰，比如说头上戴、耳朵上、颈上、领上戴的，胸口上的挂饰、手镯、戒指、腰带，围腰的裹花，包括脚铃、脚圈，这些都有。羌族不仅仅是女人戴首饰，在过去男士一样戴首饰。

评着这个传承人之后，国家有这个政策，经过我们的有关部门给我们评这个，不管什么级，我们只是一个代表而已。我们只是把我们这个民间的一个艺人，本着我们自己的态度，更好地做出更美好的作品，把传统的东西尽量尽量地保留下来。因为从我做手艺到现在，我收藏（了）二十多年，主要是古羌银饰，从汉代到民国的各个时期我都把它收了一个系列，那么在这个过程当中我就学习了不少。虽然都晓得，收藏和制作研究是个艰苦的过程，但是我觉得在我这个心里面，我觉得我是收获了几代人的心血，通过几代人的心血我从中找自己的差距，（再）变成我今天的优点，这个就是我的收获。

第三部分　说手艺

一、羌族银饰的具体分类

（我们羌族的这个银饰种类很多，人不同，首饰就不一样。）一个小娃娃的一套是包括帽子上的左片、右片和后披，额头上的额花，包括十八罗汉、长命百岁，包括飘带的铃铛，光是一顶帽子我们都要做两个多月三个月。还有在心口上主要是小娃娃的长命锁、项圈、手圈、脚圈、脚铃还有腰牌。

十股须的耳环（图片由杨成聪提供，2011年11月拍摄）

成年人的一般（也很复杂），比如妇女的（就有好多），因为妇女在我们羌区有个定位，茂县五个片区、十九个乡镇、十七个地区，就有百分之八十的地方戴的（都）不一样。比如说就是我们这儿的渭门乡、沟口乡、永和乡，佩戴的饰品又不一样。比如说如意头的簪子、十股须的耳环、九个领花、袖花、围腰、扣子、腰带、脚铃、马鞍戒指、手镯等等，一套做下来就有八斤银子；还有赤不苏片区，它一根大项链都是一斤多，（整套首饰）做起就是十五斤至十八斤左右。在凤仪镇片区，它就做得比较小巧，一套做下来差不多一斤多银子，所以说这个悬殊就有点大。

男人的首饰（主要是）大耳环、珊瑚圈、大手镯、腰带。在过去，我们羌族的男娃娃们都要戴项圈，这个就是少数民族的特征和特点。我的藏品有（这种项圈），从解放到现在，经过各个时期社会的一种抵制，到了现在男娃娃基本上没有戴了，只有女娃娃在戴。

二、羌族银饰的工艺特点

羌族银饰比较复杂，因为羌族的工艺都采取的是细路工艺，不但大气，而且精细。我们羌族的东西都是走细路工为主，再聪明的人，他至少要学五年。它不仅仅是单方面的粘贴固定，（还）包括镏金、掐丝、花丝工艺、点翠等等一切，把这些学全了，真正就要学九年十年，所以现在很多人都沉不下来这个心。

羌族的铸造工艺特点就是顶工錾刻法，最主要就刚才我讲的：第一，银子是散碎银，选料、化银、锻打、制皮、制图、裁剪，裁剪了过后，经过里面往外面顶，我们叫顶工，这是第一道，我们叫“双面顶工錾刻法”。

银饰制作工具

第二个就是第七道工序，就是固定上胶板，冷却过后就錾细部特征，等于就做面子上的细花，细花完了过后，组合、打磨、抛光，一件作品就呈现出来了。

选料

化银

锻打

制皮

剪裁

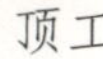

顶工

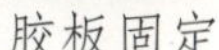

胶板固定

錾刻

传统工艺最大的特点就是活。因为现在的东西都是机器代替，看到的东西都是死搬硬套的，不像我们手工，因为我们都是随心所欲，我们（的创意）来源于生活，都是观察周边的环境，亦动亦静。静就指的是房屋建筑山川，动就是风一吹，飞禽走兽、树木、人物它都属于是动。

喜爱传统工艺的人还是相当多，（但是）从工艺变迁的角度上来看，我觉得第一（个就是）工艺简化了，因为你要推向大众化，真正卖传统的（工艺银饰）是活不出来（的），因为很难，我们现在只是把传统元素加了一部分在里面，是这个样子的。

第三节　麻布制作技艺

王国彦——传承麻布制作技艺

名称：麻布制作技艺

级别：第三批四川省非物质文化遗产名录项目

类别：传统手工技艺

简介：羌族地区所用麻布，其原料为火麻。火麻在房前屋后和山上都可种植，稍加管理即可。春天种下后，一年可收割三到四季。传统麻布制作，需要将火麻收割后去叶，剥皮，并用特制的刀刮去表皮，挂着晒一两天即成麻条或麻片。后再用手搓成麻线，搓好的麻线需要用灶灰（口述部分称木灰）煮，放入水里清洗时，要用灶灰泡，用脚踩，并用棒子不停地敲打，淘洗好后的麻线在晒干过后才能用来织成麻布。

这种麻布制作过程工序繁多，从割麻、制麻线到织布，历经几十个工序，费时费力。

2011年，经四川省人民政府批准，麻布制作技艺被列入第三批四川省非物质文化遗产名录。

传承人：王国彦，四川省非物质文化遗产名录项目麻布制作技艺州级代表性传承人

传承谱系：当地民间手工技艺，无明确传承关系，跟着家中长辈学习

小传

王国彦，1957年出生于四川省汶川县绵虒镇和平村。

因家贫从未上过学，不识字。一直在农村务农。

从16岁开始跟长辈学习制作麻布、编织麻布带子配饰等技艺。除了纺织自家用麻布制品外，也帮乡邻制作。

22岁结婚，育有一子两女。

2013年，王国彦被评为麻布制作技艺州级代表性传承人。

口述

第一部分　成长与学习

（我是19）57年生的，我这马上就60（岁）了。

（小时候）没有读过书，没钱读，一直都没有读书，我们兄弟姐妹多，我们两姊妹连学校门都没去进过。12岁就开始做活路①：割草，喂猪，喂羊。13岁就开始就挣工分嘛，13岁开始就挣8分5（工分），后头②就一直8分5。后头20（岁）了，就背得到两百斤，薅玉麦③，薅草，然后就挣9分工了，那就一哈④就全部9分。我们前头就没读过书，一出来就做活路，老老实实的就做得巴巴适适⑤的。当干部的看得起我们做的，就（把工分）评得那么高。就天天就背（东西）嘛，后头歇气那些就吊麻布了，妈妈就叫教我们吊麻布⑥那些。

和平村一角

① 活路，方言，意指生产劳动。
② 后头，方言，后来。相对的前头，指先前。
③ 玉麦，方言，玉米。
④ 一哈，方言，意指一下。
⑤ 巴巴适适，方言，这里指“齐齐整整，质量好”。
⑥ 吊麻布，用纺锤纺麻线。

已经准备好的麻丝

14岁高头就可以织麻布了，就可以吊了，就会了。就妈妈教我们嘛。我们妈妈就要我们牵袋子咯，吊麻布咯，我们妈妈就给我们教嘛。就现吊（麻线），吊了又挽起，挽起了又煮，用木灰煮，煮了又拿去洗，洗了又一坨坨挽起，又牵（把麻线绷起），就开始织。前头我们就专门穿这些（麻布），吊（线）啊，背背子、背粪啊这些，吊起（麻线），（嘴里）咬起（麻丝），背起一百多斤、一百三四十斤，有些两百斤的，我们背好多。

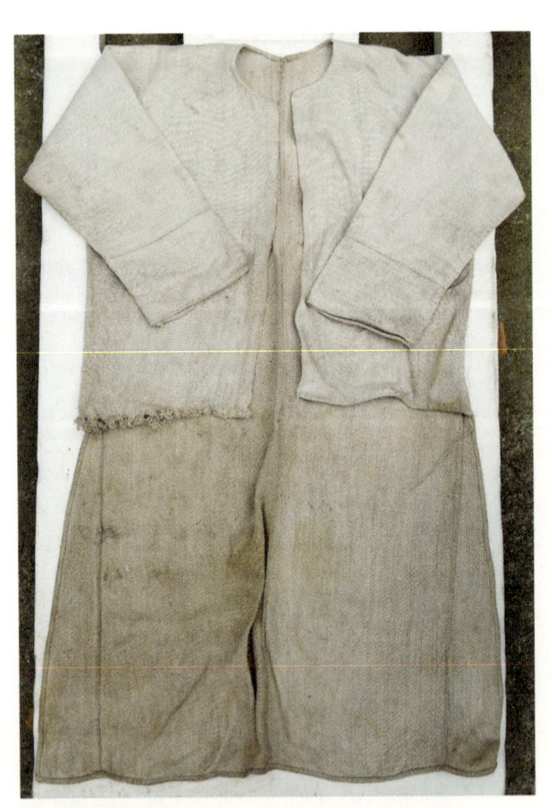

麻布裁制的衣服

前头穿的没得啊，老人些说的嘛，出门一根麻布就一根风吹到，山上去了，哪里去了，我们就穿这些。这阵社会（生活）好了，这些就没得用了。地震之后，就没得人穿（麻布）了。

（那时候家里人穿的）全部（是）自己织的，那阵[①]莫得[②]这些（现代的面料），全部都是麻布，胶鞋都莫得穿的。自家做鞋子，（是）自己一针一线做的。后头好几年（这里）就有胶鞋卖了，我们就穿胶鞋了。

那几年我们（家）还是困难，姊妹多，我们6姊妹，我们三姐和我就莫得（胶鞋）嘛，（连）吃的就莫得，啥子[③]都没得，也没读过书。就我们妈妈（爸爸），整不住的嘛，两个老的、那么多个（小孩哪里）供得起啊？我们就（只有帮大人）放羊啰、放牛啰、喂猪啰这些。

（我妈妈以前也是要织这个，）以前没有其他穿的，全部就织这个，都穿这个。（今年）我妈妈都九十几（岁）了，爸爸好几年（前）就没在了。妈妈在羌锋（村），我们在那边还有一厢房子，地震后在羌锋买了地基，修了房子，就搬到那（边）去

① 那阵，方言，意指那时候。
② 莫得，方言，意指没有。
③ 啥子，方言，什么。

了。我们这里山上的家，有羊、有猪、有牛、有鸡，这上面[①]。（下山走到羌锋）走小路还是要一个钟头，上来一个钟头还有点走不起，像你们有些要走两个钟头，山路不好走，累人的嘛。

我22（岁）就结的婚。娃娃有三块[②]，女子[③]两块，儿子一块。（两个女子）不会（织），也没有教过。一块嘛就（嫁）出去了，一块就打发在这儿。儿子到处去打工，我们两个老的就在屋头[④]。

第二部分　织麻布技艺

一、织麻布的工序

按：羌族传统里，由于交通和交换条件限制，每家每户的衣服面料基本上都是由家里的妇女织麻布解决。每家都要从种麻开始，收麻、剥皮、软化、纺成麻线，到织成麻布，再制成各种麻制品，所以掌握麻布制作的人比较多，少数不会制作的人家只有请人帮忙。

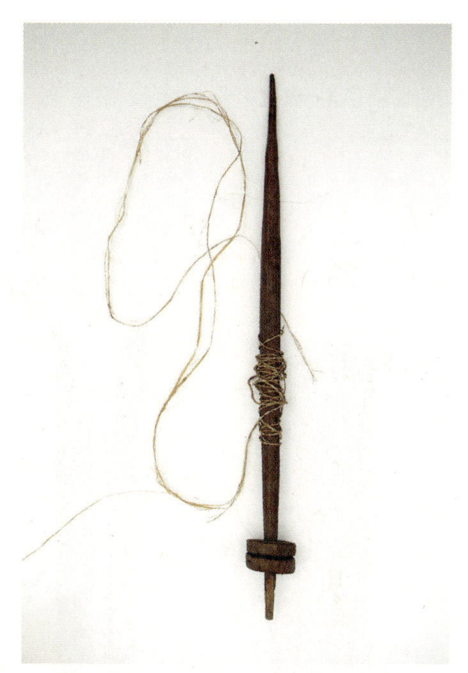

纺锤（织麻布的工具："转转"）

（一）种麻、收麻、剥皮

麻是自家种的，把麻籽籽撒在菜园子，（等它）长大了就砍嘛，砍了还要晒，晒了干了（备用）。等到下雨天，我们就在地上铺起，开始剥（麻）。剥了再晾干。

（二）泡麻、吊线

（麻）晾干了就收起，然后在水里泡起，一皮一皮挽起，然后用个杆杆吊（成麻丝）嘛。杆杆[⑤]要用，就这个样子，这个叫转转[⑥]。用这个吊（麻线），就这样子吊，就这样子搓（边搓边用纺锤吊），就（在纺锤上）挽起，（挽成一坨一坨）这个麻差不多够了就煮起。

未漂白的生麻丝

（三）用木灰煮麻、洗麻（软化、漂白）

在灰里头，用烧柴的灰煮，煮几个钟头[⑦]，还要洗的嘛。煮了又挽起，挽起了又洗，（要）用大河头的水洗，井水就不好，不是[⑧]就白不起，煮来要整熟。哦，就用我们这里的（河水），要洗啊，这个灰咬人得很啊，我们那些手嫩的（人）些

① 指和平村。
② 块，方言，"块"在四川话作量词时，可以指人，也可以指物，是"个"的意思，如儿子三块指的就是三个儿子。
③ 女子，方言，指女儿。
④ 屋头，方言，意指家里。
⑤ 杆杆，方言，这里是木杆、细木棍。
⑥ 转转，方言，纺锤。
⑦ 钟头，小时。
⑧ 不是，不然。

不得行啊！（手）要（被腐蚀）出血啊。

洗了又挽起，挽成像一个雀雀窝窝一样，巴巴适适的，两坨。

（四）织麻布的方式和工具

两个人，一块（人）就织布嘛，（另）一块（人）就（把麻线）牵到那边过去嘛，就缠嘛。（织）带子嘛，就（要）有个粑粑[1]，粑粑上坐到，一个人就可以。（织麻布）这个就要两个人，一个人不得行。

这个是夹夹，我们用这个夹夹（把麻线）栓到（腰上），就这样子背起，就可以织了，这个（工具）就（是）织麻布的夹夹。

背上这个就叫背带，没得这个，人（就）要倒的嘛，（后腰要）用这个绷紧。

就这些撇撇[2]嘛，全部要这么多，这个东西还多，不是得点把点[3]、一丁点，你看嘛，这么大一把，我们老公会做，他们会做嘛。提线这些，前头些我们家都有，地震压了，有些掏出来了，有些就断了，这些没有断。

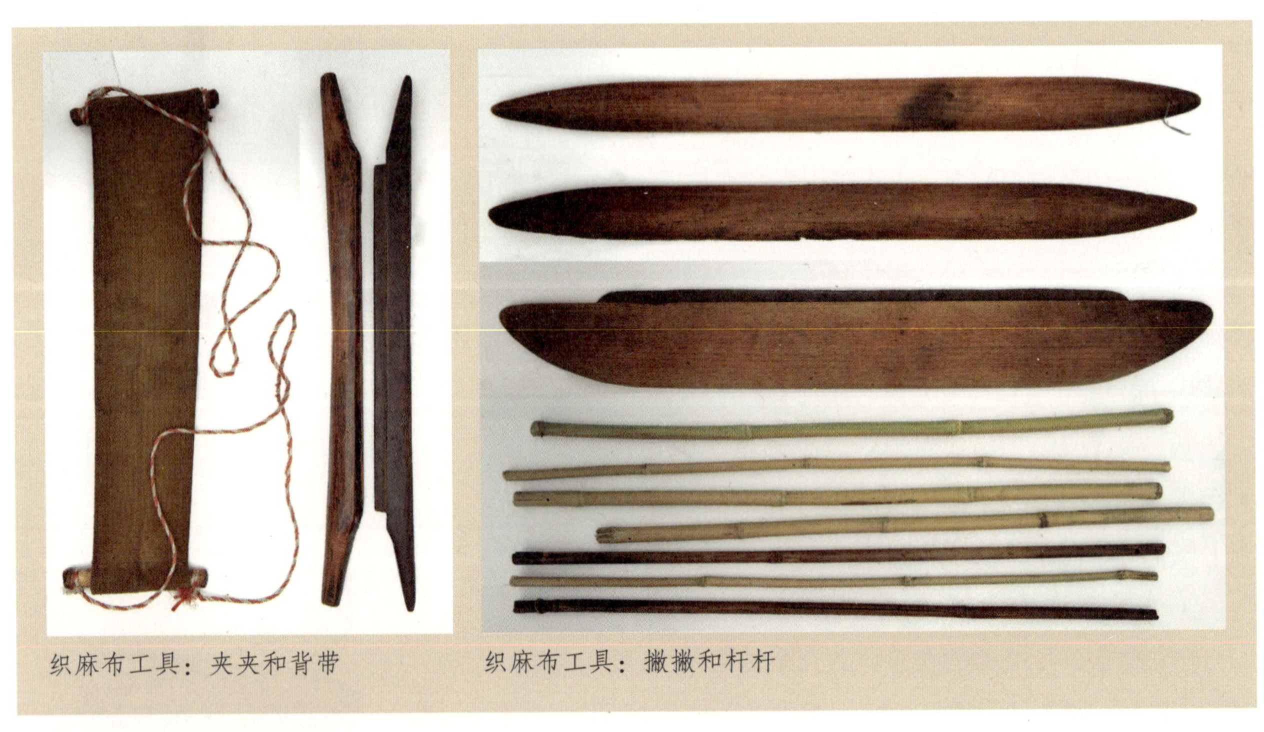

织麻布工具：夹夹和背带　　织麻布工具：撇撇和杆杆

（五）用料和工期

就这样子牵起（绷在织机上），以前我跟我们姐姐两个牵起，这就可以织。一匹布刚刚合适做一件衣服，这个一根（匹布）就够做一根（一件衣服）。

（织一匹布的麻线）有个十几斤就可以煮了。（如果）没上班没做活路了，黑了[4]我们（就）做

① 粑粑，方言，专门的小凳子。
② 撇撇，方言，这里指织布的简易的梭子。
③ 点把点，方言，少的意思。
④ 黑了，方言，意指天黑、夜晚。

（布）嘛，（十几斤）要（搓）一两个月啊。（那个时候）我们还要做活路的嘛。黑了（回到）家啊，歇气了我们就吊（麻线）嘛，做活路啊、背背子啊，我们就可以吊点点嘛。

织好一匹布，要几个月啊，吊这个麻烦的嘛。这个还要牵，牵了还要织，还要煮，吊好麻线，吊了（麻线后）用（木头）杆杆挽起，然后加木灰煮起，挽成两个坨坨，然后牵起（绷在织机上）织。要织好几个月。

织麻布（图片由杨成聪提供，2009年8月拍摄）

二、织麻布腰带

（除了织棉麻布以外，这些麻布腰带）全部是我们自己织的。（织）这个（麻带）还莫得那么麻烦，先买麻线，买了就绷起，这个莫得夹夹，这个夹夹需要绑，这些可以这样子看样样[①]，有的不需要看样样。我在15岁就跟老人一起学看样样，17岁我就（开始）织（麻带）的。

纺织完成的麻布

（这条麻带）是（我17岁的时候织的，）就这个，有好多年了，地震后挖出来了的，不是就莫得了。箱子没打烂就挖出来了，就只有这么一根，其他的就找不到了。

纺织的腰带

（麻带织物上面的纹样图案）前头那些老（年人）就这么编的，前头几辈人，一辈传一辈，我们就教这些，教了我们就看这个样样

① 样样，方言，纹样、图案。

嘛。我不晓得这些图案（的）具体意思。老一辈怎么织我们就怎么织，跟到[①]样样织。好多辈了，都用这个样样。

（织这个）还是麻烦哦。织一个带子，快的还是要十天差不多，有些四五天就可以。慢得很，现在我们眼睛不得行了，这个要一根一根地捡嘛，一对一对地掏，织麻布就不掏嘛，这个要一对一对地捡，提线里头要掏得一对一对的，就像写字这样子，笔画没有对，（颜色、位置）就要整乱[②]，传这个传了好多辈了。

第三部分　技艺传承

（那个时候，家家户户）都要（织麻布）。地震过后，就莫得人吊（麻线）了，就我们这个年龄的还会，青年人些就不会啰，我们（的）娃娃些看都没看到过。（年纪）小的这批（人）都不会了，要吊（麻线）嘛，这些不都会了，杆杆都用不来。莫得人说（学）了嘛，有机会还是要教点年轻人。

现在，这些就莫得人要了的嘛，（麻布衣服）莫得人穿了，（平时）我们也没有穿了，布（料种类）也多了，衣裳啊这些可以买的嘛。地震之前还是有人穿（麻布衣服），砍柴的时候还是穿，做活路的时候穿，地震后就没有人穿了。

① 跟到，方言，意指跟着。
② 整乱，意思是纹样图案就乱了。

第四节　纺织编织技艺

韩木基子——传承羌族传统纺织编织技艺

名称：羌族传统编织技艺

级别：第三批四川省非物质文化遗产名录项目

类别：传统手工技艺

简介：羌族传统编织有毛制、麻制之分。毛制是通过剪取绵羊、山羊、牦牛之毛，经过浸泡、漂洗后将毛绒晒松、反复捶打后，用手搓成毛纱，或用纺轮捻线，然后织成毛布；羌族地区传统麻编制技艺一般要经过播种、绩麻、纺线、煮线、漂洗、梳线、织布、染色等十几道工序。

2011年，经四川省人民政府批准，羌族传统编制技艺被列入第三批四川省非物质文化遗产名录。

传承人：韩木基子，四川省非物质文化遗产名录项目羌族传统编织技艺州级代表性传承人

传承谱系：当地民间传统手艺，无明确传承关系，跟着家中长辈学习

小传

韩木基子，1944年出生，茂县雅都乡四寨村人。

六七岁念小学，只念到小学三年级。辍学后，参加集体劳动挣工分。

十一二岁时跟随母亲学习编织技艺，边看边练，至十三四岁即全部学会。

24岁结婚，婚后育有二子。

韩木基子熟练掌握麻布编织、棉布纺织以及羌族头饰部分的头发辫子配饰的编织技艺，从20世纪80年代开始，向年轻人传授编织技艺，至今已教会十几人。

2013年，韩木基子被评为羌族传统编织技艺州级代表性传承人。

口述

一、个人经历

（我出生在19）44年，我们（家里面）4姊妹，我是老二。6岁嘛7岁哦（上的学），读过3年级，（读到10岁左右）想读都没法读了。（那时候）搞集体，家里劳动力没得，就喊我们停学了，喊我们做活路，回家就参加集体劳动，上山砍柴，挖地，种庄稼。那时候（就）挣工分，头一年5分，后头就8分，长大了就10分，大工就10分。

（后头结婚）是24（岁），只有两个儿（子）。以前是农民的嘛，原来住雅都乡俄俄村。九几年就搬到这下面来了，为了娃娃要读书，他们老汉（我老公）要工作，老公是在（县城）公路局（上班）。（有时）回去还是在种庄稼，不种庄稼吃啥子，要吃的嘛。

二、学习编织

（手工编织这个技艺）可能是十一二岁开始学，以前又不是专门学，农闲的时候就跟到看，（跟到）妈妈，做啥子就看嘛，要套嘛，学得快，十三四（岁）就全部自己会了。

自己晓得做之后，就弄了弄了，后来就大了，麻布、裤子、衣服、带子咯，原来没得啥子，就穿那些的嘛。一家子一家子没得手艺嘛（就穿得）撇[①]得很嘛，还是要学嘛，没得钱，自己没得手艺穿啥子啊，有手艺才有穿的嘛，一家子全靠自己（做）衣服才穿得起。没手艺就穿烂衣服嘛，补了又补。

小时候没得（人买）啊，是帮人家吊啊帮人家吊线，有些没得（手艺的）姑娘那些（家）要请我们做，就相当于帮忙，都穷得没法，没得（报酬之类）。我们自己织的，陪奁还是要用的噻，弟兄姊妹还是要给他们织嘛，妈老汉儿呀（也要给他们织），多余的就收起来嘛。原来衣服、裤子、（带子）都是（用）麻布做，帕子[②]就不用麻布。（现在织的是棉布，跟以前家里面织麻布的方法）也是一样的。（幅面）越宽越好，窄了不够缝一件（衣服）。（现在这个有很多种颜色），以前是白的，跳舞的那些穿的（就是）白的，没得事就盖沙发、盖铺盖。（现在盖沙发那些都是用棉线织，用麻织的主要是用来做衣服去了，）现在麻稀奇了。

年轻的时候，年轻人还要比，看哪个织得多，速度哪个快，哪个做得好。一天织不了好多（麻布），慢得很啊。要织（够缝制）一件衣服的布，起码要织一个多月。

现在还在织，（做的）方法（与以前）一样的，原来男同志、女同志、孩子啊都要穿，现在女同志不穿了，男同志还在穿。

三、传授技艺

以前（在农村的时候）没得人学啊，（后来八几年、九几年）妈老汉死得早的，屋头没得人教的就跟到（别人）学。（现在）有人（来跟我）学，（这个编织还）麻烦得很，年轻人怕麻烦，又要去外头挣钱。我教会了可能十几个人有吧。

---

① 撇，方言，不好的意思。

② 帕子，毛巾类纺织物。

撕麻线

用纺锤纺成麻线

挽麻线的工字形工具

四、简要工序

时间到了就点麻[1]，大概农历七月份就割了。

割了就晒好，翻过去覆过来要晒，（晒）干了麻颜色（就）好，颜色好麻（就）白，麻布也颜色就好，颜色不好就有点黑。

梳线工具

先把麻撕开，弄成不粗不细的，（挽在手上）然后用一个小纺锤纺成线。

然后在木头（的工字形工具）上挽起来，（挽成一坨一坨的，取下来）然后煮，煮的时候要加柴灰。

煮了之后就拿出来洗，边捶边洗，把里头有些不纯的、壳壳些全部去掉。煮好了，洗白了，干了，最后它就（成）一把柄[2]，然后就围到这上面（十字工具），过后就一根一根地像拆毛线一样拆下来，拆成一根一根的，拆成一坨一坨的。

（旁人补充：十字形绷线工具的四个方向顶点处各有一个钉子，起着固定线的作用。钉子位置决定着线圈大小，线圈大小由织布的宽幅而定，钉子如果距中心距离近，就是）织绑腿这些窄的，（钉子在靠近外围的地方）就是织宽的、做衣服的麻布这些。

（要）随时拆、随时转。（拆了）变成这个线之

织布

① 点麻，种麻的意思。
② 一把柄，方言，麻丝混在一起。

后，就牵起，牵（成一根根麻丝线后）再织。要织布就搁两个筛子，单和双有区别，单的（一组经线）只要一根，双线（两组经线）就要两根。

（我手头这个）织了十多天，随便有半个月了，（这个用来）盖铺盖、沙发。（这种棉线）现在有卖的，现在麻线稀奇了。（技巧）还是要自己有个计划、自己掌握才好，掌握不好，手不巧，（布）织来就不匀净，就一边宽一边窄，就不好看了。

（织棉布）比织麻布要简单点，织麻布还要复杂些哈。织麻布要用嘴巴的：麻种了过后，（麻上的蒿点）这些要撕，麻烦得很。（要把麻先）吊到嘴巴上，（用）嘴巴撕，嘴巴出血都要这么做。

五、头辫编制

（妇女用的头饰是）用丝线编的，里面包的是层布，外面的黑的是头发，是包到里头的。（现在）这个线是买的，以前（用）麻线，（麻线）肯定是自己在做。（头上那个花以前）是用彩线缠出来的，这个要不到好多时间，（就是）缝得慢得很：这个一根，这个一根，这个一根要三条，缝六根才叫一幅，才好看。（缝好）才编哈，然后盘到头上哈，（就是）这样子的。

（头上这个叫）头发辫子，（做法跟以前）没得差别，一样的。现在还一天（到晚）编这个辫子啊，理县的啊北川的啊（来买），忙得很。（编）这个辫子（要）买线嘛，（还）有头发嘛，（他们都是）几十套、几十套要的，手工编出来的。（这种手工编的）啥子工具（我）都有，机器（谈不上但）我们有个简单的家具。编就是缝起恼火，缝六根才叫一幅，这个要手艺好，手艺不好没得人要。有时间就编嘛，没得时间编辫子就没编了。

头饰制作

第九章 传统技艺

第一节 碉楼营造技艺介绍

按：营造碉楼的匠人，受师徒相传的经验式传承限制，对于技术特点和技巧难以描述清楚。汪有伦先生长期担任茂县文化馆馆长，一直致力于羌族文化传统的收集整理和研究，对羌族建筑技艺的收集整理较为全面，弥补了匠人无法进行清晰描述的缺陷。因此，本章将汪有伦先生关于碉楼营造技艺的介绍放在前面，便于读者理解传承人的口述。

一、羌族砌墙歌及简单解释

按：本标题下文字稿由汪有伦提供，节选自汪有伦《羌族石砌碉楼及民居砌石墙技艺介绍》一文，略有修改。

羌寨砌墙歌（木上寨余光耀老人唱）

砌墙不用巧，全靠屁股塞得好；认石认八方，面子放外边；方方长长墙角待；大石头离不开小石头塞；长三镶，短五限，内八层，外七转；中立石，垫口皮，横压经，顺压脉，近看梁，远看墙；离得远，看得端，老婆要看十八年；石石错缝；角翘三分；见尺收分。

羌寨砌墙歌解析：这是一首总结羌寨砌墙技术，用民间顺口溜方式传唱的民谣。它将复杂的砌墙技术变成了大众容易接受，简朴易懂的顺口溜。它讲清楚了每个石头要垫平（前、后），每个石头怎么看，怎么选，怎么用；砌墙不同的部位石头的用法，大石头与小石头的关系，长石头只能镶三个和短石头只能砌五个的用法与规则；砌墙角与砌中间墙壁的区别，砌内墙和砌外墙差别，墙砌高了要收分都讲述清楚了。最后提出对所砌墙至少要保证十八年内不能倒塌、不能有裂纹和缝隙，只要过了这十八年活跃（不稳定）期以后就进入稳定期，就能存在几百年或上千年。另一个值得重视的是，砌墙歌用简明扼要的语言说清楚了砌墙力学中应力集中的科学道理，即“角翘三分、见尺收分”，使四角墙体高出中间墙体三分，不在一个水平面上及“见尺收分”力学上四角重力和上下墙体重心向中间聚集，形成墙体力学的建筑上应力向内聚集的整体性。

二、关于羌族砌墙歌的解说

按：本标题下的文字据2016年5月30日在汶川县城采访汪有伦先生的口述资料整理而成。羌族砌房屋和碉楼的技艺，本来是师徒相传，手把手传授，并无总结，克枯乡木上寨的余光耀，是当地的释比，不仅会砌墙建碉，也受过高等教育，于是总结了一套羌族传统砌墙建碉的口诀，将羌族的砌墙建碉技艺生动地表现出来。

这个口诀，是我在克枯乡木上寨余光耀那个老人那儿收集到的。他本来砌墙砌得相当好，而且也是个释比，而且是民国时候的大学生，有相当高的文化。等于是外国人在东门口传教，那个啥牧师把他带出去，那时候外国在华西有个啥子教会学校去培养他，读了几年大学。回来，就开始要解放了。

“砌墙不用巧，全靠屁股塞得好；认石认八方，面子放外边；方方长长墙角待；大石头离不开小石头塞；长三镶，短五限，内八层，外七转；中立石，垫口皮，横压经，顺压脉，近看梁，远看墙；离得远，看得端，老婆要看十八年；石石错缝；角翘三分；见尺收分。”

“砌墙不用巧，全靠屁股塞得好；认石认八方”， 因为多面体除了四方上下而外，还有其他，他就提出来“认八方”。

“面子放外边”，就是好看那一面一定要砌到墙子外面作为面子，其他的就可以搁到里头。

“长三镶，短五限”，就是长的石头接到可以砌三个，就不可以砌四个，你看砌这后头，长的三个就对了，不能四个、五个、六个，那就不好看。其中“短五限”就是小的砌五个就不能再砌，数字上来确定。整个前头是毛石砌的，就没得规律，长的有三个，短的有五个，如果短的七八个，等于是一样齐的，就不属于那个范畴，砌了五个小的一定中间加一个其他长度的，不能大家都一样，一样了就是砖砌的，毛石砌的又不同。

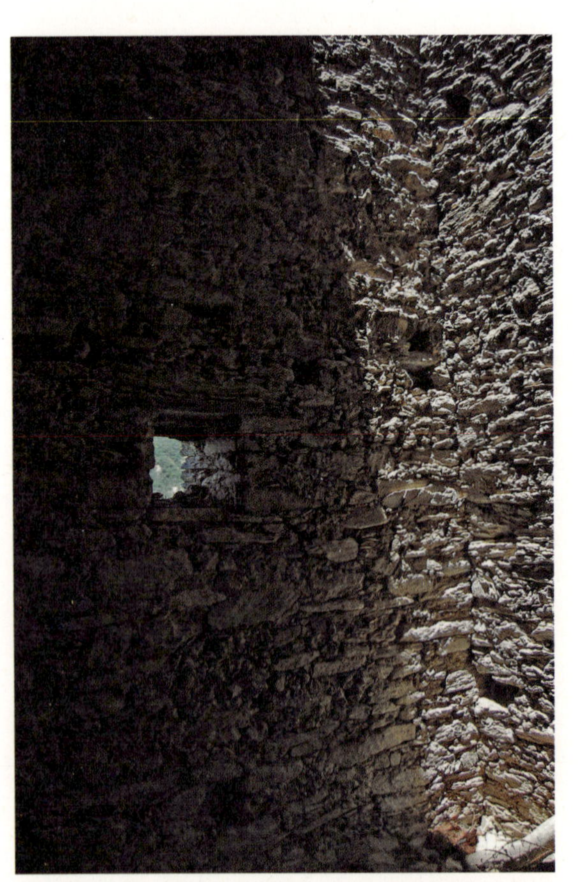
碉楼的斗窗（摄于汶川县威州镇大寺村）

“内八层，外七转”，（是说）砌墙子内墙和外墙是两层，中间是搁的小石头和黄泥巴，外面砌的墙子一定要比里面的石头大，虽然一样高，但是里头的已经是八转了，一圈一圈砌来算起有八转了，外面才七转，就是说外面的石头比里面的石头要小，虽然是两边（同时）这样砌起来，实际上内外是有别的。

“中立石”，就是砌墙子中间有个石头，（安在）哪个位置，中间（就）是哪个地方，中间要立一个石头作为它的记号。

搁石头呢，他说是“横压经”，（因为）墙子本来是经脉都没得，但是作为人（体一样）看每一块石头（都应）“横压经，顺压脉”。顺到搁这个石头的话一定要搁在你感觉那个石头的脉向上，横起放呢要放在脉中间那个位置。人不是有经脉吗，石头就一定要“横压经，顺压脉”。就是他把墙子当成人体来对待，每个石头搁在那个位置，他就说是如果顺起搁就顺压经，要把那个经络压到，横起搁就要把脉压到。

就像目前那个弹墨（线）就要搁在那个位置上，搁每一个石头都要认真考虑。

“近看梁，远看墙”，就是普通人看墙子砌得好不好，远就要看梁搁得端不端。“老婆要看十八年”，（是说）如果这个墙子是自己的爱人的话，就用十八年的时间对这个墙子好不好，用（对）爱人（一样的）来对待。一般来说结婚了过后，到不了十八年，它就垮，那就是你没砌好，如果十八年这个墙子都没有垮，就是（代表）你的老婆是要跟你白头偕老的，以后是几百年。实际上意思就是砌墙子用心砌，作为男人外头去挣了钱都要拿回来交给老婆，为了家庭的巩固，每砌一个石头（都是）为了家庭的巩固，这个墙子和这个老婆、这个家，是一回事，而且家庭巩不巩固，这个墙砌好了，是不是好的，（要）用十八年时间看。十八年墙子没有出现缝隙，没有裂口，这个墙子就砌好了。

“石石错缝”，每个石头和上下石头都要错缝，高头的要压底下那个缝隙。

“角翘三分；见尺收分”，是（说）中间和两边放的石头不一样，在墙角上搁石头的时候，它的高度要比中间那个中立石要高三分；每次墙子砌一尺（高度往内）就要收分，看你这个墙子要收好多，有些收分多，有些收分少，但是一定要收分，见尺就要收分，往里收一点。当然那个一分不是我们的一公分，是一尺的十分之一。他们以前是用尺子来衡量，见一尺如果收一分就是百分之一，如果两尺就是五十分之一。大概就是这些，我是中间拉拉杂杂的，因为岁数大了记不住（了）。

三、关于碉楼的介绍

按：以下文字也由采访汪有伦先生的口述资料整理而成。

一般角多的碉它收得要好一些。比如你四个角角，它就四个的力量能够把它撑起来，如果有些为了使它更巩固，尤其是战争年代，或者冷兵器时代，如果有本事的敌人要把碉推倒的话，他为了碉巩固还要加角，有八角的、六角的，也有五角的。那个五个角角的我观察就是碉的背部加了一个浅的角角（术语称鱼脊背）。

五角碉和鱼脊背（摄于汶川县威州镇大寺村）

我想了一下， 为什么背后要加一个比较细的那么一个角，实际上也是他处理碉的走向和它的牢固度，出现了五角碉，但是五角碉不是很显眼，细看你就看到背后（还）有个棱角下来，一般的六角、八角碉多——丹巴那边八角碉多，越晚的时候八角碉就（越）多了，像马尔康那边都出现了八角碉，与战争离开冷兵器有关。已经有土台炮了过后，为了碉更巩固，他不得不改进这个角。所以说乾隆打金川的时候，攻碉很困难，所以为什么北京修得那么多碉，就是清朝训练它的部队，修起碉这个碉咋个攻，所以北京出现碉是为了训练士兵咋个把碉攻下来，过后乾隆王才打到金川。清政府的时候都对碉感到困难，都不（用）说一两千年以前了。（碉有几个角不是因为豪华不豪华，而是因为牢固不牢固。）

还有这个碉分男碉和女碉，这个碉除了战争（时）用（来）保护民族自己而外，还有为了吉祥（的目的），寨子上有相当一级的官，比如寨首，这个寨子没有领导就不得修碉，有领导就要修一个碉。这么（要看）寨首（相当于领导）是男的还是女的，如果男的，男的那种碉要修起，女的碉外面有个耳环那样子的，圈圈那样子的。如果（是）男碉，最上面有伸出来的，肩膀上有个木头，从穿洞子后头伸出来有一块。我就问他们，为啥子伸个这个？他们就说除了男女碉不一样，顶上头饰上不同，底下功能都一样。他就说男娃应该承担这个责任，担挑子一样的，肩膀你要承担这个责任。另外，就是如果打不赢别个，半夜三更逃跑的时候，不是外面露了一块，他横到高头，靠起顺到高上好逃跑。这些都是这些老年人大家吹牛的时候吹的。（女碉就是上面有个回廊形式。）

另外一个，有些高头是有“邛笼”，明朝以前高头顶上是这样支出去有邛笼的，那就说明他接受了汉族的顶上那些处理工艺，逐步在吸收人家顶上那种砖石（构造）这样子的。除了这个还有界碉，就是边界和边界之间，大家为了不争这个地盘，我们就要修一个碉作为划界，（表示）不能越过这个碉这个边界。这个地方有个领导，有名人他就要修个碉，一般哪个寨子啥子碉都没得，就属于一般老百姓居住的。另外就是战争为了保护自己也不得不修碉。

（还有一种是风水碉。）对面有龙的脑壳啊啥子（山形）对这边寨子不利的话，他就要建一个碉来对对方实行一种压力。我碰到的你说（的）这种风水碉是（在）茅岭，等于是对面沙窝子出现了一块很有钱的很厉害的一块，而且他的祖坟埋得最好，他的后人考上了京城，当了官，但是看地形的对他不是很好，原来专门有看地形的八卦的阴阳先生帮他看，他就求他看。他（阴阳先生）说看是可以，因为我泄露了天机过后对我不利，我就要出现身残，弄得不好就眼睛要瞎或者腿杆要断，因为人不能泄露天机。结果他就答应说，我供你一辈子没得问题，他说对嘛，就给他说了——你们的房子要修在哪个地方，你们的祖坟要埋在哪个地方，结果这么做了以后确实兴旺发达，发达了过后确实（要守约）供养他，但是供养得不是很好，喊他去守磨子，棋盘沟沟里头主人自家有个磨子，天天喊他推磨守磨子。结果，这个（风水先生）有个徒弟在外面游天下，结果游拢这儿了，看到师父在守磨子，就问他。他说这家子我给他看了，他们也确实（到）京城去发达了，当了官，所以就把我弄来守磨子，我眼睛也看不到（了）。那个徒弟说没得事，我把你背起走。但是，这后头接到（的故事）我老是弄不清楚，（反正后来师徒俩）收拾（了）这家子，（不清楚）到底是徒弟娃儿出的主意还是师父出的主意。（方法）就是在茅岭这儿，修个碉楼，碉楼高头架一把剑，破他的风水，这样子那边就衰败了，徒弟也把师父背起走了。

碉楼营造特殊名词解释

斗窗：碉楼的窗子内大外小，称为斗窗。

鱼脊背：羌族特有的五角碉，背面的一角称鱼脊背。

第二节　碉楼营造技艺传承

马位金——用心钻研成匠人

名称：碉楼营造技艺（羌族碉楼营造技艺）

级别：第三批国家级非物质文化遗产扩展项目名录项目

类别：传统技艺

简介：《后汉书·南蛮西南夷列传》载："冉駹夷者，武帝所开，元鼎六年，以为汶山郡。至地节三年，夷人以立郡赋重，宣帝乃省并蜀郡，为北部都尉。其山有六夷七羌九氐。……众皆依山居止，累石为室，高者至十余丈，为邛笼。"其中"邛笼"，即今"碉楼"之意。

碉楼作为羌族建筑中一种特殊的建筑形态，是羌族具有代表性的文化符号之一，也是羌族骁勇民风的历史见证。由于早期用来防御敌患、观察敌情、指挥作战，故碉楼多设置在据山扼水的交通要道、山脊梁上或村寨中心。

碉楼有四角碉、六角碉和八角碉之分，高达数丈或十余丈，每边齐地而处，各宽约五米，渐高则碉楼壁略向内倾，至全高三分之二处，则又向上直立，所以仰视之为细腰形状，外观齐整、雄伟。它或单独修建，或与民居融合，空间形态优美。

从功能上来看，碉楼种类多样，有放哨的哨碉、御敌的战备碉、祭祀的风水碉等。

从结构上来看，碉楼内部每层墙体上均有外小内大的斗窗，既可用来采光，又可在战时作为射击孔。有的碉楼还置有半地下室，可贮存粮食，还有的碉楼设计有小的出口，与阴沟、暗道、主渠相通，战时可作逃生通道。由此可见，碉楼的每一处设计均以人们生存的需求为基点而展开。

从材料和营造技术上来看，碉楼建造均采用石、木、土的混合材料，在其修建时无设计图纸，全凭工匠多年经验。

2011年，经国务院批准，碉楼营造技艺（羌族碉楼营造技艺）被列入国家级非物质文化遗产名录扩展项目名录。

传承人：马位金，国家级非物质文化遗产扩展项目名录项目碉楼营造技艺（羌族碉楼营造技艺）州级代表性传承人

传承谱系：当地民间技艺，无明确传承关系，跟着寨子里长辈学习

小传

马位金，1952年出生，理县桃坪乡佳山村人。1962年读小学四年级时父母离世，于是辍学，之后开始集体劳动挣工分。先后干过薅草、田管、筛沙子、放牦牛等农活。

17岁时，通过修自己家牲口圈开始琢磨修房子，学成后经常被周围邻居请去修民居、建碉楼，对碉楼营造有自己的心得体会。加上包产到户后种果树，经济条件逐渐好转。

1985年结婚后，育有一子一女。

2013 年，马位金被命名为碉楼营造技艺州级代表性传承人。

第一部分　历尽艰难

（我）（19）52年出生，6岁读书。小时候那会儿劳动力多，我又好耍，（但）读了四年级没读了。（然后就）劳动，娘老子死了，（我）无法生活，跟了哥嫂就劳动。（主要是）集体薅草啊，田管，挣工分，（给）6分。莫法，田管嘛（就是）守路口这些。

过后就找副业，就出门找钱，（大概是19）72年的事。（那个时候已经20岁了，就）筛沙子，筛药沙，不是（搞建筑的）沙子，他拉出去做砂轮啊，集体的。那时候（要）多挣工分嘛，下苦力就挣得多嘛，有些一天挣得到两个人的工分（20分）。挣了两年（工分），家庭还是恼火，哥哥（家）娃娃又多，回来就我们那个老书记喊我放牦牛，是公社的牦牛，天天（去）山上，我是（19）74年开始去的，放了12年，过后就安家嘛。

当时只道是寻常

就（19）85年安家，我34（岁安家，1986年又）放了一年牛。我（有）两个娃娃，一儿一女。（那时已）下户了几年了，（1982年下户的，下户了）集体的，公社没分，还有牛噻，那会儿主要是集体化，到村上去拿（劳动报酬）。开始嘛就是给工分嘛，下户了等于是公社给钱了，他好像是360块钱哇一个月，哦没得，是40（元）左右一个月。

（1986年开始）那时候一家一户了，就栽树子，自己家的苹果。那时候，家庭条件恼火得很，树子都买不起，借的（钱）买树苗子，树子长起来（我的生活）就好些了。这四五年（家庭条件才开始）好些。我嘛，家里就种果树，我又出门找点钱，砌墙，修房子。

第二部 摸索建房

我开始（的）时候才17岁，学修房子。家里的门些[①]烂了，家里要砌圈，（就先在自己家里砌，）没（跟人）学过，自己家自己钻研嘛，（看）人家这些老房子咋个扣的啊。（19）84年，就开始（有人）请，我去嘛就是主人家（给我）打杂的，他只要我一个，主家他缺钱嘛。（报酬多少是）一层房子看你大小，一般都要一个多月，3间房子，一层干了再修二一层嘛。当年要修，他放个个把月，有的搁一二十天，现在一般（修）两层的多。两层都是人住，圈些是单独修，他后来要自家修噻。（以前是把底楼做成圈，后来就分开了，）分开修。

（工钱）那会儿是12块钱一丈，高一丈，长一丈。（那个时候找我修房子的）还是多嘛，主人家打杂。一年嘛就是闲了才去（挣些钱）。你要开支，像娃娃要读书，正月间就要出来了，正月二十就要出门，（都是）人家找，（正月出门）再撇[②]也要去半年，主人家管吃管住。（1984年开始）一直在弄，这几年没有（弄了）。

第三部分 民居营造技艺

一、建房仪式

（关于修房子的讲究）有的人有，有的人没得。有些懂的就要安门，壩基脚，等于是动土嘛。动土要烧香哦，祭一哈地脉龙神（，有的还要请释比）。

二、建筑材料

（石头是）到处讨（或是）捡的，（不是去山上采的）。现在有讲究了，有钱了，哪里（的石头）好，就开点运费（拉过来）嘛，原来没得法。

石头之间的缝子（摄于桃坪羌寨）

① 些，四川方言中的数量助词，在人或物后面表示复数。
② 撇，方言，差的意思，这里指少。

黄泥巴，就（用）我们这儿土泥巴，（直接拿水）把它发起，泥巴（要）调和嘛。

三、砌墙技艺

墙角的处理是关键。你主要是把角子石头要扯好，内外角子都要扯（好），你内外不扯（好），它就要扯开扯开，就要迸开[①]，石头一侧要捡平，捡平了大石头才扣得走。你遇到一个石头高的，安起了这边又安一块就翘起了，（所以）你把这边小石头要捡平了。关键是角子，他们说正角子，石头可以用长的、可以用短的；过来二把手（石头）越长越好。正角子出不到问题，二把手才（可能）出问题，关键的石头就这样子长，如果是这边再这样子长，出啥子问题呢？现在（的砌墙匠）不讲究，他只要今天两百、三百元，几下一千块拿到了事[②]，他就不讲究了。本来这个石头高了，这个石头再捡一块起来靠平了就可以了，他就不讲究，（整）两下就了事。

羌族民居的墙角（摄于桃坪羌寨）

角子、墙角还是石头嘛。这个角子关键石头要砌得好，（角子就是墙）转弯的塌塌[③]。内外都要砌好，那个不砌好，那个出了问题，整个都（会）有问题。

这个（角子）都不见得（特别重要），墙角过来这块，第二块，第三块才最主要。这个垫起来头子上才翘得起，（角子要垫一点）必须要把它垫起，现在不讲究（了），两下翘起就了事（，中间要矮一点，两边要高一点，才稳当）。石头缝子要凑得一起，凑不拢不行，（缝隙）必须要用小石头（填），重上去一点，石头一压，就合适。（缝子上下）不能（对齐），要错开，不然要出问题。

过江石的使用，关键是过江石要靠得好，这个这么长就过去了，不靠拢，两边边边是立起来的，中间是个槽，地震稍微一抖就跑开了。

（厚度）这样过去，（要用）过江石石头要扣穿，那边要扣拢，不扣拢这石头（容易跑）那边去，那个就要出问题。

每层都基本上要靠拢，这边靠过去了，那边小石头鼓起来了，那边要靠一根江（过江石）过来，这边要轧一块，你想开一个窗子，钎子拿起去乱戳，都不得戳垮。

（必须要有过江石，几层之间要有一个过江石），该靠就要靠，该逮[④]就要逮一块去。（比如说

① 迸开，方言，裂开。
② 了事，方言，完工的意思。
③ 塌塌，方言，地方。
④ 逮，方言，拉的意思。

墙有一丈长，一层）起码5尺要有一个过江石，要不然就不稳当，要跑开。（墙）越厚越好，那就石头越大越好，石头小了它中间要跑开，一般讲究都是40公分厚，大小石头扣穿。

四、房顶的处理

（顶上收的时候）盖嘛，石头、泥巴和木头（，在房顶上面铺板子，铺了板子再涂泥巴在上面），（这样下来）不漏（雨）。要捶好，它开头要铺一层泥巴，稀泥巴，倒稀不干的（那种），要有点石子子的，石头少，铺过去了，泥巴要调好，后头要干泥巴再铺过去，后头原来我们甩那个连枷打，这样子打过去了，这边又打过去，过去打一道，过来打一道，打融了它就生到（一起）了，然后捡个木头锤锤，挨到挨到捶，要捶平。（全是黄泥巴，不加其他，）不会（翻浆脱落），原来流行黄泥巴，现在是石灰，和点石灰到黄泥巴上，（以前）尽（是）黄泥巴，主要是要捶得好，捶融，打实了（就不会脱落）。

五、门窗的处理

（开门的高度）看你要安（放）多高的门，门要有好大[①]，主人家才晓得。没得（啥子特别讲究），（窗子）他要好高安门，你就好高安门，要依主人家（的意思）。安的时候你要看下门有好高，门高头照应下来，窗子就有好高，平排就靠一层。

第四部分　碉楼营造

（我）修过（碉楼）。现在新修的到处在修，用水泥，外面用泥巴，全部石头，里面水泥，它从高头就把线拴死了，就拉伸下来，地下定死了，就喊你照到线砌。我们原来就不是，（原来是凭眼力）一层一层砌上去。现在喊我砌我都不砌，它全部水泥现做的，线都绷好了。现在要绷线下来，绷下来就不好看，框架就给你固定死了，一点都不好看。这（个）不能绷线，绷线太丑了，不好看，没得弧度了，全靠眼力，（传统）那个又要好看些。（有弧度，稳定性要好些。）

（我以前）就在这儿砌的碉楼，它们原来这儿要垮，拆了过后，现在搞旅游，第二年、第三年就（又）喊我砌，我说我拿得下。

（碉楼）不讲究啥子，喊你砌好高就好高，（就是）底脚就恼火哦，底脚这么宽哦，越上去越收碉楼（横截面）越小，底下墙脚一般有一米、两米，上去慢慢收，外口收，内口就不收。（两米）大哦，还是要整过江石，它不同，这边压一半过去，那边压一半，（两个接起，）总要压到起。没有压起，后头中间要轧一块，这边要鼓小石头起来。这边轧起，一边要鼓小石头起来。（两米厚的这种修一层）原来这样子没有修过，原来是吃烟，一天那几口烟吃了，就一天砌一下午，干（透）了再砌，不干就不敢重[②]。一天（只能）捡一层，（砌）一转，这个要砌好久（哦）。（最大的）我砌的这么宽，它顺环之后一丈多，那个就快了。（碉楼本身就矮）那个一层一层的，（我砌的这种一般一

① 好大，意思是多大。
② 重，重复的“重”，即加一层重叠上去。

层）6尺，4层，脚子是原来（的）老脚子，有十来米。

过去，修碉楼隔一年修一层。（以前）慢，全靠眼力。（干透了，第二年又整。）现在一年拿下来就顶合适了（，现在修的不需要放一年）。（修碉楼还是）纯黄泥巴是最好的，泥巴有点柔软性，黄泥巴有点柔软，水泥一别[①]了就熟了，没得柔软性的；一年可以（修起来），（修完4层要）四五个月。

一个人砌，就不隔时间，边砌边干（燥），修完一层可以往上重起来。两三个人以上，一直砌，黄泥就干不了；要休息，一般民房起码要休息20天，不休息20天干不起，要垮，不稳当。一个人修（就可以慢慢）接到往上重都行。（人多了）不得行，（人多了中间就）要歇。

每层都有梯子，加楼板。有枪眼，里头大，外头小，人可以脑壳钻出去，原来（为了）防盗这么设计的嘛，防土匪那些。

一般没得（人）住（在碉楼里）的，（平时也）不放（东西，只有打仗）才放，（平时是）空的。

① 别，方言，干燥。

王国跃——承袭家传展技艺

名称：碉楼营造技艺（羌族碉楼营造技艺）

级别：第三批国家级非物质文化遗产扩展项目名录项目

类别：传统技艺

简介：见马位金部分介绍。

传承人：国家级非物质文化遗产扩展项目名录项目碉楼营造技艺（羌族碉楼营造技艺）省级代表性传承人

传承谱系：当地民间技艺，无明确传承关系，跟着父亲学习

小传

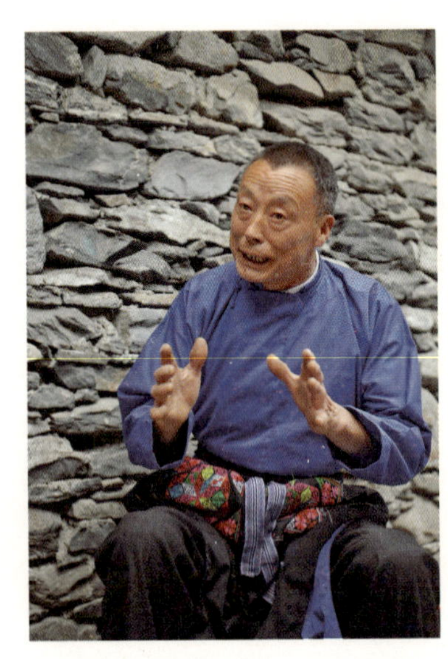

王国跃，1952年生于汶川县绵虒镇羌锋村。

1959年左右，六七岁开始上学。1964年左右，小学毕业后务农。1968年左右，16岁开始跟随父亲学修建民居和碉楼。

1996年之前，一直跟父亲修建民居，范围主要在羌锋村及其周边地区，最远到过茂县、红原等地。

王国跃熟练掌握羌族民居和碉楼的营造技艺，建造过旅游用途的碉楼。

2009年，王国跃被评为碉楼营造技艺（羌族碉楼营造技艺）省级代表性传承人。有4名徒弟。

第一部分　家传手艺

我是1952年（出生）。小学嘛，可能六七岁吧（上学，上了）5年。小学毕业之后就一直没有再上学了。（小学毕业后）一般就在屋头放牛、打猪草这些嘛。

（等我）有个十五六岁，就跟着父亲一起做石头（碉房）、砌墙嘛。父亲本身就是砌墙子、修房子的，嗯，“文化大革命”（开始），那个时候就开始做活路了。做活就跑到理坪这些地方嘛，干活到处都在干。（以前最远）跟到父亲做到龙溪，茂县也去过。（最远）今年做了个红原的。

（那时干这个活）是当地人来请，等于是在户里嘛挣工分嘛，（工分）几角钱一天哦。它是在合作社的话交6角，就是给6角，我们（小工领到手）就得两角，就那种。（6角交上）要记工分10分

嘛。建房子一个人一天的话就是8角呗，一天8角，还得自己带点粮去。（父子俩出去，给父亲）打下手啊，这个（活）要干的话要两个下手。跟到父亲一起出去的话，一般私人修房子的话，基本上就是私人自己屋头（的人）打杂。（像父亲这样的）师傅的话就去两个，我们当下手徒弟的嘛就去两三个，（一共五六个人）嗯。

（父亲去世之前我一直跟他做这个手艺，）父亲去世就自己做了嘛，（那是19）96年吧。

地震后到那个红原的话（工钱）涨成两百，一般出门到处都是一百块钱一天，红原就是地区要高点，两百块一天。（在主人家）吃住嘛，（我们）自己带被盖嘛。远了的话就要的时间比较多，（冬天）那个时候雪、雨都比较多（只好停工，就待的时间比较长）。

我父亲教了两三个（徒弟），另外两个现在就没做了，基本60多（岁）了。（我）教了4个（徒弟），这会儿是一起做。（徒弟们）地震前头这儿（开始学，2006年、2007年的样子），（小点的现在）有一个三十一二（岁）吧，其他两个三十七八（岁），有一个40（岁）大点儿，（要出去干活）就一起做嘛。

第二部分　建造碉楼和民居的步骤与要领

一、主要工具

（工具）就是拿锤锤片片；（如果是八角碉楼，要知道这八个角匀不匀称，就要）拿卷尺画了之后就把角定了，定了之后用卷尺画一下就出来了，（在地上）要先放线。

二、动工日子

（建房）时间就是主人家定的日子，好久搁墙脚， 好久搁梁，这些主人家日子是全部算好了的。就是地震前修房子（的）特别多。

三、材料准备

像碉楼的话（选石材）要片石这种。像我们这里修这些房子就不存在，河沟头捡的石头基本上就可以。

泥巴是地里挖的黄泥巴，挖来筛了就拿水发了就可以（用），（发的过程中）要拿耙子抓一下，（达到）流不起走有黏性（的）那一种（状态），弄到墙上不流下来就可以了。（发泥巴时）这个牛踩也可以，不踩也可。

四、地基建设

按：地基，关键是要挖开土层，达到岩石层。

（位置选定后，开始挖地基，十五六米高的房，地基）深啊，我们这里塌塌[①]就石头多，反正一般挖到大石头就不挖了，（是）泥巴就一直挖嘛，（地基深度一米多）不了[②]哦，起码两三米都有。

① 塌塌，方言，地方。
② 不了，方言，不止的意思。

基脚要大一点点，哦那脚脚叉开才稳当呀，像人走路一样。

五、砌墙诀窍

像我们这个房子，有个七八米到十米高的话就没什么技巧，如果是碉楼就不一样了，要整好一点，要压尾巴，如果是尾巴没压到的话就容易倒了，要压得结实。（传统建造时石头间黏合材料）中间呀，中间比如这边有一个大石头，那边有一个小石头，然后这边就搁一个小石头，那边再搁一个大石头，这样一层一层地搁。中间要填（泥巴），以前是大石头方面抹泥巴，抹了泥巴再用小石头填补，这样缝隙才牢固。

如果你石头小的话，墙子就要窄一点点，石头大就稍稍宽一点。石头小了墙太宽的话就没有结构性，这样子要保证牢固。（所以它还是跟用料的大小有关系，）嗯，反正你就看着主人家的石头来办，看着石头取墙宽。我们这（个）寨子上（厚度）一般是40公分宽，吃到顶的话等于就33（公分）、30公分宽就吃上顶了。

厚一点的就40公分嘛，这寨子上，如果你外面做起的话有六七十公分，七八十公分都有，那个石头大，有些人家就喜欢宽墙，（其实）墙越宽越不紧实，越不牢靠。嗯，墙子窄一点的就牢靠。

（砌墙要规整，）你用一根索索[①]，顺着索索绳子走，角角弄好绳子一绷，该留多少就留多少，这个一点走展[②]都没得。

一般砌墙子关键就只有角角。墙角的这些缝子都要压好，缝子压好了一般就出不了问题。嗯，关键就是角角，还有转角，那种宽的一般就是这种头子要麻烦些，墙要40公分（厚）的话这种就麻烦，（修的时间）来得慢一点。有些就是石头看到大，面积大，他图好看，就把石头棱起用[③]，棱起用这个石头就不经事[④]，如果是（形状）比较圆罐子的石就不好，不牢靠。如果你就是条石的话我一般砌墙就会趴起搁[⑤]，不能棱起搁，棱起的话就不经事，墙子容易垮掉，时间稍稍长的话，留下缝子雨水多的话，房子就会倒。

王国跃以亲手建造的房为例作讲解

① 索索，方言，绳子。
② 走展，方言，误差。
③ 把石头棱起用，意思是只求美观把石头好看的面朝外竖起来用。
④ 经事，四川方言，是指一件东西结实牢固，经久耐用。
⑤ 趴起搁，方言，平放。

第三部分　建造工期

（修这个房子）一般就是架子房子多，后面的就是没有木头的。这种房子底下是黑，高头这一层是楼板，顶高头是土房背①泥巴房，三合土拿那种白灰做的。房子小的话，20来往天（就可以建成），房子大的话有两层就要个把月。

砌碉楼（材料）一般片石多，尾巴压好一直压到中间。两头压到中间就结实，碉楼一般是先把角做出来，然后往中间砌。嗯，先把角子拉一横，有个七八十公分宽的话，碉楼必须把角子压好，角子不压好，过不了多久墙就要分家。

（碉楼要求高）嗯，这个来得慢，一点都不敢马虎，先把角角压好，中间要松活一点点，特别角角没压好就会（有垮塌的）危险。

一般（墙有个）七八米过十米高的话可以稍稍一干就继续往上砌，但如果是拿现在这种水泥砌的话就无所谓。以前那种黄泥巴，就一下子干不到，就时间要稍微搁②久一点。一般（砌）七八

羌锋村民居

① 土房背，泥土做的房顶。
② 搁，方言，放的意思。

雄伟的碉楼（摄于太平乡牛尾寨碉楼）

（米）到十米的样子就要停一下，这个就停一二十天吧。

（我砌过的碉楼）最高十五六米吧（，有五六层高），在我们这坎底下原来搞旅游开发的黄龙坝子里，拿我们这里的石头砌的，修的可能有二十多天。这个碉楼也不见得太大。

羌族民居建造现场

（碉楼有四角、五角、八角不同的表现形式，）最恼火（的）就是讲角（的处理方法）了。八角落地的话这个角角就多一些，这个就来得慢，这就不好修，时间来得慢。四角的就比较快，六角的（中等），（因为）墙角是最麻烦的，如果你砌砖就方正，你石头必须要打掉（碎片），角落没砌好的话就不好看。

这个八角碉楼是人家搞旅游的时候就专门有技师、施工员，他反正把线一放嘛我们就动手。连下手的话就四五个人，（其中）师傅两个，两三个徒弟，（这事距今）将近20来年的事。（备石料的人是他们找人拉过来，然后四五个人就开始做。）吃在（业主方）这边吃，住在自己家住。（五个人一起）做了有半年哦，不（只砌了一个），有好几个，大大小小总共有七八个哦，有三个高的，（还有另外几个是）小的，（都）比较矮，没得好大点，（总共花了）半年时间。

第四部分　藏羌民居的区别

砌（墙用）的石头的话没有什么区别，藏区的房子底下是关牛的，高头和中间这层是住人的，嗯，（这个结构）不一样，不像我们这里的房子，（这里的）不关牛。我们原来宅子中间，屋基小了的话，底下那层就关牛、关羊子、关猪这些，中间这层就住人，这顶高头这层也住人。现在（房子宽一点了，下面这一层一般就不养牲口），屋基的话就是分开的，不像原来。

赵光卫——拜师学艺谋生计

名称：碉楼营造技艺（羌族碉楼营造技艺）

级别：第三批国家级非物质文化遗产扩展项目名录项目

类别：传统技艺

简介：见马位金部分介绍。

传承人：赵光卫，第三批国家级非物质文化遗产扩展项目名录项目碉楼营造技艺（羌族碉楼营造技艺）州级代表性传承人

传承谱系：格桑→赵光卫

小传

赵光卫，生于1949年，茂县三龙乡勒依村人。小时候兄弟姐妹多，赵光卫是家中老幺，1岁时父亲便去世了，由母亲含辛茹苦养大，仅读过几年小学。

十几岁开始跟来自黑水[①]的藏族师傅格桑学砌碉楼，学成后，在农业生产之外靠建碉楼养家糊口。

2013年，赵光卫被评为碉楼营造技艺州级代表性传承人。

口述

第一部分　艰辛人生

我是（19）49年（出生的）。

那个时候读不起书，没得人供，我们妈还是一个人，供不起。（父亲在我）可能一岁（时）就去世了。

（母亲一个人带孩子），大点的（哥姐小时候）父亲还在嘛。我一岁（时），（父亲）就没得了，我最小的。难哦，我们这个家庭恼火。（以前还是主要靠）种田嘛。（然后）哦，找点副业，（在）农业社找副业，副业活还重一点。

我小时候村里除了农业生产，（还）要打（猎）嘛，现在不准打了嘛。（年轻的时候，山上野生动物）多得很，那个时候还要打（猎，没被禁止），獐子、斑羊，现在没得了。

① 黑水，阿坝藏族羌族自治州所辖县，在茂县西北方向。

茂县三龙乡勒依村

（我们原来是）七姊妹，（现在）我们四兄弟，两个大哥都死了，只有我们两弟兄了，只有一个哥了。姊妹些（也）都没在了。

（几兄弟，）他们这些儿子倒是还在（老家），这儿一家，这儿两家，（他们的后代）这儿有五六家哦。

我（19）69年正月间结的婚。（第一个小孩是）女子，二一个是儿子，儿子没有在了。（女子是（19）70年（出生的），儿子是（19）72年（出生的）。女子现在在茂县当老师，成家了，（我的外）孙孙都有17岁了。（儿子地震去世后，媳妇也）没有住这儿了，只有（出去）打工了，她有两个娃娃，（还有）我们两个老的，我的老婆子比我大4岁，七十几（岁）了，做不起活路了，我又是高血压，心脏上有问题。我们（现在）就带娃娃，还有两个孙孙没得人供，有个读高中了，有个读小学。现在没得人（请做活路）了，在这个岁数哪个还要你嘛，成了人家的负担。

第二部分　学艺谋生

我是十几岁就开始学（修房子）了，我们以前在农业社，生活又困难，找点副业，赚点钱了，生活才好嘛，就是六几年、七几年。

（我师父是）黑水过来的，叫格桑，他们长期在这儿砌。他们到这儿修房子①，（我是）在这儿跟着他学，拜过（师的）。拜师你要磕头，给师父做衣服，你拜师就要给礼。给师父拜了礼，同意（就）喊你去。师父要给我置锤锤、泥巴掌掌②，那些就要给一些。师父徒弟多得很。（与）我这一年（一起拜师学艺）的有两个，当然没有在了，死了。

（黑水师父来这边一般是在）阴历的正二月间，没得生意就回去了，农忙要忙嘛，种庄稼了就搞不成了，二月间你不忙，他就修房子。（黑水的师父在这儿干活时）就和他熟了，就跟着他学。（他）每一年都要来这儿，（我）没有（去过师父那儿），远，100多公里。那个农业社请不到（本地人），耽搁一天就要扣你的工分。（后来我）师父都死了，这儿来的时候都（已经）60几（岁）了。他们（一般）来两三个，当地人就背石头，揉泥巴嘛（打下手）。

（他们来这儿干活）有生意（就做）三四十天，四五十天。（他们也是）农民嘛，我们这儿都是农民。（都是黑水师傅来这边建房，我们本地没有什么）建筑专家。

学几年不一定，这个全靠眼力，眼睛（功夫）弄得好，砌得好，一两年就可以出师了。我是（19）49年（出生的），“文化大革命”（那时候）我们生活也不好，就是去整那些，你不整那些，一天就在家里面，一天一两儿两饭，吃不饱。（跟到师父，报酬）要给哦，师父（每天）得3块，你只得到8角钱，（算）是有工钱嘛。（到后来我带徒弟的时候）我们最好就是20块钱，慢慢就涨起来了。现在（一天）要七八十（元），一百几（十元）了。

勒依村民居

我学了一年多就（出师了于是）自己砌，这些都是我们自己砌的，（开始就在附近给别人修房子，这村里面好多房子都是）我们自己砌的。（活主要在）本公社，外头都要去，（最远）山前山后嘛，有几十公里哦，（像）羌城，山后那些，到处去，他晓得你就请你嘛，（远的地方去就）住在那（里），你每天走好恼火，来回（跑又要）耽搁人家时间，（一直

① 修房子，方言，指的是建造房屋。
② 泥巴掌掌，泥掌子，一种专业泥瓦工工具。

到）修完。

（那时候除了做这以外）我们在找副业，找副业啥子都在做。修房子，改板子这些，山上的药材啊，就找这些。建筑活路有了，我们就去砌房子。

地震前一年，就没有搞了，（用这种建筑方式的）就比较少了。地震过后（人们）就（改）用砖了，搞不成了。

建筑工具——锤子、泥掌子

（19）80年就开始带徒弟，（那时）我三十几了。（带的徒弟）多哦，带的徒弟有五六个。最开始带了两个，（前前后后带）七八个。

现在没得人（来请）了，现在（建村）尽是砖这些，我们就没有（做）了。现在的小伙子好些都不肯学了。

第三部分　建造技艺

按：羌族传统建筑中，民居和碉楼建造原理相通，技艺不分家，因而建筑匠人也不细分，他们既为乡民建住房，又为寨子建碉楼。因此，为了全面展现项目内容，传承通常把民居和碉楼结合起来描述。

一、建造仪式

这个羌族的碉楼[①]就要这么弄，要看日子，（一般）提前一个月来定时间，日子看了，（找）哪一天日子好，我们羌族的习惯就是那么一个。把砌碉楼的日子看了，（就计划）好久开始做。他们要砌房子，就带一些礼嘛，带一些礼来请你，“可不可以来砌一下房子哦？师傅一天好多钱？”就这么一个，你还是要去噻。以前（带的礼）就是挂面，一瓶酒。

我们羌族宗教信仰就是敬下菩萨，我们啥子都信，菩萨都要敬。开工你就要敬菩萨嘛，磕头，敬了菩萨，大家就喝酒，就开始，就这么一个。（敬的是）鲁班菩萨。敬鲁班，我们这个砌匠（的祖师）就是鲁班师傅。没有（牌位），带点升斗，香，蜡，肉，放着，磕头，就这么一个。开始砌房子，那个锤锤，泥掌子要立在那，就要磕头，（*用羌语说一段*）就要那么说，说了才得行。（翻译成）汉语就是，菩萨、鲁班师傅，今天日子好，主人家要修房子，你就要保佑这家人安全，这个房子修出来就要发人[②]，要进财。要给他们许愿（求菩萨）。

① 本段传承人讲述的内容实际上说的是民居。
② 发人，使人发，指人丁兴旺。

开工前敬菩萨（图片由杨成聪提供；2016年5月，摄于茂县黑虎乡黑虎羌寨）

（然后）开工，就是（主人家说：）“师傅些，来吃点酒，我们就开始了哦。”准备好泥巴和牛，石头拿过来，泥巴就弄上来——开工了。

完工了肯定有仪式嘛。完工了，亲戚家门啊，当地的全部来祝贺，你完工了，摆酒席，要给你摆起，做活嘛。（这时就要）放火炮子，挂红布。（通常）修完了就回去了，耍一天，那个主人就留你一天，第二天就送礼，放个火炮子，人请了，工钱给了，就这么一个。

（一般家里面修房子）没得啥子忌讳，就是砌了房子上去，房子没有修好，就不准你乱去，妇女、娃娃那些上面就不准你去。新房子不准去。那个啥子都弄完，菩萨、神龛子弄起，你才（能）去。

二、建造人员

普通人家一般修（五六间），（需）三四个人（一起做），大概就一个师傅，两三个徒弟。（分工一般是）师傅就带棱角和指挥，徒弟就中间砌，棱角就师傅掌握。棱角哪里没有弄对，师傅就要去敲，你师傅不敲，就爆过去爆过来，就要不得[①]。

（修房子一般）最多（配）两个（木匠）嘛，砌匠砌不赢。木匠推哈板子，两个人，你砌了一层嘛，他做一层木匠活。

三、主要工具

（修房子一般用的工具是）锤锤，我现在都有，（还有）调泥巴的工具，泥掌子。不复杂。

四、建筑材料

（材料主要是）黄泥巴和石头。做的时候要准备，准备好泥巴[②]，准备好牛羊，牛要踩[③]，人要踩。踩了有筋丝，一个石头一个泥巴要这么放。就是黄泥巴（土）一坨，（弄碎之后）还要把它筛干净，不筛干净那个石头是滚的。黄泥巴要筛出来，要扯，要有筋丝，没有筋丝就没有黏力，（然后）加水。那个泥巴要细，要踩得好，（然后）你放一块泥巴，放一个石头。（筋丝就是）扯起来有筋，石头就搬不脱嘛，就要有黏性。（除了人踩还）要用牛踩，牛没有就用牲口，踩好了就行了，一般一个钟头就可以了。踩匀称，要有筋丝。（泥巴里）不加（别的了，砌时）外面（放）大石头，里面

① “就爆过去爆过来，就要不得”，意思是石头容易移位，既便墙面不平整，墙的质量就不行。
② 泥巴，方言，泥土。
③ 牛要踩，意思是牛把泥巴踩匀。

（放）小石头。

（石头）到处捡的嘛。以前石头多得很，现在修了房子没得了，要去（山上）敲[①]。（收集石片一般）时间不长，有人来帮，帮了给你背上来，倒在你那儿，随便你取。（附近的邻居）专门有人帮着背嘛，换着背嘛，你不得行了，改天再来。木工就只有做门，有盖瓦的就弄瓦架子，（他们的活不多，我一般）自己弄，我木匠都会。

砌墙（图片由杨成聪提供；2016年5月，摄于茂县黑虎乡黑虎羌寨）

五、关键步骤和技巧

（为了保持墙面平整）我们是用锤锤，（靠）眼力。你那边站起看这边，哪里凸出来了哪里就要敲。

有时候也要绷线，（竖直的）还要（用）铅线。诀窍没得啥子，你反正要把人家石头放平，放好，石头不放好，你马上就要滑了嘛，滑了那堵墙就要垮，你就不得行。口诀没有，（全凭）你自己的技术、经验。

（一般羌族传统的民居，墙的厚度）有些是70公分，有些是80公分。厚一点，石头接触不够，它就扯不到，那个就不坚固。合适就有六七十公分。接触面厚，（那样）有个扯的，你那个（修得）宽很了，石头只有那么大，你那个扯不住。

房子高度就是依主人家，他要好高，你（就）要给他做好高，你随便（来）不得行[②]。主人家有安排，你三分的建筑，七分的安排，（怎么安排是）人家主人家的事。（一般人家五六间房子，砌起来）要个三四十天。

六、地基朝向

平地基，看了日子随便平。（地基）要挖，房子要一米深，碉楼就要两米多深。（地基上要垫）石头。全部石头，整个地基要铺满了，慢慢慢慢就开始砌了。没有特别的讲究。

（朝向）讲究朝东嘛，朝西。朝北就要不得，朝北就有一个白虎星，那个就要不得。（还有）就是门的朝向忌讳，流沙包就不准、要不得，朝沟要不得，门对青山才比较好。

---

① 敲，意思是敲击采集石头。

② 通常做法是主人家只提供材料，提各种要求，匠人只管建，不能自作主张。

第四部分 民居布局

（我们这里的居民）一般都有（院子），每一家都有坝子。（民居通常）最高就三层，高得很的没得。底下那层就圈，（是）用来喂猪、关羊子、关牛（的）；二层住人；第三层就放粮食，放肉，顶顶上可以上去，有个罩楼，罩楼上就放粮食，放肉，挂肉。

（二楼中间是一间正房子，）火塘也在那儿，神龛子也在那儿，厨房在那儿，活动场所在那儿。（这儿）就7米多宽，有些8米，有些10米，那么宽。不住（人）。那个是专门待客做啥子（用的），做喜忧二事。正房子往两边走嘛，像下面的房子一样，两边分嘛，有钱的有三四个房间。

（卧室怎么取暖？）我们那个就是木床，我们这（里）不要取暖。以前哪里有取暖（的呢），电热毯也没得，（就）棉花垫厚点，以前穷，棉花都恼火，（一般就是）毯子铺一个，楼板上滚起。现在社会好，棉花啦，沙发啦，床垫啦，这些（都）弄起（了），又暖和。

茂县三龙乡纳呼村民居

我们以前的窗子不像现在这些，都是这么大一块一块的，头放得出来就可以了，（因为）那个时候有贼娃子，现在没得贼娃子，窗子多大。

（灶）不（是修房子时就给它砌好），（而是）人家请（专业）匠人，专门打造的。

如果上面要加瓦，就要把瓦给人家盖好。（房子顶顶要开）天窗，意思是害怕屋头烟子大了，和现在我们烟囱一样的，像以前没有烟囱，天窗就出烟子的。

白石是我们砌墙人放的。砌完了，（所有尖尖都）要放。那个白石头嘛，以前的继承，羌族的继承，那么一个白石头。（至于有些白石上面还放）羊角这个我就不懂了，白石头我倒晓得，白石头这儿到处都有。

（传统建筑）容易坏，下雨下狠了，地震了，又没有人管的这些房子，慢慢慢慢就腐化了。泥巴它遭得住啥子嘛，（又）没得人熏烟子，现在不熏烟子，就不得行了。（现在）我们这些房子，全部是水泥盖的，是泥巴盖的，就没有了，都垮完了。（现在）少了，现在修房子，（经历过）那个地震就吓到了，这些房子地震垮了，人家砖结构，水泥，砖，钢筋（牢固些）。

第五部分　碉楼建造

一个碉楼你脚子有个两米多宽，慢慢慢慢要收上去，收上去就只有簸箕那么大，（如果）十一二层的，你下面不宽一点，你咋个收？你底下六七十公分（的话），收上去倒了，咋个住？

（造碉楼成本）这个就算不出来了，看屋头有好多本钱，你多的多给，少的少给，你没得（就）没法，（通常）主人家备料，（房修多大）就是看他的力量做。

碉楼有八角的，有六角的，有四角的，（主要看）自己要哪么砌，哪么弄。这个说起就不得行，要做起，不做不得行嘛。这个是我们羌族人的习惯，这个碉楼以前就那么兴，我们师傅传下来就这么一个。羌族的碉楼以前防贼嘛，防打仗，我们羌族人就害怕打仗，就躲在碉楼里面。要防御，碉楼是要比你这些房子坚固。（碉楼的窗子）是枪眼洞，里头好宽（的），外头窄。

（碉楼中间的）核心是里面要圆，外面要八角，六角，四角，里面要圆，没得角，你砌一层要管一年，管一年你就不敢砌，以前的碉楼要砌七八层高。你（不停工让里面干燥，而是马上）接着砌，下面就要爆。（砌一层碉楼，就要停一年。）（一层大概）七尺、八尺高，两米多。（然后要）停一年。一年砌一层，现在就不得行了。以前，（由于很辛苦）背一背石头，（就给）一个馒头，（或者）一片肉，现在随便给你弄一个不得行，哪个（还）背石头上去。几层高哦，要搭架子。楼梯又高，他又爬不上去。

（碉楼的内部）不加楼板，以前的碉楼是床壳子①，柴挂子②，柴挂子弄起，上面就铺竹叶子，竹叶子弄了就倒泥巴，（相当于楼房）哦，一层一层就上去了，弄一层盖一层，弄一层盖一层。（碉

① 床壳子，方言，垫床的竹篾笆。
② 柴挂子，方言，柴火木棒。

楼平时）还是要住人，有些住人就住在里面。（一般的碉楼是用来）存放东西（的），有贵重东西就存放在那儿。（我）造过。我们那（儿的）碉楼五六层最高了嘛，造五六层还是只要两三个（人）。他砌一层，一年又不敢砌了嘛，（五六层就要修五六年，）是慢哦。

（村里）那个碉楼，地震的时候倒完了，两个碉楼。地震垮完了。管它整啥子，我们老了，管得起啥子嘛，做个啥子都还要请人，这些要垮了，都做不起，不敢累。

（这种碉楼的使用年限，一般）正常的，几百年都得行。

第十章 民间信仰

王嘉俊——理清白石信仰的源头

名称：白石信仰

级别：第一批阿坝州州级非物质文化遗产名录项目

类别：民间信仰

简介：在羌区，人们不难发现羌族每家每户屋顶上都供有白石塔，每个村寨的神树林中也供奉着白石。关于白石信仰来源的说法不一，如在羌族史诗《羌戈大战》中有这样的描述："白衣女神立云间，三块白石滚下山，三方魔兵面前倒，白石变成大雪山……挡住魔兵前进路，羌人脱险得安全。"木姐珠推下了三块白石，拯救了被魔兵追击的羌族先民，因此羌族先民对白石产生了强烈的崇敬之情。

由于羌族各部和羌语各支所处人文生态环境的不同，加之与外界各族间的经济文化交流情况的差异，羌族各部虽然都崇拜白石，但崇拜的具体原因、相关仪式以及白石的具体表征，则是多种多样的。

羌族白石信仰属于灵物崇拜，是古羌人在万物有灵及自然崇拜基础上产生的宗教信仰。正是这样的灵物崇拜，人们崇拜的并非白石本身，而是白石所代表的各种神灵。值得注意的是，羌族神灵皆无"偶像"，而均以白石作为神灵的象征。

2006年，经阿坝州人民政府批准，白石信仰被列入第一批阿坝州州级非物质文化遗产名录。

传承人：王嘉俊，阿坝州州级非物质文化遗产名录项目白石信仰县级代表性传承人

传承谱系：当地民间传说，无明确传承关系

小传

王嘉俊，理县桃坪乡桃坪村人。1941年出生在理县桃坪一个富裕家庭，儿时接受过私塾教育，并在官学正式进行学习。

1960年，高中毕业后，因为家庭成份原因，未能进一步学习。此后一直在家务农。由于对羌族文化十分热爱，业余时间一直坚持从事相关研究。

后桃坪羌寨开始发展旅游，王嘉俊积极向大学生和游客进行讲解，传播羌文化。

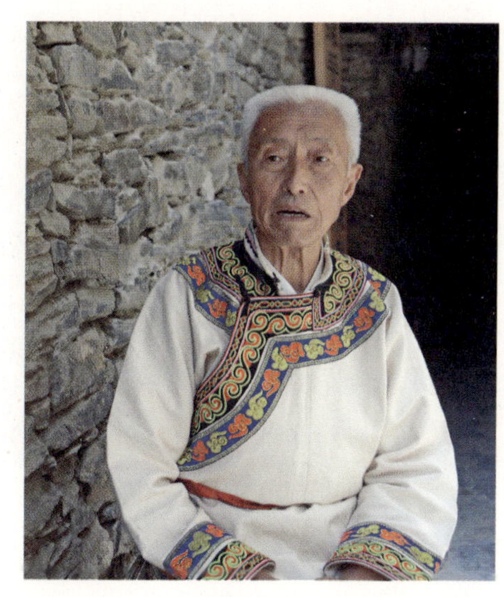

2003年，在桃坪羌寨自费开办博物馆，展出自己多年来收集的羌族传统工艺品。

2016年，王嘉俊被命名为白石崇拜县级代表性传承人。

口述

第一部分　人生经历

（我）1941年（出生）。我出身于一个比较富裕的家庭，但是我并不是那种被宠坏的小孩儿，我从5岁就开始读书，上过私塾，同时也上过官学，官学是在（19）46年左右就开始上了。

在父辈的时候，请得有家庭教师，但是到我这代，家庭开始衰落了，后来我就加入别人家的私塾开始读书了。私塾不远，就在本村，要给钱，（但）不贵，都是亲戚在那儿教书嘛，大概5岁左右（跟他学），就学"人之初"啊这些古籍，跟着老师学，背书嘛。上官学之后就不上私学了，除非就是假期（还能断断续续上私学）。（我）大概五六岁就在往学校跑了，因为我们家跟学校就只隔了一条小河，（过）一座小桥，去学校读书就是了，老师也不会制止你。（官学）不交（费），老师（还）要发书，不需要钱。比如第一课大家都有一本——"来来来，来上学，好好好，来上学，大家来上学。"这是启蒙的，这几个字你首先要认识。识字之外，还要教算术，就这两样。

我没有留过级，而且我在当地是个学霸，我没有得过第二名，一直都是第一名，（直到）我读到高中毕业。高中毕业 19 岁，就是（19）60 年。高中毕业以后，（我）就回到农村了，因为家庭成份的关系[①]，我没考学校，（就开始）干农活，一直干到今天——今天乡上通知的时候我还在地里放水。

第二部分　白石崇拜

（羌族的信仰问题）是这样的，这个问题很多人都问过，因为当时我们高中毕业的时候，学校的校长，党委书记说了，当时把毛主席的那段话拿出来（教育毕业生）：农村是广阔的天地，在那里是可以大有作为的。虽然我们想读大学，（但）也是义无反顾到这个广阔天地来了。那么我注意的是羌

房顶上的白石

① 家庭成份的关系，意为家庭成份不好。

族的这种博大精深的羌文化，有啥子表现，我很注意这个；还有我在学校读高中的时候，一个是爱好文学，二个是理化，我把桃坪所有的自然现象和一直没有得到解答的自然现象和历史现象，（都）用自然科学的手段把它进行解读。比如说我现在正致力于写一个系列文章，就是解读桃坪，或者是聚焦桃坪，目前有十二三篇已经发表了，现在他们约稿的也有，正在写的有5篇，计划写的就很多——只要我不死，几十篇都要写，只要我有时间的话，我用我的水平解读桃坪，包括这个白石崇拜，作为传承项目——（我发现）我们对白石崇拜存在诸多误解。

（人们）普遍认为白石就是神，我现在的努力就是纠正我认为（的）这些错误的说法。白石头本身不是神，白石头我们羌语里面叫"窝批"，它是神的载体，因为羌族的宗教没有形成，它是属于原始状态，就是说万物皆灵，自然崇拜，就是说天有天神，树有树神，水有水神，山还有山神，大概有三四十个神。你在山神庙里面搁的是一块白石头供起，水神庙是一块白石头，打猎的这些神也是一块白石头，所以说白石头它实际上是诸神的一种标记，它本身不是神，只是说，它放在这个地方，它就代表神了。

一、白石与神

一般来说在我们羌族房子的顶部有一个叫"如基格"（的），是最高点，最高点的最高点，就是我们正对房屋的二分之一等分线的最高点放一块白石头就够了。现在就是说开展旅游了，有的人说白石头放得越多越好，（其实）不然，搁一个就够了。（石头大小）没讲究，白色的，越纯净越好。（石头是各家）自己找的，拿来供起，（但）不是乱供的，必须要由释比，汉族叫作开光，羌族的话

羌族民居顶上的白石

就有一个相应的祭祀活动，那么这块石头就灵了，它就是山神了，它就是树神了，它就是家神了，释比把它供起了（念经），（但）不用作法事。

（在神龛的这个位置）这个白石头是我们家里面祭天的地方，是我们这个家族，这家人祭天的地方。同时呢，我认为不一定正确，同时也是家神的所在地，敬天的场合就在那里。（房顶这个）有重大节日，就可以在上面烧柏枝；羌族没得香，就烧柏枝，香的原料就是柏枝，烧柏枝（就）表示我敬奉你了。

（羌族的房子从房顶开始，白石头代表天神，下面还）有很多神，其实刚刚那位周老先生①他就懂。比如有土地菩萨，从地下数起嘛，进门要有门神，进门的西北角有角角神，我们的神龛不是大门对着，不像汉族，也不是大门对着的正中间，而是在西北角，因为我们崇拜西北，西北才有神，我们是从西北来的，我是这么想的，所以现在（有的人家）都把神龛弄在中间去了，不一定是正确的。

（西北角那边）家神就在神龛上，神龛在民国以前就没有这么复杂了，又是天地国亲师，还有财神啊，牛马二王啦，土地菩萨啦，啥子神都供。现在写的比汉族要复杂些，但是我认为我们比汉族做得好的是哪点呢？我们写的天地国亲师位，很多人在博物馆会问你们怎么是天地国亲师位，我们（汉族）都是天地君亲师位的嘛？我说我们羌族人最先晓得清朝灭亡后，就在用“国亲师”位了，民国时候就是国亲师位了，皇帝都没有你还君亲师什么呢？

（除了神龛上面的神，家里）供神的地方，神龛就是诸神的一个总汇了，然后神龛脚底下是土地菩萨，然后灶那边还有灶神菩萨，火塘那里还有一个火神菩萨，我晓得的就这些了。

（白石除了供奉在家里面一些代表神的地方以外，其他地方）山神庙里要放，水沟边敬水神的地方要放，还有圈里放不放我都搞忘了。所以凡是有神的地方家里用神龛，（民居）外面就用白石来代表。

有庙堂（的话），庙堂正中间就是供的白石头。（羌族的庙堂）有大有小，大的大到什么程度呢？像白空寺，很大，有很多间房子，但正殿里面只供得有三块白石头，因为是三个菩萨，“白兮兮”“白哈哈”“白唧唧”这三个菩萨，就三块石头。我们只能用音译，他们是藏传佛教，走西藏出来的，长牦牛的地方，到我们这个地方来，因为我参加过去年的一次学术论坛会，我的提法是这样的，我们这个地方实际上是两地交界的地方，我们羌族，我刚说过原始宗教，宗教并不成熟，也没有一个固定的信什么，（固定的）信哪个神，没有。藏传佛教从里面出来，然后我们的汉传佛教从东边过来，我们这个地方二者皆有，很兼容的。

（所以按这个推理，羌族的庙里只供的是可以代表心目中某尊神的白石头，还有一些庙供很多神是跟佛教、道教有关系）对，这个泥塑木雕（的各种神像）就有了。

二、相关传说

白石崇拜有很多传说，有几个版本，我在去年给四川科技大学②给那些留学生讲的时候，我大概

① 周老先生，指90岁的周德仁，羌歌传承人。
② 四川科技大学，应为西南科技大学，在四川绵阳。

总结了四个版本。第一个是我们羌族是从西北大草原迁徙而来的，山西、陕西、甘肃、青海，向我们的松潘草原这样子进发，然后岷江流域这么下来，时间大概就是在秦朝初期，是秦始皇的祖先们对周围这些部落实行兼并的时候，那么整个的部落就往南迁徙了，整个部落走，（在）有牛、有羊、有帐篷之类的很笨重的行李，打仗（途中）后有追兵的情况下，传说是在战国后期某个年份的时候，他们翻过雪山，来到松潘，羌语叫“日姿”草原了，等追兵追拢的时候，“日姿”草原边沿的几座雪山，（突然间）大雪封山了，神话传说就说上天扔了几个白石头下来，挡住了追兵。这是（羌族人）对白石头的一个好感了，这是第一个版本。

第二个版本就是我们来到这个地方以后，因为要争夺生存空间，当地的土著也是羌人的一支，叫作戈基族，久而久之，羌族传说中这个戈基人比较落后，久了就发生了矛盾，发生矛盾过后，据说上天有点捉弄人，给羌族的首领托梦，说明天你们可能有一场战争，你们叫你们的士兵怀里面和囊袋里面装满白石头，上天有意识地袒护羌人。同时又给戈基人说明天有一场战斗，你们用麻杆去攻击他们，你们可以大获全胜，你们把地上的雪揉成团向他们进攻。又跟这边说不但用白石头，再用青冈棒棒[①]，青冈棒棒对麻杆，白石头对雪团，结果可想而知了，所以对白石头又加深一层好感。

第三个版本是说白石头可以治病，说有一个人得了凉寒病，在潮湿天气里太久了或者身体很虚弱的时候，烧一堆大的篝火，把白石头烧红，用草垫把人圈起来，下面用盆或者锅或者池子放上水。就把白石头逐一地往水里推下去，（据说）这个蒸汽疗法可以治病。

当然，还有第四个就是说晚上可以照明。我们小时候随手拿两个白石头，哒哒哒（敲击出火花）就亮得很，就看得到了。在大概西汉的时候，战国后期就有铁了嘛，实际上最早的铁还不是冶炼出来的，是天上（落下）的陨石，铁和白石头碰撞过后就会产生火花，昨天我（就）给游客表演了。有两种草，一种是艾草，另一种我们喊的是线火草，第三种就是棉花草，棉花草的花就像蒲公英一样的，你把骨朵儿拿来用草木灰扎过了，打火的时候，就卡在白石头里头，很快就燃了。这就是我知道的。也许还有更好的版本我不知道的。

（这个故事）一般就是（对）感兴趣的游客（讲），还有就是大学生。大学生一个班一个班的到我们桃坪羌族文化博物馆，他们的老师就会要求我讲那些内容，还有就是原来我是（桃坪羌寨旅游）公司的文化顾问，经常起草解说词，纠正一些谬误的提法，比如白石头是神，我们要崇拜这个石头，（其实）石头只是一个载体，没有神，它就是一个石头。在这方面呢对于一些（有）需要的人群，我也会告诉他们。

① 青冈棒棒，青冈树木做的棍子。

第三部分　收藏传统

按：传承人除了著书写文章传播羌文化，还自费在桃坪羌寨开办文化博物馆，展出自己收集的羌族工艺品，表达自己对羌文化的热爱。博物馆已成为传播桃坪羌寨文化的一个重要窗口。

我收集的是羌族过去的东西，今天以前都算过去，（有）生产工具、生活用品、服饰、饮食、兵器、钱币、艺术品，还有其他有关民俗的、宗教的法器啊，20多个种类，1000多件东西，而且我收集的东西都没有脱离这个地区，全是这里的东西。

第十一章 传统医药

陈明齐——为人治病不图报酬

名称：羌族医药

级别：理县县级非物质文化遗产名录项目

类别：传统医药

简介：羌族医药作为我国传统医药宝库中的重要组成部分，广泛流传于羌族文化生态保护区，是羌族人民在漫长的历史时期与疾病做斗争的实践中总结积累而成，具有独特的治疗方法和用药特色。羌族医药以其就地取材、疗效显著、简便实用等特点预防、治疗疾病，深得羌族人民的信赖，对保障羌民族的生存繁衍做出了不可磨灭的贡献。

“巫医合一”是羌族医药最主要的特点。《西夏记事本末》关于羌人医治病人有着这样的记载：“病者不用医药，召巫鬼者送之。”作为羌民族的“文化人”——“释比”，通常兼具“巫”和“医”两种技能，在为羌族民众预防保健、诊断治疗方面做出过积极贡献。

由于羌族没有语言无文字，故羌族医药没有专著留于后人，只在其他民族史料中有零星记载；羌民族的医术及技能，以经验医学的形式家传或师承，通过言传口授得以继承、留传。

传承人：陈明齐，理县县级非物质文化遗产名录项目羌族医药县级代表性传承人

传承谱系：世代祖传

小传

陈明齐，出生在理县桃坪乡曾头村，今年80岁。按年龄推断，应是出生于1936年前后。

小时候，家中无土地，以帮人干活为生。14岁开始帮人家放羊，没读过书。

一生务农的同时以祖传手艺为他人治病。育有6个子女。

口述

第一部分　人生经历

按：传承人一生中除了种地，就是做羊皮褂子贴补家用。

（我今年）80（岁了），（哪一年出生）晓不得（了），（我）本身也没读过书。（小时候家里）帮人，做田坝活路；我呢，有的时候就是给人家放羊，我14岁就去帮人家放羊子了，（之前）没做啥子，（能）做啥子啊，（因为连）土地也没得[①]，（生活）困难，生活困难得很。

那段时间就是帮人，土地少，没得自己的土地，所以就给人帮人嘛，（人家）给粮食，一天一升粮食，好像是3斤，饱得起啥子哦[②]！一家人就那点粮食。

（年轻时候）支前[③]、运输、背背子[④]，（就是打仗的时候）背吃的嘛，可能是（19）49年左右的事。在给（工钱）哦，共产党还有不给钱的哦？要给，你背好多斤就依到斤头（给钱）。（除了这个，后头）就是草地叛乱，我们民兵在那儿去，还是给部队运粮。（以后）一直在家头种地。

解放了，就分到土地了噻，那下就对了，分到土地就有粮食吃了噻，就不帮人了，后头就好了。（大集体）那个时候就食堂[⑤]嘛，定量那个时候，饿倒没饿啊，就吃不饱。（家里面娃娃）有6个，那时间就困难，慢慢赖嘛。一直就在家里种地，然后再做点手工赚点钱，（比如）缝褂褂，皮褂褂。后头又好过了，改革开放以后那下又对了。

最近，（身体）不得行了，（做）皮褂子这些不得行了，不得行了，做不起，那个销量就恼火。（现在年纪大了）没做啥子了，还是天天要拗[⑥]哦，扯点猪草啊那些嘛；不做，坐在屋头，人是耙[⑦]的，跑点子（路）嘛人是新鲜的，精神得有；家里坐到，闷森森地，精神都没得。老伴儿今年76岁了，（精神）好得很哦，（她这个人）就要劳动，不拗精神就垮了。

第二部分　情况介绍

按：陈明齐传承的羌医，是比较原始的一种巫医术，与释比的吞签化水有些类似。传承人技艺为家族世代相传，长期免费为乡邻服务。

一、祖传手艺

我16岁就学（羌医），我这是祖传，我们祖祖[⑧]传给我们爷爷，我们爷爷传给我们老汉儿，老汉

① 没得，方言，意思是没有。
② 饱得起啥子哦，当地方言表达，意思是“哪里吃得饱”。
③ 支前，支援前线。
④ 背背子，以前当地交通极其困难，茶马古道上的货物转运，主要靠人力，背负重物称为“背背子”。
⑤ 食堂，指1958年人民公社化运动时期的公共食堂。
⑥ 拗，方言，动、劳动、运动的意思。
⑦ 人是耙的，意思是人没有力气，没有精神的样子。
⑧ 祖祖，方言，指曾祖父。

儿传给我。（祖祖）前头就有，祖传的嘛，很多辈了。（这个）不好学，有羌语，有汉语、藏语，几个民族（的语言），你不懂、说不来那些话，就学不到。

二、秘传口诀

（口诀）多，（当时跟到父亲）学了一个多月，难得记得到噻，它话多噻，长噻。每天（学）不得行，按时间学，没得人（的时候）才学。（学习方法就是）一句一句的就跟我们摆条[①]一样，全靠心记哦，我又没读过书，写又写不来，有些文化再高（的人）都写不出来。记的东西多，药的名字还是有点多——不是用药，不是外头找药，就是要说话，就还全靠自己话，要说话，念。不是念经，念经是道士，这个反正是你们懂不到。

三、治疗方式

（比如）他心智有点不好，有时间医院有些看不出来，有那么一种病相。当然，我咋个敢说医院，人家医务水平高噻；我这个就是一般（的看看头痛脑热这些）。（治过）最大的（病）就是肚子胀，（原因是）有些时间他没吃好东西。

就话语（治病），（与其他治病的方法）不一样。我看了过后，（判断是）啥子原因才行，我就给他治疗。（假设有人肚皮不舒服，就）给（病人）水吃嘛，（水是）我化的嘛。水都是他本人自己去弄的水，我都不舀，他自己舀，我免得背皮[②]噻，然后就（念）我的那些话，对到碗念，（念完了喝下去）。喝下去，第一道吃了，看有没得效，如果有效我就还要加噻，一道两道，最多三道就啥子事都没得了。

找到我这儿来（看病的），东山（村）有人，大西山（村）也有人，这附近寨子的人。都是找到我这儿来的。没有收过（费），我不要那个的，以前老的些说（给人治病）就是做阴功[③]一样，做好事，我不要哪个的费，没要过，一直没要，真正是那样个人呢，跟你亲近的人呢，他给我拿一瓶酒，不要（他的）都不干，丢在那里。我没有给哪个收过啥子[④]，连一杆烟的钱都没有收过。

（“破四旧”）那段时候不敢哦，那段时间好吓人哦。（周围人）晓得（我会这个）嘛，（但）没有（批斗过），我们本村随便那个都晓得，我这个（人）是好人，（对人）有好处。最近，这个老汉儿[⑤]的大儿子，他的娃娃不好，他们妈就引到我那儿来，到处医都不得行，隐到[⑥]隐到引进来，就是那么好的，“破四旧”的时间，哦，五几年了，我根本不敢（光明正大地给人治）。隐到来，只要不发觉，（我们）是亲戚（嘛）。那个时候，还是有人来嘛，隐到来，大肆找不敢啊。

（现在找看病的）还是有，（但）少得很了。现在医学发达了，反正每年还是有那么几个（人过来找我）。我反正本寨子上来了些人，（到处医治了无效）就是后头，啥子都没得法了，他就（找我试）一回，好了就是。

---

① 摆条，方言，聊天的意思。
② 背皮，被人家误会，背个不好的名声。
③ 做阴功，“阴功”的意思等同于阴德。“做阴功”的意思是指在人世间做了善事而积下的可以在阴间得到善报的功德。
④ 我没有给哪个收过啥子，意思是“我没有收过别人的什么东西”。
⑤ 这个老汉儿，指周德仁，羌族仪式歌传承人，见相关章节。
⑥ 隐到，方言，悄悄地，暗地里。

以前附近的人都爱来找（我）看病，找我的人多哦。我这个一句话说完，就是小单方了。以前经常有人来，（现在）没得病没得痛他不可能来找我；那个影响（不到做活路），最多一个多钟头。那个怕啥子嘛，我就在说这个是做阴功，做好事，影响点怕啥子呢？（现在只要有人找我就）还在做。

附录：本书收录的羌族非物质文化遗产名录项目传承人情况

一、非物质文化遗产名录项目类别与批次

表1　国家级非物质文化遗产名录

序号	名称	类别	批次
1	羌族瓦尔俄足节	民俗	第一批
2	羌笛演奏及制作技艺	民间音乐	
3	羌族多声部民歌	民间音乐	
4	羌年	民俗	第二批
5	羌族羊皮鼓舞	传统舞蹈	
6	羌族刺绣	传统美术	
7	羌戈大战	民间文学	第三批
8	禹的传说	民间文学	
9	碉楼营造技艺（羌族碉楼营造技艺）	传统技艺	扩展项目

表2　四川省省级非物质文化遗产名录

序号	名称	类别	批次
1	口弦（羌族口弦）	民间音乐	第一批
2	灯戏（许家湾十二花灯戏）	传统戏剧	
3	羌族沙朗	传统舞蹈	第二批
4	羌族水磨漆艺	传统手工技艺	
5	羌族推杆	传统游艺、杂技与竞技	
6	大禹祭祀习俗	民俗	
7	四川手工剪纸（平武剪纸）	传统美术	第二批
8	羌族传统编织技艺	传统手工技艺	第三批
9	羌族银饰锻制技艺	传统手工技艺	
10	麻布制作技艺	传统手工技艺	
11	羌族婚俗	民俗	
12	“古尔果”（羌族转山会）	民俗	
13	羌族服饰	民俗	
14	灯舞（羌族麻龙马灯）	传统舞蹈	
15	释比古唱经	民间文学	
16	羌族释比戏	传统戏剧	第四批
17	羌族夬儒节	民俗	
18	羌族羊皮鼓制作技艺	传统手工技艺	

表3　阿坝州州级非物质文化遗产名录

序号	名称	类别	批次
1	桃坪羌寨民居建筑	民间美术	第一批
2	花儿纳吉	民间音乐	
3	羌族仪式歌	民间音乐	
4	白石信仰	民间信仰	

表4　县级非物质文化遗产名录

序号	名称	类别	批次
1	羌族医药	传统医药	理县县级
2	龙灯、狮子的制作	传统技艺	理县县级

二、传承人地域分布

说明：访谈的传承人，除其中3人为汉族单独注明外，其他46人都是羌族。

茂县（15人）

肖永庆，茂县沟口乡水若村

张和琼，茂县白溪乡蓝店坡村

杨中平，茂县永和乡纳普村

王正平，茂县曲谷乡河东村俄窝寨

王华平，茂县曲谷乡河西村

杨维强，茂县凤仪镇

韩木基子，茂县雅都乡雅都村

王国亨，茂县三龙乡纳呼村

赵光卫，茂县三龙乡勒依村

余光莲，茂县三龙乡勒依村

尤生富，茂县太平乡牛尾村

郑兴龙，茂县太平乡牛尾村

何天发，茂县松坪沟乡岩窝村

何国友，茂县松坪沟乡岩窝村

李兴秀，茂县凤仪镇静州村

汶川（9人）

朱金勇，汶川县龙溪乡阿尔村

朱金龙，汶川县龙溪乡阿尔村

王治升，汶川县绵虒镇羌锋村

汪友伦，汶川县绵虒镇羌锋村

王国跃，汶川县绵虒镇羌锋村

汪国芳，汶川县绵虒镇羌锋村

王国彦，汶川县绵虒镇和平村

汪清寿，汶川县绵虒镇羌锋村

马前国，汶川县雁门乡萝卜寨

理县（10人）

王福山，理县蒲溪乡休溪村

饶富民，理县蒲溪乡蒲溪村

王文德，理县通化乡西山村

杨水秀，理县通化乡西山村

王露琼，理县桃坪乡桃坪村

周德仁，理县桃坪乡桃坪村

王嘉俊，理县桃坪乡桃坪村

马位金，理县桃坪乡佳山村

李书汉，汉族，理县薛城镇沙金村

陈明齐，理县桃坪乡曾头村

松潘（3人）

郎加木，松潘县小姓乡埃溪村

泽旺仁青，松潘县小姓乡埃溪村

格洛扎西，松潘县小姓乡埃溪村

北川（10人）

母广元，北川羌族自治县贯岭乡

杨华武，北川羌族自治县青片乡正河村

王官全，汉族，北川羌族自治县擂鼓镇

李加碧，北川羌族自治县禹里乡禹穴沟

尧一三，北川羌族自治县桂溪乡

唐孝友，北川羌族自治县墩上乡岭岗村

杨胜武，北川羌族自治县白什乡高溪村

朱红志，北川羌族自治县永昌镇

陈仕琼，北川羌族自治县永昌镇

王泽兰，北川羌族自治县青片乡小寨子沟西窝羌寨

平武（2人）

沈艳燕，平武县大印镇

谢成飞，汉族，平武县豆叩乡

三、传承人出生时间、地点

说明：传承人出生地采用现在的地名。

20世纪20年代（1人）

周德仁，1926年出生于理县桃坪乡

20世纪30年代（6人）

王治升，1934年出生于汶川县绵虒镇羌锋村

李书汉，1935年出生于四川简阳，汉族，理县薛城镇沙金村人

汪国芳，1935年出生于汶川县绵虒镇羌锋村

陈明齐，1936年出生于理县桃坪乡曾头村

汪友伦，1938年出生于汶川县绵虒镇羌锋村簇头寨

母广元，1939年出生于现为北川羌族自治县贯岭乡（当时属平武县）

20世纪40年代（12人）

王嘉俊，1941年出生于理县桃坪乡

肖永庆，1941年出生于茂县沟口乡水若村二里寨。

王福山，1942年出生于理县蒲溪乡休溪村

杨水秀，1943年出生于理县通化乡西山村

王文德，1943年出生于理县通化乡西山村

韩木基子，1944年出生于茂县雅都乡雅都村四寨组

王泽兰，1945年出生于北川羌族自治县青片乡小寨子沟西窝羌寨

尤生富，1945年出生于茂县太平乡牛尾村

余光莲，1945年出生于茂县三龙乡勒依村

郎加木，1945年出生于松潘县小姓乡埃溪村

王正平，1946年出生于茂县曲谷乡河东村俄窝寨

赵光卫，1949年出生于茂县三龙乡勒依村

20世纪50年代（13人）

何国友，1950年出生于四川省茂县松坪沟乡岩窝村

何天发，1950年出生于四川省茂县松坪沟乡岩窝村

李加碧，1950年出生于北川羌族自治县禹里乡禹穴沟

郑兴龙，1950年出生于茂县太平乡牛尾村巴夺寨

朱金龙，1951年出生于汶川县龙溪乡阿尔村

饶富民，1951年出生于理县蒲溪乡蒲溪村

马位金，1952年出生于理县桃坪乡佳山村

王官全，1952年出生于北川羌族自治县擂鼓镇

唐孝友，1952年出生于北川羌族自治县墩上乡岭岗村

王国跃，1952年出生于汶川县绵虒镇羌锋村

王华平，1956年出生于茂县曲谷乡

王国亨，1956年出生于茂县三龙乡纳呼村

王国彦，1957年出生于汶川县绵虒镇和平村

20世纪60年代（12人）

李兴秀，1961年出生于茂县松坪沟乡，现居凤仪镇静州村

杨华武，1962年出生于北川羌族自治县青片乡正河村

朱红志，1962年出生于北川羌族自治县白什乡

谢成飞，1962年出生于平武县豆叩乡

王露琼，1963年出生于理县通化乡木工寨

马前国，1964年出生于汶川雁门乡萝卜寨

尧一三，1965年出生于北川羌族自治县桂溪乡

朱金勇，1965年出生于汶川县龙溪乡阿尔村

杨胜武，1966年出生于北川羌族自治县白什乡高溪村

杨中平，1967年出生于茂县永和乡纳普村

汪清寿，1967年出生于汶川县绵虒镇羌锋村

张和琼，1968年出生于茂县白溪乡罗顶村

20世纪70年代（5人）

泽旺仁青，1971年出生于松潘县小姓乡埃溪村

沈艳燕，1973年出生于平武县大印镇

杨维强，1976年出生于茂县凤仪镇

格洛扎西，1976年出生于松潘县小姓乡大尔边村

陈仕琼，1977年出生于茂县白溪乡杜家坪村，现居北川羌族自治县城

四、采访相关信息

序号	县域	日期	天气	采访地	传承人	采访人	采访时长（分钟）
1	茂县15人	2016.5.16	晴	茂县三龙乡纳呼村1号，王国亨家中	王国亨	严光辉	117
2		2016.5.16	晴	茂县三龙乡勒依村勒依组42号，赵光卫老家	赵光卫	严光辉	51
3		2016.5.17	多云	茂县沟口乡水若村二里寨组29号，肖永庆家中	肖永庆	严光辉	100
4		2016.5.17	阴	茂县凤仪镇禹乡巷103号及杨维强家中两处	杨维强	严光辉	33
5		2016.5.18	晴	茂县松坪沟乡岩窝寨村岩窝寨组，何天发家中	何天发	严光辉	112
6		2016.5.18	晴	茂县松坪沟乡岩窝寨村岩窝寨组，何天发家中	何国友	严光辉	29
7		2016.5.19	晴	茂县太平乡牛尾村外神树林	郑兴龙	严光辉	29
8		2016.5.19	晴	茂县太平乡牛尾村外神树林	尤生富	严光辉	39
9		2016.5.19	晴	茂县凤仪镇前进街老财政局家属院，余光莲家中	余光莲	严光辉	59
10		2016.5.20	晴	茂县永和乡纳普村喀午组148号，杨中平家中	杨中平	严光辉	94
11		2016.5.20	晴	茂县凤仪镇步行街城门洞，李兴秀所开公司四川兴绣藏羌文化工艺发展有限公司	李兴秀	严光辉	110
12		2016.5.21	小雨	茂县凤仪镇白石羌寨景区白石村委会二楼平台同	王正平	严光辉	87
13		2016.5.21	小雨	茂县凤仪镇水巷子34号，张和琼所开西羌服饰店里	张和琼	严光辉	70
14		2016.5.22	小雨	茂县凤仪镇较场坝，王华平家中	王华平	严光辉	40
15		2016.5.22	小雨	茂县凤仪镇水巷子，韩木基子家中	韩木基子	严光辉	37
16	汶川9人	2016.5.30	阴	汶川县绵虒镇羌锋村村民家中	汪国芳	严光辉	23
17		2016.5.30	阴	汶川县绵虒镇羌锋村村民家中	汪有伦	严光辉	17
18		2016.5.31	晴	汶川县绵虒镇羌锋村，王治升家门外	王治升	严光辉	108
19		2016.5.31	晴	汶川县绵虒镇羌锋村，汪清寿家中	汪清寿	严光辉	8
20		2016.5.31	晴	汶川县绵虒镇羌锋村，王国跃家中	王国跃	严光辉	30
21		2016.6.1	晴	汶川县绵虒镇和平村，王国彦家门外	王国彦	严光辉	30
22		2016.6.1	晴	汶川县雁门乡萝卜寨村萝卜寨组，马前国家门外	马前国	严光辉	51
23		2016.6.2	晴	汶川县龙溪镇羌族文化博物馆及龙溪小学两处	朱金勇	严光辉	57
24		2016.6.2	晴间阵雨	汶川县龙溪乡阿尔村巴夺组130号，朱金龙家中	朱金龙	严光辉	103

续表

序号	县域	日期	天气	采访地	传承人	采访人	采访时长（分钟）
25	北川10人	2016.6.13	晴	北川县安昌镇纳溪村 朱红志工厂（古羌水磨漆有限公司）	朱红志	白雪	59
26		2016.6.13	晴	北川县曲山镇石椅羌寨景区广场	母广元	白雪	75
27		2016.6.14	晴	北川县墩上乡岭岗村活动中心室外	唐孝友	严光辉	52
28		2016.6.14	晴	北川县白什乡中心小学操场	杨胜武	白雪	29
29		2016.6.14	小雨	北川县小寨子沟西窝羌寨，王泽兰所在村活动广场	王泽兰	白雪	36
30		2016.6.15	小雨	北川县禹里乡禹王庙大殿外	王官全	白雪	90
31		2016.6.15	小雨	北川县禹里乡禹王庙大殿外	李加碧	白雪	61
32		2016.6.15	多云	北川县文化馆室外	陈仕琼	严光辉	12
33		2016.6.15	多云	北川县文化馆室外	杨华武	严光辉	22
34		2016.6.16	晴	北川县擂鼓镇吉娜羌寨	尧一三	白雪	62
35	平武2人	2016.6.27	晴	平武县平通镇牛飞村走马羌寨室外	沈艳燕	严光辉	47
36		2016.6.27	晴	平武县平通镇牛飞村走马羌寨室外	谢成飞	严光辉	24
37	松潘3人	2016.6.29	晴	松潘县小姓乡大尔边村三组9号，格洛扎西家中	郎加木	严光辉	54
38		2016.6.29	晴	松潘县小姓乡大尔边村三组9号，格洛扎西家中	泽旺仁青	白雪	50
39		2016.6.29	晴	松潘县小姓乡大尔边村三组9号，格洛扎西家中	格洛扎西	白雪	28
40	理县10人	2016.8.1	晴	理县蒲溪乡政府附近村民院内	饶富民	严光辉	35
41		2016.8.1	晴	理县蒲溪乡休溪村9号，王福山家院子里	王福山	严光辉	55
42		2016.8.2	晴	理县桃坪乡桃坪村141号桃坪羌寨露琼羌绣作坊外通道上	王露琼	严光辉	15
43		2016.8.2	晴	理县桃坪乡桃坪村141号桃坪羌寨露琼羌绣作坊外通道上	周德仁	严光辉	37
44		2016.8.2	晴	理县桃坪乡桃坪村141号桃坪羌寨露琼羌绣作坊外通道上	陈明齐	严光辉	20
45		2016.8.2	晴	理县桃坪乡桃坪村141号桃坪羌寨露琼羌绣作坊外通道上	马位金	严光辉	30
46		2016.8.2	晴	理县桃坪乡桃坪村141号桃坪羌寨露琼羌绣作坊外通道上	王嘉俊	严光辉	36
47		2016.8.2	晴	理县通化乡通化村王文德女儿家院内	王文德	严光辉	29
48		2016.8.1	晴	理县薛城镇沙金村转经组74号，李书汉家门外	李书汉	严光辉	30
49		2016.8.1	晴	理县县城北挖断山山腰	杨水秀	严光辉	13